Sammlung arbeitsrechtlicher Gesetze V.

Frauenschutz / Schutz der Jugendlichen und Kinder Hausarbeitsgesetz

Eine Sammlung der hierauf bezüglichen Gesetze und Verordnungen des Reiches und Preußens

mit Erläuterungen von

Wagemann
Ministerialrat
im Preuß. Justizministerium

und

Dr. Preiser
Geheimer Oberjustizrat
Senatspräsident i. R.

1933

Verlag von Georg Stilke, Berlin

Vorwort

Das vorliegende Buch bietet eine möglichst vollständige Zusammenstellung der auf den Schutz der Frauen, der Jugendlichen und Kinder und der auf die Hausarbeit bezüglichen gesetzlichen Bestimmungen. Es handelt sich dabei vornehmlich um Reichsrecht, aber daneben ist auch das preußische Landesrecht berücksichtigt worden.

Die Systematik des Buches geht dahin, daß unter I die Bestimmungen allgemeinen Charakters abgedruckt sind, d. h. diejenigen Bestimmungen, die auf alle drei der hier behandelten Teilgebiete des Arbeitsrechts oder wenigstens gemeinsam auf den Schutz der weiblichen und jugendlichen Arbeiter sich beziehen. Unter II folgen die Mutterschutzgesetze und die sonstigen, den Schutz der weiblichen Arbeitnehmer bezweckenden Gesetzesbestimmungen. Teil III bringt das Kinderschutzgesetz und die übrigen, auf den Schutz jugendlicher Arbeitnehmer hinzielenden Gesetze und Verordnungen, und Teil IV endlich enthält das Hausarbeitsgesetz nebst Ergänzungen.

Für die Erläuterungen zum Mutterschutzgesetze, zum Kinderschutzgesetze und zum Hausarbeitsgesetze trägt der erstunterzeichnete, im übrigen der zweite Herausgeber die Verantwortung. Bezüglich der Kommentierung der unter I abgedruckten gesetzlichen Bestimmungen ist zu bemerken, daß eine erschöpfende Erläuterung natürlich nicht im Plane der Arbeit lag. Die Anmerkungen beschränken sich deshalb auf solche Punkte, die arbeitsrechtlich von besonderer Bedeutung sind. Ein Mehr hätte den Rahmen des Buches gesprengt. Daher ist namentlich auch eine Kommentierung der abgedruckten Auszüge aus dem HGB., der GWO. und der RVO. unterblieben, zumal an gediegenen Erläuterungswerken zu diesen umfassenden Gesetzen kein Mangel ist.

Berlin-Friedenau, den 1. März 1933.
Potsdam,

Wagemann. Dr. Preiser.

Inhalts-Uebersicht

Abkürzungen

A., Anm.	Anmerkung
a. a. O.	am angegebenen Ort
Abs.	Absatz
abgedr.	abgedruckt
a. E.	am Ende
AGG.	Arbeitsgerichtsgesetz
a. M.	anderer Meinung
ArbGer.	Arbeitsgericht
ArbRspr.	Die Rechtsprechung in Arbeitssachen; grundsätzliche Entscheidungen des RAG. und der LAG. (Verlag Stilke)
Art.	Artikel
Aufl.	Auflage
AusfAnw.	Ausführungsanweisung
AVAVG.	Gesetz über Arbeitsvermittlung und Arbeitslosenversicherung
AZV.	Arbeitszeitverordnung
Bd.	Band
Bek.	Bekanntmachung
Bem.	Bemerkung
BenshSamml.	Entsch. d. RAG. u. d. LAG. (Verlag Bensheimer)
Best.	Bestimmungen
betr.	betreffend
Bl.	Blatt
BGB.	Bürgerliches Gesetzbuch
BRG.	Betriebsrätegesetz
DJZ.	Deutsche Juristenzeitung
Entsch.	Entscheidung
Erl.	Erlaß, Erläuterung
ff.	folgende
Ges.	Gesetz
GewGer.	Gewerbegericht
GS. S. 7	Gesetzsammlung S. 7
GWO.	Gewerbeordnung
HGB.	Handelsgesetzbuch
HMBl.	Handelsministerialblatt
i. a.	im allgemeinen
i. d. F.	in der Fassung
JMBl.	Justizministerialblatt
JW.	Juristische Wochenschrift
KG.	Kammergericht
KO.	Konkursordnung

Komm.	Kommentar, Kommission
KSchG.	Kündigungsschutzgesetz
LAG.	Landesarbeitsgericht
MfHuG.	Minister für Handel und Gewerbe
MBl.	Ministerialblatt
Nr.	Nummer
NZfAR.	Neue Zeitschrift für Arbeitsrecht
OLG.	Oberlandesgericht
RABl. RArbBl. 28 I 97	Reichsarbeitsblatt 1928 Teil I S. 97 (ist kein Jahr angegeben, so gilt das Jahr der betr. Vrdg.)
RAG.	Reichsarbeitsgericht
RAG. Bd. 1 S. 7	Entscheidungen des Reichsarbeitsgerichts, hrgg. von dessen Mitgliedern Band 1 S. 7
RArbMin.	Reichsarbeitsminister
RG.	Reichsgericht
RG. 117 S. 10	Entscheidungen des Reichsgerichts in Zivilsachen Bd. 117 S. 10
R. I 87	Reichsgesetzblatt Teil I S. 87 (ist kein Jahrgang angegeben, so gilt das Jahr des betr. Gesetzes); z. B. steht das AGG. v. 23. 12. 26 (R. I 507) im Reichsgesetzblatt 1926 Teil I S. 507)
RGBl.	Reichsgesetzblatt
RGStr.	Entscheidungen des Reichsgerichts in Strafsachen
Rspr., Rechtspr.	Rechtsprechung
RTDrcks.	Reichstagsdrucksache
RV.	Reichsverfassung
RVO.	Reichsversicherungsordnung
S.	Seite
SchlOrdg.	Schlichtungsordnung
SchwbAussch.	Schwerbeschädigtenausschuß
SchwbGes.	Schwerbeschädigtengesetz
Spruchsen.	Spruchsenat für Arbeitslosenversicherung beim Reichsversicherungsamt
StGB.	Strafgesetzbuch
StillegVrdg.	Stillegungsverordnung
TV.	Tarifvertrag
TVVrdg.	Verordnung über Tarifverträge
u. a.	unter anderem
u. ä.	und ähnliches
u. U.	unter Umständen
v.	vom
vb. m.	verbunden mit
vgl.	vergleiche
Vorl. LandarbOrdg.	Vorläufige Landarbeitsordnung
Vrdg.	Verordnung
WO.	Wahlordnung
z. B.	zum Beispiel
ZPO.	Zivilprozeßordnung

I.

Schutzbestimmungen allgemeinen Charakters

Gesetzesübersicht

1.

Die Verfassung des Deutschen Reichs

vom 11. August 1919 (R. 1383)[1])

Artikel 119

Schutz der Ehe, der Familie, der Mutterschaft)*

Die Ehe steht als Grundlage des Familienlebens und der Erhaltung und Vermehrung der Nation unter dem besonderen Schutz der Verfassung. Sie beruht auf der Gleichberechtigung der beiden Geschlechter.

Die Reinerhaltung, Gesundung und soziale Förderung der Familie ist Aufgabe des Staats und der Gemeinden. Kinderreiche Familien haben Anspruch auf ausgleichende Fürsorge.

Die Mutterschaft[2]) **hat Anspruch auf den Schutz und die Fürsorge des Staats.**

---

1. Die abgedruckten Bestimmungen der RV. enthalten kein praktisches, unmittelbar anwendbares Recht, sondern geben nur ein Programm für die Richtung, die die Gesetzgebung des Reiches auf sozialpolitischem Gebiete eingeschlagen wissen will. Dieses Programm war für die in diesem Buche behandelten Rechtsgebiete zum Teil bereits vor dem Inkrafttreten der RV. verwirklicht, insbesondere in den unter Ziffer I 2 mitgeteilten §§ des BGB, der GWO. (unter I 3 abgedruckt) und des HGB. (unter I 4 abgedruckt), zum anderen Teile wird es in den unter II, III und IV wiedergegebenen Gesetzen durchgeführt, zum Teil endlich steht die gesetzgeberische Durchführung dieses Programms noch aus (Hausgehilfengesetz). Die arbeitsrechtlichen Bestimmungen der RV. sind des näheren erläutert in Czolbe-Wagemann, Arbeitsgesetze Bd. II

2. Vgl. insbesondere unten Teil II.

Jugendschutz Artikel 122

Die Jugend ist gegen Ausbeutung sowie gegen sittliche, geistige oder körperliche Verwahrlosung zu schützen[3])**. Staat und Gemeinde haben die erforderlichen Einrichtungen zu treffen.**

---

*) *Die schräg gedruckten Ueberschriften gehören nicht zum amtlichen Gesetzestext.*

Fürsorgemaßregeln im Wege des Zwanges können nur auf Grund des Gesetzes angeordnet werden.

3. Vgl. insbesondere unten Teil III.

Artikel 139

Schutz der Sonntagsruhe[4])

Der Sonntag und die staatlich anerkannten Feiertage bleiben als Tage der Arbeitsruhe und der seelischen Erhebung gesetzlich geschützt.

4. Vgl. unten I 3 GWO., S. 27 ff.

Artikel 151

Keine schrankenlose Wirtschaftsfreiheit

Die Ordnung des Wirtschaftslebens muß den Grundsätzen der Gerechtigkeit mit dem Ziele der Gewährleistung eines menschenwürdigen Daseins für alle entsprechen. In diesen Grenzen ist die wirtschaftliche Freiheit des einzelnen zu sichern.

Gesetzlicher Zwang ist nur zulässig zur Verwirklichung bedrohter Rechte oder im Dienst überragender Forderungen des Gemeinwohls.

Die Freiheit des Handels und Gewerbes wird nach Maßgabe der Reichsgesetze gewährleistet.

Artikel 152

Nichtigkeit sittenwidriger Rechtsgeschäfte

Im Wirtschaftsverkehr gilt Vertragsfreiheit nach Maßgabe der Gesetze.

Wucher ist verboten. Rechtsgeschäfte, die gegen die guten Sitten verstoßen, sind nichtig[5]).

5. Vgl. unten I 2 BGB. § 138, S. 15.

Artikel 157

Schutz der Arbeitskraft, einheitliches Arbeitsrecht

Die Arbeitskraft steht unter dem besonderen Schutz des Reichs.

Das Reich schafft ein einheitliches Arbeitsrecht[6]).

6. Zur Schaffung eines einheitlichen Arbeitsrechtes ist die Reichsgesetzgebung bisher noch nicht gelangt, vielmehr ist die

umfangreiche Materie des Arbeitsrechtes in sehr vielen einzelnen Gesetzen und Verordnungen behandelt (Sammlungen: Wagemann, Die Arbeitsgesetze, 2. Aufl., Berlin 1932, Stilke, und Hoeniger, Arbeitsrecht, 19. Aufl., Mannheim 1932, Bensheimer).

Artikel 159

Unbeschränkte Koalitionsfreiheit für Arbeitgeber und Arbeitnehmer

Die Vereinigungsfreiheit zur Wahrung und Förderung der Arbeits- und Wirtschaftsbedingungen ist für jedermann und für alle Berufe gewährleistet. Alle Abreden und Maßnahmen, welche diese Freiheit einzuschränken oder zu behindern suchen, sind rechtswidrig.

Artikel 160

Ausübung staatsbürgerlicher Rechte und öffentlicher Ehrenämter gewährleistet

Wer in einem Dienst- oder Arbeitsverhältnis als Angestellter oder Arbeiter steht, hat das Recht auf die zur Wahrnehmung staatsbürgerlicher Rechte und, soweit dadurch der Betrieb nicht erheblich geschädigt wird, zur Ausübung ihm übertragener öffentlicher Ehrenämter nötige freie Zeit. Wieweit ihm der Anspruch auf Vergütung erhalten bleibt, bestimmt das Gesetz.

Artikel 161

Sozialversicherung[7])

Zur Erhaltung der Gesundheit und Arbeitsfähigkeit, zum Schutz der Mutterschaft und zur Vorsorge gegen die wirtschaftlichen Folgen von Alter, Schwäche und Wechselfällen des Lebens schafft das Reich ein umfassendes Versicherungswesen unter maßgebender Mitwirkung der Versicherten.

---

7. a) Reichsversicherungsordnung v. 19. 8. 19 (R. 509), jetzt gültig i. d. F. d. Bek. v. 15. 12. 24 (R. I 779)/9. 1. 26 (R. I 9), b) Angestelltenversicherungsgesetz i. d. F. der Bek. v. 28. 5. 24 (R. I 563), die aber seitdem vielfach geändert und ergänzt ist, c) Gesetz über Arbeitsvermittlung und Arbeitslosenversicherung in der unter dem 12. 10. 29 (R. I 162) bekanntgemachten, seitdem aber auch schon vielfach veränderten Fassung, und d) Reichsknappschaftsgesetz i. d. F. der Bek. v. 1. 7. 26 (R. I 369).

Artikel 162

Internationales Arbeitsrecht

Das Reich tritt für eine zwischenstaatliche Regelung der Rechtsverhältnisse der Arbeiter ein, die für die gesamte arbeitende Klasse der Menschheit ein allgemeines Mindestmaß der sozialen Rechte erstrebt[8]).

---

8. Vgl. die unten S. 70 ff., 137 ff., 188 f. abgedruckten internationalen Vereinbarungen.

2.

Bürgerliches Gesetzbuch für das Deutsche Reich

vom 18. August 1896 (R. 195).

Nichtige Rechtsgeschäfte

§ 134

Ein Rechtsgeschäft, das gegen ein gesetzliches Verbot verstößt[1]), ist nichtig, wenn sich nicht aus dem Gesetz ein anderes ergibt.

1. Gesetzliche Verbote sind namentlich in den Strafgesetzen enthalten. Aber nicht jedes Rechtsgeschäft, das unter Verletzung eines Strafgesetzes zustande kommt, ist nichtig. Die Nichtigkeit tritt vielmehr nur dann ein, wenn das betreffende Rechtsgeschäft seiner eigentlichen Natur nach vom Rechte mißbilligt und deshalb mit einer Strafe bedroht wird, nicht aber schon dann, wenn das Geschäft als solches erlaubt ist und nur gewisse Nebenumstände es zu einem verbotenen machen, z. B. Kaufgeschäfte unter Verstoß gegen die Sonntagsruhebestimmungen der GWO. §§ 41a, 146a (unten I 3). Dagegen enthalten die Vorschriften der §§ 115, 126, 133 f, 135, 137, 154a der GWO. (unten I 3) gesetzliche Verbote, die die Nichtigkeit des Geschäfts herbeiführen.

§ 138

Ein Rechtsgeschäft, das gegen die guten Sitten[2])[3]) verstößt, ist nichtig.

Nichtig ist insbesondere ein Rechtsgeschäft, durch das jemand unter Ausbeutung der Notlage, des Leichtsinns oder der Unerfahrenheit eines anderen sich oder einem Dritten für eine Leistung Vermögensvorteile versprechen oder gewähren läßt, welche den Wert der Leistung dergestalt übersteigen, daß den Umständen nach die Vermögensvorteile in auffälligem Mißverhältnisse zu der Leistung stehen.

2. Der Begriff des gegen die guten Sitten verstoßenden Rechtsgeschäfts ist durch die Rechtsprechung dahin festgelegt worden, daß das Geschäft nach Inhalt, Beweggrund und Zweck sich

als sittenwidrig darstellen muß, und zwar sind für die „guten Sitten" regelmäßig entscheidend die zur Zeit des Geschäftsabschlusses herrschenden sittlichen Anschauungen derjenigen Kreise, in denen das fragliche Geschäft gelten soll (RAG. Bd. 6 S. 49 ff.).

3. Regelmäßig sind Geschäfte wegen Verstoßes gegen die guten Sitten nur dann nichtig, wenn beide an dem Abschlusse des Geschäftes beteiligten Vertragsparteien dabei sittenwidrig gehandelt haben. So ist ein Vertrag als sittenwidrig angesehen worden, durch den ein Gewerbetreibender einen Handlungsgehilfen, dem von seinem früheren Dienstherrn eine nach § 74 HGB. zulässige Beschränkung auferlegt worden war, dazu verleitet hatte, ohne Rücksicht auf die übernommene Verpflichtung in seinen Dienst zu treten (RG. 81 S. 86). Aber auch der unter einseitigem, unsittlichem Verhalten geschlossene Vertrag kann u. U. nichtig sein, z. B., wenn der eine Teil eine Not- oder Zwangslage des anderen, vielleicht wirtschaftlich schwächeren, Vertragsteiles bewußt sittenwidrig zur Durchsetzung seiner Wünsche ausnützt. Eine derartige, einseitig sittenwidrige, zur Nichtigkeit des Rechtsgeschäfts führende Handlungsweise kann sich namentlich auf dem hier behandelten Teilgebiete des Arbeitsrechtes, soweit es dieses nämlich mit den besonders schutzbedürftigen weiblichen Personen und Jugendlichen oder Kindern zu tun hat, bemerkbar machen. Insbesondere können hier die sogenannten Knebelungsverträge oder Verträge mit Wettbewerbsverboten, die den Verpflichteten in seiner wirtschaftlichen Betätigungsfreiheit übermäßig beschränken oder die allzu einseitig das Interesse des Arbeitgebers berücksichtigen, sittenwidrig und deshalb nichtig sein.

§ 139

Ist ein Teil eines Rechtsgeschäfts nichtig, so ist das ganze Rechtsgeschäft nichtig, wenn nicht anzunehmen ist, daß es auch ohne den nichtigen Teil vorgenommen sein würde.

Aus den Bestimmungen über den Dienstvertrag [1])

§ 616 [2]) [3])

Der zur Dienstleistung Verpflichtete wird des Anspruchs auf die Vergütung nicht dadurch verlustig, daß er für eine verhältnismäßig nicht erhebliche Zeit [4]) durch einen in seiner Person liegenden Grund ohne sein Verschulden [5]) an der D i e n s t l e i s t u n g v e r h i n d e r t wird. Er muß sich jedoch den Betrag anrechnen lassen, welcher ihm für die Zeit der Verhinderung aus einer auf Grund gesetzlicher Verpflichtung bestehenden Kranken- oder Unfallversicherung zukommt.

---

1. Die vorstehenden Bestimmungen des BGB. haben folgende Abänderungen bzw. Ergänzungen erfahren:

a) durch § 189 der Reichsversicherungsordnung in der ihm durch die auf Grund des Art. 48 Abs. 2 der RV. erlassenen Vrdg. des Reichspräsidenten vom 26. 7. 30 (R. I S. 311)/1. 12. 30 (R. I S. 517) gegebenen Fassung folgenden Wortlauts:

Der Anspruch auf Kranken- und Hausgeld ruht, wenn und soweit der Versicherte während der Krankheit Arbeitsentgelt erhält. Für solche Versicherte hat die Satzung die Beiträge entsprechend zu kürzen; sie kann zugleich das Krankengeld (§ 182 Abs. 1 Nr. 2) nach Wegfall des Arbeitsentgelts auf sechzig vom Hundert des Grundlohns erhöhen. Zuschüsse des Arbeitgebers zum Kranken- und Hausgeld gelten auch dann nicht als Arbeitsentgelt, wenn sie auf einer Verpflichtung beruhen;

b) durch die auf Grund des Art. 48 Abs. 2 der RV. erlassene Vrdg. des Reichspräsidenten vom 5. 6. 31 (R. I S. 279) ist dem § 616 BGB. folgender zweiter Abs. angefügt worden:

Der Anspruch eines Angestellten (§ 1 Abs. 1, 2 des Angestelltenversicherungsgesetzes) auf Vergütung kann für den Krankheitsfall nicht durch Vertrag ausgeschlossen oder beschränkt werden. Hierbei gilt als verhältnismäßig nicht erheblich eine Zeit von sechs Wochen, wenn nicht durch Tarifvertrag eine andere Dauer bestimmt ist.

2. Dem § 616 BGB. haben § 63 HGB. und § 133c Abs. 2 GWO. (unten II 3 und 4) zum Vorbilde gedient. Diese drei Vorschriften enthalten eine Ausnahme von der im § 323 BGB. festgesetzten Regelung des Verhältnisses der beiderseitigen Leistungen aus einem gegenseitigen Vertrage, d. h. einem Vertrage, der jedem der beiden Vertragsteile Leistungen auferlegt. Ein gegenseitiger Vertrag ist auch der Dienstvertrag, da er nach § 611 BGB. den Arbeitnehmer zur Leistung der versprochenen Dienste, den Arbeitgeber zur Gewährung des vereinbarten oder sonst bestimmten Dienstlohns verpflichtet. Während nun nach der allgemeinen Regel des § 323 bei einem gegenseitigen Vertrage die beiderseitigen Leistungen derartig voneinander abhängig sind, daß die Leistung des einen Teils nicht fortbestehen darf, wenn die Leistung des anderen Teiles wegfällt, ist dies beim Dienstvertrage nach § 616 nicht der Fall. Unter den im § 616 angegebenen Umständen — der Arbeitnehmer wird a) durch einen in seiner Person liegenden Grund, b) ohne sein Verschulden, c) auf verhältnismäßig nicht erhebliche Zeit verhindert, die übernommenen Dienste zu leisten — verliert der Dienstverpflichtete seinen Anspruch auf die ihm zustehende Vergütung nicht, obwohl er seine Vertragsverpflichtung, eben die Dienstleistung, tatsächlich nicht erfüllt.

3. Zweifelhaft ist, ob der § 616 zwingendes Recht enthält oder ob die Vorschrift durch Parteivereinbarung — ausdrückliche oder stillschweigende — oder durch den Inhalt eines Tarifvertrages abgeändert werden kann. Während die meisten Schriftsteller des

Arbeitsrechts den dispositiven Charakter der Bestimmung verneinen, weil er ihrem sozialen Zwecke widersprechen würde, nehmen die maßgebenden Kommentatoren des BGB. — außer Planck — an, daß es sich hier um nicht zwingendes Recht handele. Mit Rücksicht auf § 619 BGB., der ausdrücklich nur die §§ 617 und 618, nicht aber den § 616 für zwingendes Recht erklärt, wird man sich dahin entscheiden müssen, daß die Vorschrift der Parteivereinbarung nicht entzogen ist. Nachdem durch die Notverordnung vom 5. 6. 31 (oben Anm. 1 b) dem § 616 der Abs. 2 hinzugefügt worden ist, der für den Krankheitsfall die Ansprüche der Angestellten aus § 616 Abs. 1 für unabdingbar erklärt, werden alle Zweifel schwinden müssen, daß die Bestimmung im übrigen, also soweit es sich nicht um die Erkrankung eines „Angestellten" im Sinne des Angestelltenversicherungsgesetzes handelt, einer abweichenden Vereinbarung nicht entzogen ist.

4. Die Entscheidung der Frage, ob die Zeit der Verhinderung eine verhältnismäßig nicht erhebliche ist, hängt im wesentlichen von der tatsächlichen Würdigung der Umstände des einzelnen Falles ab, wobei neben der Dauer der Verhinderung insbesondere auch deren Verhältnis zur Gesamtzeit der Beschäftigung, die Art der zu leistenden Arbeit und die sonstigen beiderseitigen Interessen der Vertragsparteien zu berücksichtigen sind. Auch eine Behinderung von sechs Wochen kann nach den besonderen Umständen des Falles als verhältnismäßig unerheblich angesehen werden. RAG. Bensh. Samml. 14, 556.

5. „Ohne sein Verschulden", d. h. das Recht auf den Dienstlohn bleibt nur dann bestehen, wenn die nicht erhebliche Dienstversäumnis nicht durch die eigene Schuld des Dienstverpflichteten (Vorsatz oder Fahrlässigkeit!) eingetreten ist.

§ 617[6])[7])

Ist bei einem dauernden Dienstverhältnisse, welches die Erwerbstätigkeit des Verpflichteten vollständig oder hauptsächlich in Anspruch nimmt, der Verpflichtete in die häusliche Gemeinschaft aufgenommen, so hat der Dienstberechtigte ihm im Falle der Erkrankung die erforderliche Verpflegung und ärztliche Behandlung bis zur Dauer von sechs Wochen[8]), jedoch nicht über die Beendigung des Dienstverhältnisses hinaus, zu gewähren[9]), sofern nicht die Erkrankung von dem Verpflichteten vorsätzlich oder durch grobe Fahrlässigkeit[10]) herbeigeführt worden ist. Die Verpflegung und ärztliche Behandlung kann durch Aufnahme des Verpflichteten in eine Krankenanstalt gewährt werden. Die Kosten können auf die für die Zeit der Erkrankung geschuldete Vergütung angerechnet werden. Wird das Dienstverhältnis wegen der Erkrankung von dem Dienstberechtigten nach § 626 gekündigt, so bleibt

die dadurch herbeigeführte Beendigung des Dienstverhältnisses außer Betracht.

Die Verpflichtung des Dienstberechtigten tritt nicht ein, wenn für die Verpflegung und ärztliche Behandlung durch eine Versicherung oder durch eine Einrichtung der öffentlichen Krankenpflege Vorsorge getroffen ist.

---

6. Erheblich hinausgehend über die Verpflichtungen aus § 616 sind die Verpflichtungen, die § 617 dem Dienstberechtigten — Arbeitgeber — gegenüber dem Dienstverpflichteten — Arbeitnehmer — auferlegt, wenn dieser während des Dienstverhältnisses erkrankt: die erforderliche Verpflegung und ärztliche Behandlung bis zur Dauer von sechs Wochen, längstens bis zur Beendigung des Dienstverhältnisses unter Fortgewährung des Arbeitslohnes, der aber auf die Kosten eine Krankenhausbehandlung verrechnet werden kann, wenn der Dienstberechtigte statt der häuslichen Versorgung des erkrankten Dienstverpflichteten seine Aufnahme in ein Krankenhaus erwirkt. Diese umfassende Fürsorgepflicht liegt dem Arbeitgeber aber nur unter vier Voraussetzungen ob: a) es muß sich um ein dauerndes Dienstverhältnis handeln, b) dieses Dienstverhältnis muß die Haupterwerbsquelle des Dienstverpflichteten bilden, c) der Dienstverpflichtete muß in die häusliche Gemeinschaft des Dienstberechtigten aufgenommen sein und endlich d) der Dienstverpflichtete darf sich seine Erkrankung nicht vorsätzlich oder grobfahrlässig zugezogen haben.

7. Diese Verpflichtung des Dienstberechtigten ist unabdingbar (§ 619 BGB.).

8. Die Berechnung der sechs Wochen erfolgt nach den §§ 186 ff. BGB. Danach ist als Beginn der Sechswochenfrist der auf den Tag der Erkrankung folgende Tag, als Ende derjenige Tag der sechsten Woche anzusehen, der die gleiche Benennung hat wie der Wochentag, an dem der Dienstverpflichtete erkrankt ist.

9. Der Dienstverpflichtete kann auf Grund des § 617 entweder auf Erfüllung klagen, wobei auch eine Feststellungsklage nach § 256 oder eine Klage auf zukünftige Leistung nach § 258 der ZPO. in Betracht kommt, er kann im Falle der Nichterfüllung das Dienstverhältnis nach § 626 ff. BGB. kündigen und, wenn den Dienstberechtigten ein Verschulden trifft, hat er endlich auch einen Anspruch auf Schadensersatz. Hat der Dienstverpflichtete selbst oder ein Dritter für ihn die erforderliche Verpflegung und ärztliche Behandlung beschafft, so können sie aus dem rechtlichen Gesichtspunkte der Geschäftsführung ohne Auftrag gemäß § 677 BGB. vom Dienstberechtigten den Ersatz der aufgewendeten Kosten verlangen.

10. Fahrlässig handelt nach § 276 BGB., wer die im Verkehr erforderliche Sorgfalt, grob fahrlässig, wer jede Vorsicht außer acht läßt (RG. 58, 162). Daher kein Lohnanspruch bei Dienstunfähigkeit, die auf einer durch außerehelichen Geschlechtsverkehr hervorgerufenen Krankheit beruht (Bensh. Samml. 6, 206). Die Folgen außerehelichen Beischlafes sind grundsätzlich nicht als unverschuldet anzusehen, anders bei einer Schwangerschaft, die zwar die Folge eines außerehelichen Geschlechtsverkehrs ist, wofern bei diesem Verkehr die Absicht der Eheschließung bestand und die Ehe auch tatsächlich vor Eintritt der Arbeitsunfähigkeit geschlossen worden ist (LAG. Bensh. Samml. 8, 51 und Anmerkung von Hueck zu dieser Entscheidung). Vgl. auch Staudinger, 9. Aufl., Anm. III 2a zu § 616.

§ 618[11])

Der Dienstberechtigte hat Räume, Vorrichtungen oder Gerätschaften[12]), die er zur Verrichtung der Dienste zu beschaffen hat, so einzurichten und zu unterhalten und Dienstleistungen, die unter seiner Anordnung oder seiner Leitung vorzunehmen sind, so zu regeln, daß der Verpflichtete gegen Gefahr für Leben und Gesundheit soweit geschützt ist, als die Natur der Dienstleistung es gestattet.

Ist der Verpflichtete in die häusliche Gemeinschaft aufgenommen, so hat der Dienstberechtigte in Ansehung des Wohn- und Schlafraums, der Verpflegung sowie der Arbeits- und Erholungszeit diejenigen Einrichtungen und Anordnungen zu treffen, welche mit Rücksicht auf die Gesundheit, die Sittlichkeit und die Religion des Verpflichteten erforderlich sind[13]).

Erfüllt der Dienstberechtigte die ihm in Ansehung des Lebens und der Gesundheit des Verpflichteten obliegenden Verpflichtungen nicht, so finden auf seine Verpflichtung zum Schadensersatze die für unerlaubte Handlungen geltenden Vorschriften der §§ 842 bis 846 entsprechende Anwendung[14])[15]).

---

11. § 618 ist nach dem Vorbilde der §§ 62 HGB. und 120a—120c GWO. (unter II 3 und 4) gestaltet. Der Zweck der Bestimmung ist, daß der Dienstberechtigte alles tun muß, um den Dienstverpflichteten gegen die Gefahren zu schützen, die mit der Verrichtung der ihm obliegenden Arbeit verbunden sind.

12. Dieser sozialethische Zweck des Gesetzes erfordert eine erweiternde Auslegung der Begriffe: „Räume, Vorrichtungen oder Gerätschaften". Danach müssen nicht nur die eigentlichen Arbeitsräume, sondern auch die Zugänge zu ihnen, die Treppen, Flure und Aborte in einem Zustande gehalten werden, der Leib und Leben des Arbeitnehmers nicht gefährdet, und nicht nur das Handwerkszeug, das er täglich benützt, und die Maschinen, an denen er regelmäßig arbeitet, müssen entsprechend instand gehalten sein, sondern auch die Gerätschaften, die nur gelegentlich gebraucht werden, z. B. Leitern oder dgl. (RG. 18 S. 173, 90 S. 408).

13. Weiter wiederum gehen die Verpflichtungen des Arbeitgebers, wenn der Dienstverpflichtete in seine häusliche Gemeinschaft aufgenommen ist. Alsdann müssen die Wohn- und Schlafräume der Dienstverpflichteten so beschaffen sein, daß nicht nur ihre Gesundheit geschützt ist, sondern auch so, daß ihre Sittlichkeit keinen Schaden nehmen kann, und hinsichtlich der Arbeits- und Erholungszeit ist auch auf die religiösen Bedürfnisse der Dienstverpflichteten die nötige Rücksicht zu nehmen.

14. Der § 618 hat allgemeine Bedeutung, er gilt für Arbeitsverhältnisse und Arbeitnehmer jeder Art, insbesondere auch für Lehrlinge (RG., Juristische Wochenschrift 1913 S. 372[4]), für gewerbliche Arbeiter kommen aber in erster Linie die in der Anm. 11 genannten §§ 120a—120c GWO. und für Handlungsgehilfen der § 62 HGB. zur Anwendung.

Der Anspruch aus § 618 ist ein vertragsmäßiger, er entspringt aus dem Dienstvertrage, wenngleich auch auf ihn die §§ 842—846 BGB. angewendet werden sollen, die sich im 25. Titel des BGB. finden, wo von den Folgen der außervertraglichen, „unerlaubten Handlungen" die Rede ist. Diese Paragraphen lauten:

§ 842

Die Verpflichtung zum Schadensersatze wegen einer gegen die Person gerichteten unerlaubten Handlung erstreckt sich auf die Nachteile, welche die Handlung für den Erwerb oder das Fortkommen des Verletzten herbeiführt.

§ 843

Wird infolge einer Verletzung des Körpers oder der Gesundheit die Erwerbsfähigkeit des Verletzten aufgehoben oder gemindert oder tritt eine Vermehrung seiner Bedürfnisse ein, so ist dem Verletzten durch Entrichtung einer Geldrente Schadensersatz zu leisten.

Auf die Rente finden die Vorschriften des § 760 Anwendung. Ob, in welcher Art und für welchen Betrag der Ersatzpflichtige Sicherheit zu leisten hat, bestimmt sich nach den Umständen.

Statt der Rente kann der Verletzte eine Abfindung in Kapital verlangen, wenn ein wichtiger Grund vorliegt.

Der Anspruch wird nicht dadurch ausgeschlossen, daß ein anderer dem Verletzten Unterhalt zu gewähren hat.

§ 844

Im Falle der Tötung hat der Ersatzpflichtige die Kosten der Beerdigung demjenigen zu ersetzen, welchem die Verpflichtung obliegt, diese Kosten zu tragen.

Stand der Getötete zur Zeit der Verletzung zu einem Dritten in einem Verhältnisse, vermöge dessen er diesem gegenüber kraft Gesetzes unterhaltspflichtig war oder unterhaltspflichtig werden konnte, und ist dem Dritten infolge der Tötung das Recht auf den Unterhalt entzogen, so hat der Ersatzpflichtige dem Dritten durch Entrichtung einer Geldrente insoweit Schadensersatz zu leisten, als der Getötete während der mutmaßlichen Dauer seines Lebens zur Gewährung des Unterhalts verpflichtet gewesen sein würde; die Vorschriften des § 843 Abs. 2 bis 4 finden entsprechende Anwendung. Die Ersatzpflicht tritt auch dann ein, wenn der Dritte zur Zeit der Verletzung erzeugt, aber noch nicht geboren war.

§ 845

Im Falle der Tötung, der Verletzung des Körpers oder der Gesundheit sowie im Falle der Freiheitsentziehung hat der Ersatzpflichtige, wenn der Verletzte kraft Gesetzes einem Dritten zur Leistung von Diensten in dessen Hauswesen oder Gewerbe verpflichtet war, dem Dritten für die *entgehenden Dienste* durch Entrichtung einer Geldrente Ersatz zu leisten. Die Vorschriften des § 843 Abs. 2—4 finden entsprechende Anwendung.

§ 846

Hat in den Fällen der §§ 844, 845 bei der Entstehung des Schadens, den der Dritte erleidet, ein *Verschulden des Verletzten* mitgewirkt, so finden auf den Anspruch des Dritten die Vorschriften des § 254 Anwendung.

§ 254

Hat bei der Entstehung des Schadens ein Verschulden des Beschädigten mitgewirkt, so hängt die Verpflichtung zum Ersatze sowie der Umfang des zu leistenden Ersatzes von den Umständen, insbesondere davon ab, inwieweit der Schaden vorwiegend von dem einen oder dem anderen Teile verursacht worden ist.

Dies gilt auch dann, wenn sich das Verschulden des Beschädigten darauf beschränkt, daß er unterlassen hat, den Schuldner auf die Gefahr eines ungewöhnlich hohen Schadens aufmerksam zu machen, die der Schuldner weder kannte noch kennen mußte, oder daß er unterlassen hat, den Schaden abzuwenden oder zu mindern. Die Vorschrift des § 278 findet entsprechende Anwendung.

15. Der Anspruch geht auf Schadensersatz, wenn durch das schuldhafte Zuwiderhandeln des Arbeitgebers oder seiner Gehilfen (§ 278 BGB.) gegen die Bestimmungen des § 618 verstoßen und der Arbeitnehmer dadurch geschädigt worden ist. Dieser Schadensersatzanspruch ist freilich stark eingeschränkt durch die Bestimmungen der RVO. in der Fassung der Bekanntmachung vom 15. 12. 24 (R. I 779). Nach den §§ 898 ff. RVO., abgedr. unten S. 91 ff., können nämlich diejenigen Arbeitnehmer, die der Unfallversicherung unterstehen, sowie deren Hinterbliebene den Arbeitgeber, in dessen Betriebe sie einen Unfall erlitten haben, für den entstandenen Schaden nur dann in Anspruch nehmen, wenn strafgerichtlich festgestellt worden ist, daß der Arbeitgeber den Unfall vorsätzlich herbeigeführt hat. Es genügt also nicht, daß dabei bloß Fahrlässigkeit, selbst grobe Fahrlässigkeit im Spiel gewesen ist. Aber auch wenn eine gerichtliche Entscheidung zuungunsten des Arbeitgebers ergangen ist, beschränkt sich der Schadensersatzanspruch des Arbeitnehmers auf denjenigen Betrag, um den der Schaden die Höhe der Unfallrente übersteigt, die der Arbeitnehmer aus der Unfallversicherung erhält. Die hervorgehobene Einschränkung gilt selbst dann, wenn dem gegen Unfall versicherten Arbeitnehmer aus irgendwelchen Gründen eine Rente überhaupt nicht zusteht. Nur dann können Schadensersatzansprüche aus § 618 geltend gemacht werden, auch ohne daß zuvor jene strafgerichtliche Feststellung erfolgt ist, wenn wegen des Todes des schuldigen Arbeitgebers, wegen seiner Abwesenheit oder wegen eines anderen, in seiner Person liegenden Grundes ein strafrechtliches Verfahren gegen ihn nicht stattfinden kann. Endlich ist im § 901 RVO. noch bestimmt, daß das ordentliche Gericht, das über Schadensersatzansprüche der vorliegenden Art zu urteilen hat, an die Entscheidung gebunden ist, die in einem Verfahren nach der RVO. ergangen ist darüber: a) ob ein entschädigungspflichtiger Unfall vorliegt, b) in welchem Umfange und c) von welchem Versicherungsträger die Entschädigung zu gewähren ist. Deshalb muß noch das ordentliche Gericht seine Entscheidung aussetzen, bis das Verfahren nach der RVO. beendet ist.

Mit diesen Bestimmungen der RVO. wird der Schadensersatzanspruch aus § 618 BGB. für den allergrößten Teil der Arbeitnehmer, da nur wenige von ihnen der Unfallversicherung nicht unterstehen, ziemlich gegenstandslos. Deshalb gewinnt die Frage eine erhöhte Bedeutung, ob der Dienstverpflichtete das Recht hat, gegen den Dienstberechtigten auf Erfüllung der diesem im § 618 auferlegten Verpflichtungen zu klagen, oder ob es sich hier nur um öffentlich-rechtliche Verpflichtungen des Arbeitgebers handelt, deren Erzwingung auf dem Wege des Zivilprozesses ausgeschlossen ist. Diese Frage ist bestritten. Man wird mit der großen Mehrheit der Schriftsteller (vgl. Kaskel-Dersch, Arbeitsrecht, 4. Aufl. S. 213 Anm. 1, Staudinger, 9. Aufl. Bem. IV 1 zu § 618) annehmen müssen, daß in der Tat ein solcher privatrechtlicher und im Wege des Zivilprozesses erzwingbarer Erfüllungsanspruch gegenüber dem Arbeitgeber gegeben ist, da der § 618 neben der aus öffentlich-rechtlichen, sozialpolitischen Gründen festgesetzten Fürsorgepflicht des Arbeitgebers, die dem Staate gegenüber besteht, auch eine vertragsmäßige, privatrechtliche Verpflichtung dem Arbeitnehmer gegenüber enthält. Das ergibt sich einwandfrei aus der Stellung des § 618 innerhalb des Systems unseres bürgerlichen Rechts.

Bestritten ist auch, ob der § 618 als ein „Schutzgesetz" im Sinne des § 823 Abs. 2 BGB. anzusehen ist, was für die Frage von Bedeutung sein kann, ob neben der vertraglichen Haftung auf Schadensersatz und Erfüllung auch eine Schadenshaftung aus unerlaubter Handlung für den Dienstberechtigten besteht. Auch diese Frage ist aus den Gründen des vorigen Absatzes zu bejahen, da nach RG. 79, 85 als Schutzgesetze alle Rechtsnormen anzusehen sind, die bezwecken, bestimmte einzelne Interessen zu schützen, auch wenn sie in erster Linie dazu bestimmt sind, den Interessen der Allgemeinheit zu dienen. Daß aber die Bestimmungen im § 618 neben ihrer allgemeinen, sozialpolitischen Bedeutung die Aufgabe haben, die Arbeitskraft, das Leben, die Gesundheit, die Sittlichkeit des einzelnen Arbeitnehmers vor den Gefahren zu behüten, die der Arbeitsbetrieb mit sich bringt, kann füglich nicht bezweifelt werden, ist vielmehr, wie einleitend in Anm. 11 gesagt ist, der eigentliche gesetzgeberische Zweck der Vorschriften (Kaskel-Dersch a. a. O. S. 298, RG., NZ. f. AR. 1923 Sp. 768).

Gegenüber Hausgehilfen und Hausgehilfinnen (früher Dienstboten genannt) haftet der Ehemann für die Anweisungen der Ehefrau, die diese innerhalb ihres häuslichen Wirkungskreises („Schlüsselgewalt", § 1357 BGB.) im Widerspruche mit § 618 erteilt (Rechtsprechung der Oberlandesgerichte Bd. 17 S. 411).

§ 619

Die dem Dienstberechtigten nach den §§ 617, 618 obliegenden Verpflichtungen können nicht im voraus durch Vertrag aufgehoben oder beschränkt werden.

Ansprüche aus unerlaubter Handlung

§ 823[1])

Wer vorsätzlich oder fahrlässig das Leben, den Körper, die Gesundheit, die Freiheit[2]), das Eigentum oder ein sonstiges Recht eines anderen widerrechtlich verletzt, ist dem anderen zum Ersatze des daraus entstehenden Schadens verpflichtet.

Die gleiche Verpflichtung trifft denjenigen, welcher gegen ein den Schutz eines anderen bezweckendes Gesetz verstößt. Ist nach dem Inhalte des Gesetzes ein Verstoß gegen dieses auch ohne Verschulden möglich, so tritt die Ersatzpflicht nur im Falle des Verschuldens ein.

1. Die Arbeitskraft als solche ist — trotz Art. 157 RV. — kein durch Abs. 1 geschütztes Rechtsgut. Denn der in der Reichstagskommission, die den Entwurf des BGB. zu beraten hatte, gestellte Antrag, den im § 807 der Reichstagsvorlage — eben dem jetzigen § 823 des Gesetzes — genannten Rechtsgütern noch die Worte „die Arbeitskraft“ hinzuzufügen, ist vom Antragsteller zurückgezogen worden, nachdem klargestellt war, daß die Verletzung der Arbeitskraft stets eine Verletzung der Gesundheit voraussetze (Mugdan, Die gesamten Materialien zum BGB. Bd. II S. 1297[1]).

§ 824

Wer der Wahrheit zuwider eine Tatsache behauptet oder verbreitet, die geeignet ist, den Kredit eines anderen zu gefährden oder sonstige Nachteile für dessen Erwerb oder Fortkommen herbeizuführen, hat dem anderen den daraus entstehenden Schaden auch dann zu ersetzen, wenn er die Unwahrheit zwar nicht kennt, aber kennen muß.

Durch eine Mitteilung, deren Unwahrheit dem Mitteilenden unbekannt ist, wird dieser nicht zum Schadensersatze verpflichtet, wenn er oder der Empfänger der Mitteilung an ihr ein berechtigtes Interesse hat.

§ 825

Wer eine Frauensperson durch Hinterlist, durch Drohung oder unter Mißbrauch eines Abhängigkeitsverhältnisses zur Gestattung der außerehelichen Beiwohnung bestimmt, ist ihr zum Ersatze des daraus entstehenden Schadens verpflichtet.

§ 826

Wer in einer gegen die guten Sitten verstoßenden Weise[2]) einem anderen vorsätzlich Schaden zufügt, ist dem andern zum Ersatze des Schadens verpflichtet.

---

2. Der Schutz der „Freiheit“ beschränkt sich nicht nur auf die Schadensersatzpflicht beim Vorliegen der „Verbrechen und Vergehen gegen die persönliche Freiheit“ (§§ 234—241 des StGB.), sondern umfaßt alle Eingriffe in die ungestörte Willensausübung, z. B. jeden Zwang zur Niederlegung oder zur Aufnahme der Arbeit bei Streiks oder zur Ausübung des Stimmrechts in bestimmtem Sinne (Staudinger Bem. II A 2 c bei § 823 unter Ablehnung der engeren Auffassung des Reichsgerichtsrätekommentars und des Kommentars von Oertmann).

Der Paragraph gewinnt daher für das hier behandelte Gebiet des Arbeitsrechts seine besondere Bedeutung bei der rechtlichen Würdigung der Arbeitskämpfe. Soweit diese unter Verletzung der bestehenden Strafgesetze (Widerstand gegen die Staatsgewalt, Hausfriedensbruch, Landfriedensbruch, Anreizung zum Klassenhaß, Beleidigung, Verbrechen und Vergehen wider Leib und Leben, Freiheitsberaubung, Nötigung, Sachbeschädigung) auszufechten versucht werden, sind sie selbstverständlich widerrechtliche, sittenwidrige, unerlaubte Handlungen, die die Täter, Anstifter und Gehilfen schadensersatzpflichtig machen. Dagegen können die regelmäßigen Kampfmittel — Aussperrung, Streik, Boykott, Verrufserklärung, schwarze Listen — an sich nicht ohne weiteres als unerlaubte Handlungen angesehen werden. Es kommt vielmehr, wie die Rechtsprechung des RG. nachgewiesen hat, darauf an, ob die Mittel, mit denen der Arbeitskampf vor sich geht, oder das Ziel, das er erstrebt, unerlaubt, sittenwidrig sind. Unsittlich und daher unerlaubt sind die Mittel namentlich dann, wenn der Arbeitskampf mit unwahren oder verletzend wirkenden Behauptungen betrieben wird, und sein Ziel ist unsittlich, wenn er die wirtschaftliche Vernichtung des Gegners bezweckt (RG. NZ. f. AR. 1923 Sp. 697).

3.

Gewerbeordnung für das Deutsche Reich

v. 21. 6. 1869, i. d. Fassung der Bek. v. 26. 7. 00 (R. 871) mit späteren Aenderungen

— Stand vom September 1932 —

§ 41a

Soweit nach den Bestimmungen der §§ 105b bis 105h Gehilfen, Lehrlinge und Arbeiter im Handelsgewerbe an Sonn- und Festtagen nicht beschäftigt werden dürfen, darf in offenen Verkaufsstellen ein Gewerbebetrieb an diesen Tagen nicht stattfinden. Diese Bestimmung findet auf den Geschäftsbetrieb von Konsum- und anderen Vereinen entsprechende Anwendung.

Weitergehenden landesgesetzlichen Beschränkungen des Gewerbebetriebs an Sonn- und Festtagen steht diese Bestimmung nicht entgegen.

§ 41b

Auf Antrag von mindestens zwei Dritteln der beteiligten Gewerbetreibenden kann für eine Gemeinde oder mehrere örtlich zusammenhängende Gemeinden durch die höhere Verwaltungsbehörde vorgeschrieben werden, daß an Sonn- und Festtagen in bestimmten Gewerben, deren vollständige oder teilweise Ausübung zur Befriedigung täglicher oder an diesen Tagen besonders hervortretender Bedürfnisse der Bevölkerung erforderlich ist, ein Betrieb nur insoweit stattfinden darf, als Ausnahmen von den im § 105b Abs. 1 getroffenen Bestimmungen zugelassen sind.

Der Bundesrat[1]) ist befugt, Bestimmungen darüber zu erlassen, welche Gewerbetreibende als beteiligt anzusehen sind und in welchem Verfahren die erforderliche Zahl von Gewerbetreibenden festzustellen ist.

---

1. Ueberall, wo in der GWO. der Bundesrat genannt wird, ist nach dem Uebergangsgesetze v. 4. 3. 19 (R. 285) und der Art. 77 und 179 RV. zu setzen: „Die Reichsregierung mit Zustimmung des Reichsrats."

§ 105a

Zum Arbeiten an Sonn- und Festtagen können die Gewerbetreibenden die Arbeiter nicht verpflichten. Arbeiten, welche nach den Bestimmungen dieses Gesetzes auch an Sonn- und Festtagen vorgenommen werden dürfen, fallen unter die vorstehende Bestimmung nicht.

Welche Tage als Festtage gelten, bestimmen unter Berücksichtigung der örtlichen und konfessionellen Verhältnisse die Landesregierungen.

§ 105b

Im Betriebe von Bergwerken, Salinen, Aufbereitungsanstalten, Brüchen und Gruben, von Hüttenwerken, Fabriken und Werkstätten, von Zimmerplätzen und anderen Bauhöfen, von Werften und Ziegeleien sowie bei Bauten aller Art dürfen Arbeiter an Sonn- und Festtagen nicht beschäftigt werden. Die den Arbeitern zu gewährende Ruhe hat mindestens für jeden Sonn- und Festtag vierundzwanzig, für zwei aufeinanderfolgende Sonn- und Festtage sechsunddreißig, für das Weihnachts-, Oster- und Pfingstfest achtundvierzig Stunden zu dauern. Die Ruhezeit ist von zwölf Uhr nachts zu rechnen und muß bei zwei aufeinanderfolgenden Sonn- und Festtagen bis sechs Uhr abends des zweiten Tages dauern. In Betrieben mit regelmäßiger Tag- und Nachtschicht kann die Ruhezeit frühestens um sechs Uhr abends des vorhergehenden Werktags, spätestens um sechs Uhr morgens des Sonn- oder Festtags beginnen, wenn für die auf den Beginn der Ruhezeit folgenden vierundzwanzig Stunden der Betrieb ruht.

Verordnung über Sonntagsruhe im Handelsgewerbe und in Apotheken

v. 5. 2. 19 (R. I 176).

Artikel 1

Der § 105b Abs. 2 der Gewerbeordnung wird durch folgende Bestimmungen ersetzt:

„Im Handelsgewerbe dürfen Gehilfen, Lehrlinge und Arbeiter an Sonn- und Festtagen nicht beschäftigt werden. Die Polizeibehörde kann für sechs Sonn- und Festtage, die höhere Verwaltungsbehörde für weitere vier Sonn- und Festtage im Jahre, an denen besondere Verhältnisse einen erweiterten Geschäftsverkehr erforderlich machen, für alle oder für einzelne Geschäftszweige eine Beschäftigung bis zu acht Stunden, jedoch nicht über sechs Uhr abends hinaus, zulassen und die Beschäftigungsstunden unter Berücksichtigung der für den öffentlichen Gottesdienst bestimmten Zeit festsetzen.

Für das Speditions- und das Schiffsmaklergewerbe sowie für andere Gewerbebetriebe, soweit es sich um Abfertigung und Expedition von Gütern handelt, kann die höhere Verwaltungsbehörde eine Beschäftigung bis zu zwei Stunden zulassen."

Artikel 2

Auf Geschäftsbetriebe der Versicherungsunternehmer einschließlich der Vereine zur Versicherung auf Gegenseitigkeit, der Versicherungsagenten und der Sparkassen finden die Vorschriften der Gewerbeordnung über die Sonntagsruhe im Handelsgewerbe entsprechende Anwendung.

Artikel 3

Die höhere Verwaltungsbehörde ist befugt, für eine Gemeinde oder für benachbarte Gemeinden mit mehreren Apotheken an Sonn- und Festtagen oder während bestimmter Stunden dieser Tage abwechselnd einen Teil der Apotheken zu schließen. Die Schließung kann bis acht Uhr morgens des nächsten Tages ausgedehnt werden.

An den geschlossenen Apotheken ist an sichtbarer Stelle ein Aushang anzubringen, welcher die zur Zeit offenen Apotheken bekanntgibt.

Wird von dem Rechte der Schließung kein Gebrauch gemacht oder bleibt die Apotheke an Sonn- und Festtagen länger als sechs Stunden geöffnet, so müssen den pharmazeutischen Dienstangestellten für jeden Sonn- und Festtag, an dem sie beschäftigt werden, ein Wochentag oder zwei Nachmittage freigegeben werden.

Artikel 4

Diese Verordnung tritt am 1. April 1919 in Kraft.

Gleichzeitig treten alle Sonder- und Ausnahmebestimmungen außer Kraft, die für die Sonntagsruhe im Handelsgewerbe auf Grund des § 105b Abs. 2 und 3 der Gewerbeordnung erlassen sind.

§ 105c

Die Bestimmungen des § 105b finden keine Anwendung:

1. **auf Arbeiten, welche in Notfällen oder im öffentlichen Interesse unverzüglich vorgenommen werden müssen;**
2. **für einen Sonntag auf Arbeiten zur Durchführung einer gesetzlich vorgeschriebenen Inventur;**
3. **auf die Bewachung der Betriebsanlagen, auf Arbeiten zur Reinigung und Instandhaltung, durch welche der regelmäßige Fortgang des eigenen oder eines fremden Betriebs bedingt ist, sowie auf Arbeiten, von welchen die Wiederaufnahme des vollen werktägigen Betriebs abhängig ist, sofern nicht diese Arbeiten an Werktagen vorgenommen werden können;**
4. **auf Arbeiten, welche zur Verhütung des Verderbens von Rohstoffen oder des Mißlingens von Arbeitserzeugnissen erforderlich sind, sofern nicht diese Arbeiten an Werktagen vorgenommen werden können;**
5. **auf die Beaufsichtigung des Betriebs, soweit er nach Ziffer 1 bis 4 an Sonn- und Festtagen stattfindet.**

Gewerbetreibende, welche Arbeiter an Sonn- und Festtagen mit Arbeiten der unter Ziffer 1 bis 5 erwähnten Art beschäftigen, sind verpflichtet, ein Verzeichnis anzulegen, in welches für jeden einzelnen Sonn- und Festtag die Zahl der beschäftigten Arbeiter, die Dauer ihrer Beschäftigung sowie die Art der vorgenommenen Arbeiten einzutragen sind. Das Verzeichnis ist auf Erfordern der Ortspolizeibehörde sowie dem im § 139b bezeichneten Beamten jederzeit zur Einsicht vorzulegen.

Bei den unter Ziffer 3 und 4 bezeichneten Arbeiten, sofern dieselben länger als drei Stunden dauern, oder die Arbeiter am Besuche des Gottesdienstes hindern, sind die Gewerbetreibenden verpflichtet, jeden Arbeiter entweder an jedem dritten Sonntage volle sechsunddreißig Stunden oder an jedem zweiten Sonntage mindestens in der Zeit von sechs Uhr morgens bis sechs Uhr abends von der Arbeit freizulassen.

Ausnahmen von den Vorschriften des vorstehenden Absatzes darf die untere Verwaltungsbehörde gestatten, wenn die Arbeiter am Besuche des sonntäglichen Gottesdienstes nicht gehindert werden und ihnen an Stelle des Sonntags eine vierundzwanzigstündige Ruhezeit an einem Wochentage gewährt wird.

§ 105d

Für bestimmte Gewerbe, insbesondere für Betriebe, in denen Arbeiten vorkommen, welche ihrer Natur nach eine Unterbrechung oder einen Aufschub nicht gestatten, sowie für Betriebe, welche ihrer Natur nach auf bestimmte Jahreszeiten beschränkt sind oder welche in gewissen Zeiten des Jahres zu einer außergewöhnlich verstärkten Tätigkeit genötigt sind, können durch Beschluß des Bundesrats[1]) Ausnahmen von der Bestimmung des § 105b Absatz 1 zugelassen werden.

Die Regelung der an Sonn- und Festtagen in diesen Betrieben gestatteten Arbeiten und der Bedingungen, unter welchen sie gestattet sind, erfolgt für alle Betriebe derselben Art gleichmäßig und unter Berücksichtigung der Bestimmung des § 105c Absatz 3.

Die vom Bundesrate[1]) getroffenen Bestimmungen[2]) sind durch das Reichs-Gesetzblatt zu veröffentlichen und dem Reichstage bei seinem nächsten Zusammentritte zur Kenntnisnahme vorzulegen.

---

1. Jetzt: Reichsregierung mit Zustimmung des Reichsrats.

2. Die Ausnahmebestimmungen sind tabellarisch zusammengestellt in der Bek. v. 5. 2. 95 (R. 12). Diese Tabelle ist abgeändert und ergänzt worden durch folgende Bekanntmachungen: v. 25. 10. 95 (R. 448), betr. Stahl- und Hammerwerke, v. 20. 4. 96 (R. 104), betr. Chemische Wäschereien, v. 26. 6. 96 (R. 177), betr. Molkereien und Betriebe zur Herstellung fetter Hartkäse, v. 14. 7. 96 (R. 191), betr. Fischmehl- und Fischtranfabriken, v. 27. 11. 96 (R. 744), betr. Mälzereien, v. 16. 10. 97 (R. 773), betr. Molkereien, v. 3. 11. 98 (R. 1185), betr. Kürschnereien, v. 26. 4. 99 (R. 271), betr. Erzröstwerke, Bergbau, Hütten- und Salinenwesen, Glashütten, Kohlensäureentwickler, Fischräuchereien, v. 15. 7. 99 (R. 373), betr. Vertrieb fertiger Produkte, v. 23. 5. 06 (R. 475), betr. Glashütten, u. v. 25. 6. 14 (R. 234), betr. Palmkern- und Kopraölfabriken.

§ 105e

Für Gewerbe, deren vollständige oder teilweise Ausübung an Sonn- und Festtagen zur Befriedigung täglicher oder an diesen Tagen besonders hervortretender Bedürfnisse der Bevölkerung erforderlich ist, sowie für Betriebe, welche ausschließlich oder vorwiegend mit durch Wind oder unregelmäßige Wasserkraft bewegten Triebwerken arbeiten, können durch Verfügung der höheren Verwaltungsbehörde Ausnahmen von den im § 105b getroffenen Bestimmun-

gen zugelassen werden. Die Regelung dieser Ausnahmen hat unter Berücksichtigung der Bestimmungen des § 105c Abs. 3 zu erfolgen.

Der Bundesrat trifft über die Voraussetzungen und Bedingungen der Zulassung von Ausnahmen nähere Bestimmungen; dieselben sind dem Reichstage bei seinem nächsten Zusammentritte zur Kenntnisnahme mitzuteilen.

Das Verfahren auf Anträge wegen Zulassung von Ausnahmen für Betriebe, welche ausschließlich oder vorwiegend mit durch Wind oder unregelmäßige Wasserkraft bewegten Triebwerken arbeiten, unterliegt den Vorschriften der §§ 20 und 21.

§ 105f

Wenn zur Verhütung eines unverhältnismäßigen Schadens ein nicht vorherzusehendes Bedürfnis der Beschäftigung von Arbeitern an Sonn- und Festtagen eintritt, so können durch die untere Verwaltungsbehörde Ausnahmen von der Bestimmung des § 105b Abs. 1 für bestimmte Zeit zugelassen werden.

Die Verfügung der unteren Verwaltungsbehörde ist schriftlich zu erlassen und muß von dem Unternehmer auf Erfordern dem für die Revision zuständigen Beamten an der Betriebsstelle zur Einsicht vorgelegt werden. Eine Abschrift der Verfügung ist innerhalb der Betriebsstätte an einer den Arbeitern leicht zugänglichen Stelle auszuhängen.

Die untere Verwaltungsbehörde hat über die von ihr gestatteten Ausnahmen ein Verzeichnis zu führen, in welchem die Betriebsstätte, die gestatteten Arbeiten, die Zahl der in dem Betriebe beschäftigten und der an den betreffenden Sonn- und Festtagen tätig gewesenen Arbeiter, die Dauer ihrer Beschäftigung sowie die Dauer und die Gründe der Erlaubnis einzutragen sind.

§ 105g

Das Verbot der Beschäftigung von Arbeitern an Sonn- und Festtagen kann durch Kaiserliche Verordnung[1]) mit Zustimmung des Bundesrats auf andere Gewerbe ausgedehnt werden. Diese Verordnungen sind dem Reichstage bei seinem nächsten Zusammentritte zur Kenntnisnahme vorzulegen. Auf die von dem Verbote zuzulassenden Ausnahmen finden die Bestimmungen der §§ 105c bis 105 entsprechende Anwendung.

1. Jetzt durch Verordnung des Reichspräsidenten mit Zustimmung des Reichsrats — vgl. die bei § 41b Anm. 1 angezogenen gesetzlichen Bestimmungen.

§ 105h

Die Bestimmungen der §§ 105a bis 105g stehen weitergehenden landesgesetzlichen Beschränkungen der Arbeit an Sonn- und Festtagen nicht entgegen.

Den Landeszentralbehörden bleibt vorbehalten, für einzelne Festtage, welche nicht auf einen Sonntag fallen, Abweichungen von der Vorschrift des § 105b Abs. 1 zu gestatten. Auf das Weihnachts-, Neujahrs-, Oster-, Himmelfahrts- und Pfingstfest findet diese Bestimmung keine Anwendung.

§ 105i

Der § 105a Abs. 1 und die §§ 105b bis 105g finden auf Gast- und Schankwirtschaftsgewerbe, Musikaufführungen, Schaustellungen, theatralische Vorstellungen oder sonstige Lustbarkeiten sowie auf Verkehrsgewerbe keine Anwendung.

Die Gewerbetreibenden können die Arbeiter in diesen Gewerben nur zu solchen Arbeiten an Sonn- und Festtagen verpflichten, welche nach der Natur des Gewerbebetriebs einen Aufschub oder eine Unterbrechung nicht gestatten.

§ 111

Bei dem Eintritte des Arbeiters in das Arbeitsverhältnis hat der Arbeitgeber an der dafür bestimmten Stelle des Arbeitsbuchs die Zeit des Eintritts und die Art der Beschäftigung, am Ende des Arbeitsverhältnisses die Zeit des Austritts und, wenn die Beschäftigung Aenderungen erfahren hat, die Art der letzten Beschäftigung des Arbeiters einzutragen.

Die Eintragungen sind mit Tinte zu bewirken und von dem Arbeitgeber oder dem dazu bevollmächtigten Betriebsleiter zu unterzeichnen.

Die Eintragungen dürfen nicht mit einem Merkmale versehen sein, welches den Inhaber des Arbeitsbuchs günstig oder nachteilig zu kennzeichnen bezweckt.

Die Eintragung eines Urteils über die Führung oder die Leistungen des Arbeiters und sonstige durch dieses Gesetz nicht vorgesehene Eintragungen oder Vermerke in oder an dem Arbeitsbuche sind unzulässig.

§ 113

Beim Abgange können die Arbeiter ein Zeugnis über die Art und Dauer ihrer Beschäftigung fordern.

Dieses Zeugnis ist auf Verlangen der Arbeiter auch auf ihre Führung und ihre Leistungen auszudehnen.

Den Arbeitgebern ist untersagt, die Zeugnisse mit Merkmalen zu versehen, welche den Zweck haben, den Arbeiter in einer aus dem Wortlaute des Zeugnisses nicht ersichtlichen Weise zu kennzeichnen.

Ist der Arbeiter minderjährig, so kann das Zeugnis von dem gesetzlichen Vertreter gefordert werden. Dieser kann verlangen, daß das Zeugnis an ihn, nicht an den Minderjährigen ausgehändigt werde. Mit Genehmigung der Gemeindebehörde des im § 108 bezeichneten Ortes kann auch gegen den Willen des gesetzlichen Vertreters die Aushändigung unmittelbar an den Arbeiter erfolgen.

§ 114

Auf Antrag des Arbeiters hat die Ortspolizeibehörde die Eintragung in das Arbeitsbuch und das dem Arbeiter etwa ausgestellte Zeugnis kosten- und stempelfrei zu beglaubigen.

§ 114a

Für bestimmte Gewerbe kann der Bundesrat[1]) Lohnbücher oder Arbeitszettel vorschreiben und die zur Ausführung erforderlichen Bestimmungen erlassen[2]). In die Lohnbücher oder Arbeitszettel sind von dem Arbeitgeber oder einem dazu bevollmächtigten Betriebsbeamten einzutragen:

1. der Zeitpunkt der Uebertragung von Arbeit, Art und Umfang der Arbeit, bei Akkordarbeit die Stückzahl,
2. die Lohnsätze,
3. die Bedingungen für die Lieferung von Werkzeugen und Stoffen zu den Arbeiten,
4. der Zeitpunkt der Ablieferung sowie Art und Umfang der abgelieferten Arbeit,
5. der Lohnbetrag unter Angabe der etwa vorgenommenen Abzüge,
6. der Tag der Lohnzahlung.

Der Bundesrat kann bestimmen, daß in die Lohnbücher oder Arbeitszettel auch die Bedingungen für Gewährung von Kost und Wohnung eingetragen werden, sofern Kost oder Wohnung als Lohn oder Teil des Lohnes gewährt werden soll.

Im übrigen sind noch solche Eintragungen zulässig, welche sich auf Namen, Firma und Niederlassungsort des Arbeitgebers, Namen und Wohnort des Arbeiters, die übertragenen Arbeiten und die dafür vereinbarten oder gezahlten Löhne beziehen.

Für die Eintragungen gelten entsprechend § 111 Abs. 3, 4, § 113 Abs. 3.

1. Jetzt: Reichsregierung mit Zustimmung des Reichsrats.

2. Bek. betr. Lohnbücher für die Kleider- und Wäschekonfektion v. 14. 2. 13 (R. 97) und Hausarbeitsgesetz § 4 unten Teil IV.

§ 114b

Das Lohnbuch oder der Arbeitszettel ist von dem Arbeitgeber auf seine Kosten zu beschaffen und dem Arbeiter sofort nach Vollziehung der vorgeschriebenen Eintragungen kostenfrei auszuhändigen. Die Eintragungen sind von dem Arbeitgeber oder einem dazu bevollmächtigten Betriebsbeamten zu unterzeichnen. Der Bundesrat[1]) kann bestimmen, daß die Lohnbücher in der Betriebsstätte verbleiben, wenn die Arbeitgeber glaubhaft machen, daß die Wahrung von Fabrikationsgeheimnissen diese Maßnahme erheischt. Den beteiligten Arbeitern ist Gelegenheit zu geben, sich vor Erlaß dieser Bestimmung zu äußern.

Sofern nicht der Bundesrat[1]) anders bestimmt, sind die Eintragungen gemäß § 114a Abs. 1 Nr. 1 bis 3 vor oder bei der Uebergabe der Arbeit, die gemäß § 114a Abs. 1 Nr. 4 bei der Abnahme der Arbeit, die gemäß § 114a Abs. 1 Nr. 5, 6 bei der Lohnzahlung mit Tinte zu bewirken und zu unterzeichnen.

In den Lohnbüchern sind die §§ 115 bis 119a Abs. 1, § 119b abzudrucken.

§ 114c

Soweit der Bundesrat[1]) Bestimmungen auf Grund des § 114a Abs. 1, 2 nicht erläßt, kann die Landeszentralbehörde oder nach Anhörung beteiligter Gewerbetreibender und Arbeiter die zuständige Polizeibehörde durch Polizeiverordnung sie erlassen. Für diesen Fall kann die Landeszentralbehörde oder die zuständige Polizeibehörde auch Bestimmungen auf Grund des § 114b Abs. 2 erlassen.

§ 114d

Bundesrat[1]) und Landeszentralbehörde können die Bestimmungen auf Grund der §§ 114a bis 114c auch für einzelne Bezirke erlassen.

§ 114e

Für die Bestimmungen des Bundesrats[1]) gilt § 120g entsprechend.

1. Jetzt: Reichsregierung mit Zustimmung des Reichsrats.

§ 115

Die Gewerbetreibenden sind verpflichtet, die Löhne ihrer Arbeiter in Reichswährung zu berechnen und bar auszuzahlen.

Sie dürfen den Arbeitern keine Waren kreditieren. Doch ist es gestattet, den Arbeitern Lebensmittel für den Betrag der Anschaffungskosten, Wohnung und Landnutzung gegen die ortsüblichen Miet- und Pachtpreise, Feuerung, Beleuchtung, regelmäßige Beköstigung, Arzneien und ärztliche Hilfe sowie Werkzeuge und Stoffe zu den ihnen übertragenen Arbeiten für den Betrag der durchschnittlichen Selbstkosten unter Anrechnung bei der Lohnzahlung zu verabfolgen. Zu einem höheren Preise ist die Verabfolgung von Werkzeugen und Stoffen für Akkordarbeiten zulässig, wenn derselbe den ortsüblichen nicht übersteigt und im voraus vereinbart ist.

§ 115a

Lohn- und Abschlagszahlungen dürfen in Gast- und Schankwirtschaften oder Verkaufsstellen nicht ohne Genehmigung der unteren Verwaltungsbehörde erfolgen; sie dürfen an Dritte nicht erfolgen auf Grund von Rechtsgeschäften oder Urkunden über Rechtsgeschäfte, welche nach § 2 des Gesetzes, betreffend die Beschlagnahme des Arbeits- oder Dienstlohns, vom 21. Juni 1869 (Bundesgesetzblatt S. 242) rechtlich unwirksam sind.

§ 116

Arbeiter, deren Forderungen in einer dem § 115 zuwiderlaufenden Weise berichtigt worden sind, können zu jeder Zeit Zahlung nach Maßgabe des § 115 verlangen, ohne daß ihnen eine Einrede aus dem an Zahlungsstatt Gegebenen entgegengesetzt werden kann. Letzteres fällt, soweit es noch bei dem Empfänger vorhanden oder dieser daraus bereichert ist, derjenigen Hilfskasse zu, welcher der Arbeiter angehört, in Ermangelung einer solchen einer anderen zum Besten der Arbeiter an dem Orte bestehenden, von der Gemeindebehörde zu bestimmenden Kasse und in deren Ermangelung der Ortsarmenkasse.

§ 117

Verträge, welche dem § 115 zuwiderlaufen, sind nichtig.

Dasselbe gilt von Verabredungen zwischen den Gewerbetreibenden und den von ihnen beschäftigten Arbeitern über die Entnahme der Bedürfnisse der letzteren aus gewissen Verkaufsstellen sowie überhaupt über die Verwendung des Verdienstes derselben zu einem anderen Zwecke als zur Beteiligung an Einrichtungen zur Verbesserung der Lage der Arbeiter oder ihrer Familien.

§ 118

Forderungen für Waren, welche dem § 115 zuwider kreditiert worden sind, können von dem Gläubiger weder eingeklagt noch durch Anrechnung oder sonst geltend gemacht werden, ohne Unterschied, ob sie zwischen den Beteiligten unmittelbar entstanden oder mittelbar erworben sind. Dagegen fallen dergleichen Forderungen der im § 116 bezeichneten Kasse zu.

§ 119

Den Gewerbetreibenden im Sinne der §§ 115 bis 118 sind gleichzuachten deren Familienglieder, Gehilfen, Beauftragte, Geschäftsführer, Aufseher und Faktoren sowie andere Gewerbetreibende, bei deren Geschäft eine der hier erwähnten Personen unmittelbar oder mittelbar beteiligt ist.

§ 119a

Lohneinbehaltungen, welche von Gewerbeunternehmern zur Sicherung des Ersatzes eines ihnen aus der widerrechtlichen Auflösung des Arbeitsverhältnisses erwachsenden Schadens oder einer für diesen Fall verabredeten Strafe ausbedungen werden, dürfen bei den einzelnen Lohnzahlungen ein Viertel des fälligen Lohnes, im Gesamtbetrage den Betrag eines durchschnittlichen Wochenlohnes nicht übersteigen.

Durch statutarische Bestimmung einer Gemeinde oder eines weiteren Kommunalverbandes (§ 142) kann für alle Gewerbebetriebe oder gewisse Arten derselben festgesetzt werden:

1. daß Lohn- und Abschlagszahlungen in festen Fristen erfolgen müssen, welche nicht länger als einen Monat und nicht kürzer als eine Woche sein dürfen;
2. daß der von minderjährigen Arbeitern verdiente Lohn an die Eltern oder Vormünder und nur mit deren schriftlicher Zustimmung oder nach deren Bescheinigung über den Empfang der letzten Lohnzahlung unmittelbar an die Minderjährigen gezahlt wird;
3. daß die Gewerbetreibenden den Eltern oder Vormündern innerhalb gewisser Fristen Mitteilung von den an minderjährige Arbeiter gezahlten Lohnbeträgen zu machen haben.

§ 120a

Die Gewerbeunternehmer sind verpflichtet, die Arbeitsräume, Betriebsvorrichtungen, Maschinen und Gerätschaften so einzurichten und zu unterhalten und den Betrieb so zu regeln, daß die Arbeiter gegen Gefahren für Leben und Gesundheit so weit geschützt sind, wie es die Natur des Betriebs gestattet.

Insbesondere ist für genügendes Licht, ausreichenden Luftraum und Luftwechsel, Beseitigung des bei dem Betrieb entstehenden Staubes, der dabei entwickelten Dünste und Gase sowie der dabei entstehenden Abfälle Sorge zu tragen.

Ebenso sind diejenigen Vorrichtungen herzustellen, welche zum Schutze der Arbeiter gegen gefährliche Berührungen mit Maschinen oder Maschinenteilen oder gegen andere in der Natur der Betriebsstätte oder des Betriebs liegende Gefahren, namentlich auch gegen die Gefahren, welche aus Fabrikbränden erwachsen können, erforderlich sind.

Endlich sind diejenigen Vorschriften über die Ordnung des Betriebs und das Verhalten der Arbeiter zu erlassen, welche zur Sicherung eines gefahrlosen Betriebs erforderlich sind.

§ 120b

Die Gewerbeunternehmer sind verpflichtet, diejenigen Einrichtungen zu treffen und zu unterhalten und diejenigen Vorschriften über das Verhalten der Arbeiter im Betriebe zu erlassen, welche erforderlich sind, um die Aufrechterhaltung der guten Sitten und des Anstandes zu sichern.

Insbesondere muß, soweit es die Natur des Betriebs zuläßt, bei der Arbeit die Trennung der Geschlechter durchgeführt werden, sofern nicht die Aufrechterhaltung der guten Sitten und des Anstandes durch die Einrichtung des Betriebs ohnehin gesichert ist.

In Anlagen, deren Betrieb es mit sich bringt, daß die Arbeiter sich umkleiden und nach der Arbeit sich reinigen, müssen ausreichende, nach Geschlechtern getrennte Ankleide- und Waschräume vorhanden sein.

Die Bedürfnisanstalten müssen so eingerichtet sein, daß sie für die Zahl der Arbeiter ausreichen, daß den Anforderungen der Gesundheitspflege entsprochen wird und daß ihre Benutzung ohne Verletzung von Sitte und Anstand erfolgen kann.

§ 120c

Gewerbeunternehmer, welche Arbeiter unter achtzehn Jahren beschäftigen, sind verpflichtet, bei der Einrichtung der Betriebsstätte und bei der Regelung des Betriebs diejenigen besonderen Rücksichten auf Gesundheit und Sittlichkeit zu nehmen, welche durch das Alter dieser Arbeiter geboten sind.

§ 120d

Die zuständigen Polizeibehörden sind befugt, im Wege der Verfügung für einzelne Anlagen die Ausführung derjenigen Maßnahmen anzuordnen, welche zur Durchführung der in §§ 120a bis 120c enthaltenen Grundsätze erforderlich und nach der Beschaffenheit der Anlage ausführbar erscheinen. Sie können anordnen, daß den Arbeitern zur Einnahme von Mahlzeiten außerhalb der Arbeitsräume angemessene, in der kalten Jahreszeit geheizte Räume unentgeltlich zur Verfügung gestellt werden.

Soweit die angeordneten Maßregeln nicht die Beseitigung einer dringenden, das Leben oder die Gesundheit bedrohenden Gefahr bezwecken, muß für die Ausführung eine angemessene Frist gelassen werden.

Den bei Erlaß dieses Gesetzes bereits bestehenden Anlagen gegenüber können, solange nicht eine Erweiterung oder ein Umbau eintritt, nur Anforderungen gestellt werden, welche zur Beseitigung erheblicher, das Leben, die Gesundheit oder die Sittlichkeit der Arbeiter gefährdender Mißstände erforderlich oder ohne unverhältnismäßige Aufwendungen ausführbar erscheinen.

Gegen die Verfügung der Polizeibehörde steht dem Gewerbeunternehmer binnen zwei Wochen die Beschwerde an die höhere Verwaltungsbehörde zu. Gegen die Entscheidung der höheren Verwaltungsbehörde ist binnen vier Wochen die Beschwerde an die Zentralbehörde zulässig; diese entscheidet endgültig. Widerspricht die Verfügung den von der zuständigen Berufsgenossenschaft erlassenen Vorschriften zur Verhütung von Unfällen, so ist zur Einlegung der vorstehend bezeichneten Rechtsmittel binnen der dem Gewerbeunternehmer zustehenden Frist auch der Vorstand der Berufsgenossenschaft befugt.

§ 120e

Durch Beschluß des Bundesrats[1]) können Vorschriften darüber erlassen werden, welchen Anforderungen in bestimmten Arten von Anlagen zur Durchführung der in den §§ 120a bis 120c enthaltenen Grundsätze zu genügen ist. In diese Bestimmungen können auch Anordnungen über das Verhalten der Arbeiter im Betriebe zum Schutze von Leben und Gesundheit aufgenommen werden. Eine Abschrift oder ein Abdruck der Anordnungen ist an geeigneter, allen beteiligten Arbeitern zugänglicher Stelle auszuhängen und in lesbarem Zustand zu erhalten.

Soweit solche Vorschriften durch Beschluß des Bundesrats[1]) nicht erlassen sind, können dieselben durch Anordnung der Landeszentralbehörden oder durch Polizeiverordnungen der zuständigen Polizeibehörden erlassen werden. Vor dem Erlasse solcher Anordnungen und Polizeiverordnungen ist den Vorständen der beteiligten Berufsgenossenschaften oder Berufsgenossenschafts-Sektionen Gelegenheit zu einer gutachtlichen Aeußerung zu geben. Auf diese finden die Bestimmungen des § 113 Abs. 2, 4 und des § 115 Abs. 4 Satz 1 des Gewerbe-Unfallversicherungsgesetzes (Reichs-Gesetzbl. 1900 S. 573, 585) Anwendung[2]).

---

1. Jetzt: Reichsregierung mit Zustimmung des Reichsrats.

2. Jetzt treten an die Stelle dieser Bestimmungen die §§ 853, 855 und 864 Abs. 2 RVO.

§ 120f

Für solche Gewerbe, in welchen durch übermäßige *Dauer der täglichen Arbeitszeit* die Gesundheit der Arbeiter gefährdet wird, kann der Bundesrat[1]) und, soweit er nicht Bestimmungen erläßt, die Landeszentralbehörde oder nach Anhören beteiligter Gewerbetreibender und Arbeiter die zuständige Polizeibehörde durch Polizeiverordnung Dauer, Beginn und Ende der zulässigen täglichen Arbeitszeit und der zu gewährenden Pausen regeln und die zur Durchführung erforderlichen Anordnungen erlassen.

Soweit solche Bestimmungen nicht erlassen sind, kann auf Antrag oder nach Anhören des Gewerbeaufsichtsbeamten (§ 139b) und nach Anhören beteiligter Gewerbetreibender und Arbeiter die zuständige Polizeibehörde für einzelne Betriebe, in denen durch übermäßige Dauer der täglichen Arbeitszeit die Gesundheit der Arbeiter gefährdet wird, im Wege der Verfügung Bestimmungen und Anordnungen dieser Art erlassen. § 120d Abs. 4 gilt entsprechend.

§ 120g

Die Bestimmungen des Bundesrats[1])[2]) auf Grund der §§ 120e, 120f sind durch das Reichsgesetzblatt zu veröffentlichen und dem Reichstag zur Kenntnisnahme vorzulegen.

---

1. Jetzt: Reichsregierung unter Zustimmung des Reichsrats.

2. Die Bestimmungen über die Regelung der Arbeitszeit gewerblicher Arbeiter sind enthalten in den Anordnungen v. 23. 11. 18 (R. 1334), 17. 12. 18 (R. 1436), in der Verordnung über die Regelung der Arbeitszeit der Angestellten während der Zeit der wirtschaftlichen Demobilmachung v. 18. 3. 19 (R. 315), in der Bek. der neuen Fassung der Arbeitszeitverordnung v. 14. 4. 27 (R. I 110), in

der Vrdg. über die Arbeitszeit in Krankenpflegeanstalten v. 13. 2. 24 (R. I 66) und in der Vrdg. über die Arbeitszeit in den Bäckereien und Konditoreien v. 23. 11. 18 (R. 1329), abgeändert durch Gesetz v. 16. 7. 27 (R. I 183) und durch Teil 3 Kapitel II Artikel 2 der Notverordnung v. 5. 6. 31 (R. I 279); hierzu sind ferner folgende Ausführungs- und Durchführungsbestimmungen erlassen worden: v. 17. 4. 24 (R. I 416), 20. 1. 25 (R. I 5), 9. 2. 27 (R. I 99, zwei Verordnungen), 9. 2. 27 (R. I 60), 29. 4. 27 (R. I 114), 16. 7. 27 (R. I 221), 21. 12. 27 (R. I 1928), v. 26. 3. 29 (R. I 82) und v. 30. 9. 31 (R. I 521). Endlich enthält die Vorl. LandarbOrdg. v. 24. 1. 19 (R. 111) in den §§ 3, 4, 5, 11, 12 und 14 Bestimmungen über die Arbeitszeit.

§ 121

Gehilfen und Gesellen sind verpflichtet, den Anordnungen der Arbeitgeber in Beziehung auf die ihnen übertragenen Arbeiten und auf die häuslichen Einrichtungen Folge zu leisten; zu häuslichen Arbeiten sind sie nicht verbunden.

§ 122

Das Arbeitsverhältnis zwischen den Gesellen oder Gehilfen und ihren Arbeitgebern kann, wenn nicht ein anderes verabredet ist, durch eine jedem Teile freistehende, vierzehn Tage vorher erklärte Aufkündigung gelöst werden. Werden andere Aufkündigungsfristen vereinbart, so müssen sie für beide Teile gleich sein. Vereinbarungen, welche dieser Bestimmung zuwiderlaufen, sind nichtig.

§ 123

Vor Ablauf der vertragsmäßigen Zeit und ohne Aufkündigung können Gesellen und Gehilfen entlassen werden:

1. **wenn sie bei Abschluß des Arbeitsvertrags den Arbeitgeber durch Vorzeigung falscher oder verfälschter Arbeitsbücher oder Zeugnisse hintergangen oder ihn über das Bestehen eines anderen, sie gleichzeitig verpflichtenden Arbeitsverhältnisses in einen Irrtum versetzt haben;**
2. **wenn sie eines Diebstahls, einer Entwendung, einer Unterschlagung, eines Betrugs oder eines liederlichen Lebenswandels sich schuldig machen;**
3. **wenn sie die Arbeit unbefugt verlassen haben oder sonst den nach dem Arbeitsvertrag ihnen obliegenden Verpflichtungen nachzukommen beharrlich verweigern;**
4. **wenn sie der Verwarnung ungeachtet mit Feuer und Licht unvorsichtig umgehen;**
5. **wenn sie sich Tätlichkeiten oder grobe Beleidigungen gegen den Arbeitgeber oder seine Vertreter oder gegen die Familienangehörigen des Arbeitgebers oder seiner Vertreter zuschulden kommen lassen;**
6. **wenn sie einer vorsätzlichen und rechtswidrigen Sachbeschädigung zum Nachteile des Arbeitgebers oder eines Mitarbeiters sich schuldig machen;**
7. **wenn sie Familienangehörige des Arbeitgebers oder seiner Vertreter oder Mitarbeiter zu Handlungen verleiten oder zu**

verleiten versuchen oder mit Familienangehörigen des Arbeitgebers oder seiner Vertreter Handlungen begehen, welche wider die Gesetze oder die guten Sitten verstoßen;

8. wenn sie zur Fortsetzung der Arbeit unfähig oder mit einer abschreckenden Krankheit behaftet sind.

In den unter Ziffer 1 bis 7 gedachten Fällen ist die Entlassung nicht mehr zulässig, wenn die zugrundeliegenden Tatsachen dem Arbeitgeber länger als eine Woche bekannt sind.

Inwiefern in den unter Ziffer 8 gedachten Fällen dem Entlassenen ein Anspruch auf Entschädigung zusteht, ist nach dem Inhalte des Vertrags und nach den allgemeinen gesetzlichen Vorschriften zu beurteilen.

§ 124

Vor Ablauf der vertragsmäßigen Zeit und ohne Aufkündigung können Gesellen und Gehilfen die Arbeit verlassen:

1. wenn sie zur Fortsetzung der Arbeit unfähig werden;
2. wenn der Arbeitgeber oder seine Vertreter sich Tätlichkeiten oder grobe Beleidigungen gegen die Arbeiter oder gegen ihre Familienangehörigen zuschulden kommen lassen;
3. wenn der Arbeitgeber oder seine Vertreter oder Familienangehörige derselben die Arbeiter oder deren Familienangehörige zu Handlungen verleiten oder zu verleiten versuchen oder mit den Familienangehörigen der Arbeiter Handlungen begehen, welche wider die Gesetze oder die guten Sitten laufen;
4. wenn der Arbeitgeber den Arbeitern den schuldigen Lohn nicht in der bedungenen Weise auszahlt, bei Stücklohn nicht für ihre ausreichende Beschäftigung sorgt oder wenn er sich widerrechtliche Uebervorteilungen gegen sie schuldig macht;
5. wenn bei Fortsetzung der Arbeit das Leben oder die Gesundheit der Arbeiter einer erweislichen Gefahr ausgesetzt sein würde, welche bei Eingehung des Arbeitsvertrags nicht zu erkennen war.

In den unter Ziffer 2 gedachten Fällen ist der Austritt aus der Arbeit nicht mehr zulässig, wenn die zugrunde liegenden Tatsachen dem Arbeiter länger als eine Woche bekannt sind.

§ 124a

Außer den in §§ 123 und 124 bezeichneten Fällen kann jeder der beiden Teile aus wichtigen Gründen vor Ablauf der vertragsmäßigen Zeit und ohne Innehaltung einer Kündigungsfrist die Aufhebung des Arbeitsverhältnisses verlangen, wenn dasselbe mindestens auf vier Wochen oder wenn eine längere als vierzehntägige Kündigungsfrist vereinbart ist.

§ 124b

Hat ein Geselle oder Gehilfe rechtswidrig die Arbeit verlassen, so kann der Arbeitgeber als Entschädigung für den Tag des Vertragsbruchs und jeden folgenden Tag der vertragsmäßigen oder gesetzlichen Arbeitszeit, höchstens aber für eine Woche, den Betrag des ortsüblichen Tagelohns (§ 8 des Krankenversicherungsgesetzes vom 15. Juni 1883, Reichs-Gesetzbl. S. 73)[1]) fordern. Diese Forderung ist an den Nachweis eines Schadens nicht gebunden. Durch ihre Geltendmachung wird der Anspruch auf Erfüllung des Vertrags und auf weiteren Schadensersatz ausgeschlossen. Dasselbe Recht steht dem Gesellen oder Gehilfen gegen den Arbeitgeber zu, wenn er von diesem vor rechtmäßiger Beendigung des Arbeitsverhältnisses entlassen worden ist.

---

1. Jetzt: Ortslohn RVO. §§ 149 ff. Diese lauten:

IX. Ortslohn

§ 149

Als Ortslohn gilt der ortsübliche Tagesentgelt gewöhnlicher Tagarbeiter.

Das Oberversicherungsamt setzt den Ortslohn fest und macht ihn öffentlich bekannt. Vorher werden die Vorstände der beteiligten Versicherungsanstalten gehört; das Versicherungsamt hat sich nach Anhörung der Gemeindebehörden und der Vorstände der beteiligten Krankenkassen gutachtlich zu äußern.

§ 150

Der Ortslohn wird für Männer und Frauen, für Versicherte unter sechzehn Jahren, von sechzehn bis einundzwanzig Jahren und über einundzwanzig Jahren besonders festgesetzt.

Die Versicherten unter sechzehn Jahren (Jugendliche) können dabei in junge Leute von vierzehn Jahren an und Kinder unter vierzehn Jahren geschieden werden; Lehrlinge zählen zu den jungen Leuten.

Im übrigen wird der Ortslohn einheitlich nach dem Durchschnitt für den ganzen Bezirk jedes Versicherungsamts festgesetzt. Ausnahmen sind zulässig, wenn die Lohnhöhe in einzelnen Ortschaften oder zwischen Stadt und Land erheblich abweicht.

§ 151

Die Ortslöhne werden gleichzeitig im ganzen Reiche für Zeiträume festgesetzt, die der Reichsarbeitsminister bestimmt. Aenderungen in der Zwischenzeit gelten nur bis zur nächsten allgemeinen Festsetzung; sie treten an dem vom Oberversicherungsamte bestimmten Tage in Kraft.

§ 139c

In offenen Verkaufsstellen und den dazugehörigen Schreibstuben (Kontore) und Lagerräumen ist den Gehilfen, Lehrlingen und Arbeitern nach Beendigung der täglichen Arbeitszeit eine ununterbrochene Ruhezeit von mindestens zehn Stunden zu gewähren.

In Gemeinden, welche nach der jeweilig letzten Volkszählung mehr als zwanzigtausend Einwohner haben, muß die Ruhezeit in offenen Verkaufsstellen, in denen zwei oder mehr Gehilfen und Lehrlinge beschäftigt werden, für diese mindestens elf Stunden betragen;

für kleinere Ortschaften kann diese Ruhezeit durch Ortsstatut vorgeschrieben werden.

Innerhalb der Arbeitszeit muß den Gehilfen, Lehrlingen und Arbeitern eine angemessene Mittagspause gewährt werden. Für Gehilfen, Lehrlinge und Arbeiter, die ihre Hauptmahlzeit außerhalb des die Verkaufsstelle enthaltenden Gebäudes einnehmen, muß diese Pause mindestens eine und eine halbe Stunde betragen.

§ 139d

Die Bestimmungen des § 139c finden keine Anwendung

1. auf Arbeiten, die zur Verhütung des Verderbens von Waren unverzüglich vorgenommen werden müssen,
2. für die Aufnahme der gesetzlich vorgeschriebenen Inventur sowie bei Neueinrichtungen und Umzügen,
3. außerdem an jährlich höchstens dreißig von der Ortspolizeibehörde allgemein oder für einzelne Geschäftszweige zu bestimmenden Tagen.

§ 139e[1])

Von neun Uhr abends bis fünf Uhr morgens müssen offene Verkaufsstellen für den geschäftlichen Verkehr geschlossen sein. Die beim Ladenschluß im Laden schon anwesenden Kunden dürfen noch bedient werden.

Ueber neun Uhr abends dürfen Verkaufsstellen für den geschäftlichen Verkehr geöffnet sein

1. für unvorhergesehene Notfälle,
2. an höchstens vierzig von der Ortspolizeibehörde zu bestimmenden Tagen, jedoch bis spätestens zehn Uhr abends,
3. nach näherer Bestimmung der höheren Verwaltungsbehörde in Städten, welche nach der jeweilig letzten Volkszählung weniger als zweitausend Einwohner haben, sowie in ländlichen Gemeinden, sofern in denselben der Geschäftsverkehr sich vornehmlich auf einzelne Tage der Woche oder auf einzelne Stunden des Tages beschränkt.

Die Bestimmungen der §§ 139c und 139d werden durch die vorstehenden Bestimmungen nicht berührt.

Während der Zeit, wo die Verkaufsstellen geschlossen sein müssen, ist das Feilbieten von Waren auf öffentlichen Wegen, Straßen, Plätzen oder an anderen öffentlichen Orten oder ohne vorherige Bestellung von Haus zu Haus im stehenden Gewerbebetriebe (§ 42b Abs. 1 Ziffer 1) sowie im Gewerbebetrieb im Umherziehen (§ 55 Abs. 1 Ziffer 1) verboten. Ausnahmen können von der Ortspolizeibehörde zugelassen werden. Die Bestimmung des § 55a Abs. 2 Satz 2 findet Anwendung.

§ 139f[1])

Auf Antrag von mindestens zwei Dritteln der beteiligten Geschäftsinhaber kann für eine Gemeinde oder mehrere örtlich unmittelbar zusammenhängende Gemeinden durch Anordnung der höheren Verwaltungsbehörde nach Anhörung der Gemeindebehörden für alle oder einzelne Geschäftszweige angeordnet werden, daß die offenen Verkaufsstellen während bestimmter Zeiträume oder während des ganzen Jahres auch in der Zeit zwischen acht und neun Uhr abends

und zwischen fünf und sieben Uhr morgens für den geschäftlichen Verkehr geschlossen sein müssen. Die Bestimmungen der §§ 139c und 139d werden hierdurch nicht berührt.

Auf Antrag von mindestens einem Drittel der beteiligten Geschäftsinhaber hat die höhere Verwaltungsbehörde die beteiligten Geschäftsinhaber durch ortsübliche Bekanntmachung oder besondere Mitteilung zu einer Aeußerung für oder gegen die Einführung des Ladenschlusses im Sinne des vorstehenden Absatzes aufzufordern. Erklären sich zwei Drittel der Abstimmenden für die Einführung, so kann die höhere Verwaltungsbehörde die entsprechende Anordnung treffen.

Der Bundesrat ist befugt, Bestimmungen darüber zu erlassen, in welchem Verfahren die erforderliche Zahl von Geschäftsinhabern festzustellen ist.

Während der Zeit, wo Verkaufsstellen auf Grund des Abs. 1 geschlossen sein müssen, ist der Verkauf von Waren der in diesen Verkaufsstellen geführten Art sowie das Feilbieten von solchen Waren auf öffentlichen Wegen, Straßen, Plätzen oder an anderen öffentlichen Orten oder ohne vorherige Bestellung von Haus zu Haus im stehenden Gewerbebetriebe (§ 42b Abs. 1 Ziffer 1) sowie im Gewerbebetrieb im Umherziehen (§ 55 Abs. 1 Ziffer 1) verboten. Ausnahmen können von der Ortspolizeibehörde zugelassen werden. Die Bestimmung des § 55a Abs. 2 Satz 2 findet Anwendung.

1. Hinsichtlich der Bestimmungen der §§ 139c und 139f ist jetzt die Arbeitszeitverordnung i. d. F. der Bek. v. 14. 4. 27 (R. I 110) entscheidend.

§ 139g

Die Polizeibehörden sind befugt, im Wege der Verfügung für einzelne offene Verkaufsstellen diejenigen Maßnahmen anzuordnen, welche zur Durchführung der im § 62 Abs. 1 des Handelsgesetzbuchs enthaltenen Grundsätze in Ansehung der Einrichtung und Unterhaltung der Geschäftsräume und der für den Geschäftsbetrieb bestimmten Vorrichtungen und Gerätschaften sowie in Ansehung der Regelung des Geschäftsbetriebs erforderlich und nach der Beschaffenheit der Anlage ausführbar erscheinen.

Die Bestimmungen im § 120d Abs. 2 bis 4 finden entsprechende Anwendung.

§ 139h

Durch Beschluß des Bundesrats[1]) können Vorschriften darüber erlassen werden, welchen Anforderungen die Laden-, Arbeits- und Lagerräume und deren Einrichtung sowie die Maschinen und Gerätschaften zum Zwecke der Durchführung der in § 62 Abs. 1 des Handelsgesetzbuchs enthaltenen Grundsätze zu genügen haben[2]). Die Bestimmung im § 120g findet Anwendung.

Soweit solche Vorschriften durch Beschluß des Bundesrats nicht erlassen sind, können sie durch Anordnung der im § 120e Abs. 2 bezeichneten Behörden erlassen werden.

1. Jetzt: Reichsregierung unter Zustimmung des Reichsrats.
2. Siehe die unter 4 abgedruckte Bek.

§ 146

Mit Geldstrafe[1]) bis zu zweitausend Mark und im Unvermögensfalle mit Gefängnis bis zu sechs Monaten werden bestraft:

1. Gewerbetreibende, welche dem § 115 zuwiderhandeln;
2. Gewerbetreibende, welche den §§ 135 bis 137, 137a Abs. 1, 139c oder den auf Grund der §§ 120e, 120f, 139, 139a erlassenen Bestimmungen insoweit zuwiderhandeln, als danach die Verwendung der Arbeiter zu bestimmten Beschäftigungen untersagt oder Arbeitszeit, Nachtruhe oder Pausen geregelt sind;
3. Gewerbetreibende, welche dem § 111 Abs. 3 und § 113 Abs. 3 oder dem § 114a Abs. 4, soweit daselbst die Bestimmungen des § 111 Abs. 3 und des § 113 Abs. 3 für anwendbar erklärt worden sind, zuwiderhandeln;
4. wer § 56 Ziffer 6 zuwiderhandelt.

War in den Fällen des Abs. 1 Nr. 2 der Täter zur Zeit der Begehung der Straftat bereits zweimal wegen einer der dort bezeichneten Zuwiderhandlungen rechtskräftig verurteilt, so tritt, falls die Straftat vorsätzlich begangen wurde, Geldstrafe von einhundert bis dreitausend Mark oder Gefängnisstrafe bis zu sechs Monaten ein. Die Anwendung dieser Vorschrift bleibt ausgeschlossen, wenn seit der Rechtskraft der letzten Verurteilung bis zur Begehung der neuen Straftat drei Jahre verflossen sind.

Die Geldstrafen fließen der im § 116 bezeichneten Kasse zu.

Der § 75 des Gerichtsverfassungsgesetzes findet Anwendung.

---

1. Vgl. StGB. §§ 27 ff. i. d. F. der Vrdg. über Vermögensstrafen und Bußen v. 6. 2. 24 (R. I 44), des § 1 des Reichsmünzgesetzes v. 30. 8. 24 (R. I 254) und der §§ 1 und 2 der Zweiten Vrdg. zur Durchführung des Münzgesetzes v. 12. 12. 24 (R. I 775).

§ 146a

Mit Geldstrafe bis zu sechshundert Mark, im Unvermögensfalle mit Haft wird bestraft, wer den §§ 105b bis 105g oder den auf Grund derselben erlassenen Anordnungen zuwider Arbeitern an Sonn- und Festtagen Beschäftigung gibt oder den §§ 41a, 55a, 139e, § 139f Abs. 4 oder den auf Grund des § 105b Abs. 2 erlassenen statutarischen Bestimmungen oder den auf Grund des § 41b oder des § 139f Abs. 1 getroffenen Anordnungen zuwiderhandelt.

Wer den §§ 105b bis 105g oder den auf Grund dieser Vorschriften erlassenen Anordnungen zuwider Arbeitern an Sonn- und Festtagen Beschäftigung gibt oder den auf Grund des § 105b Abs. 2 erlassenen statutarischen Bestimmungen zuwiderhandelt, nachdem er bereits zweimal wegen einer Zuwiderhandlung gegen die bezeichneten Vorschriften rechtskräftig verurteilt worden ist, wird, falls die Straftat vorsätzlich begangen wurde, mit Geldstrafe von fünfzig bis eintausend Mark oder mit Haft bestraft. § 146 Abs. 2 Satz 2 gilt entsprechend.

§ 147

Mit Geldstrafe bis zu dreihundert Mark und im Unvermögensfalle mit Haft wird bestraft:

1. wer den selbständigen Betrieb eines stehenden Gewerbes, zu dessen Beginn eine besondere polizeiliche Genehmigung (Konzession, Approbation, Bestallung) erforderlich ist, ohne die vorschriftsmäßige Genehmigung unternimmt oder fortsetzt, oder von den in der Genehmigung festgesetzten Bedingungen abweicht;
2. wer eine gewerbliche Anlage, zu der mit Rücksicht auf die Lage oder Beschaffenheit der Betriebsstätte oder des Lokals eine besondere Genehmigung erforderlich ist (§§ 16 und 24), ohne diese Genehmigung

errichtet oder die wesentlichen Bedingungen, unter welchen die Genehmigung erteilt worden, nicht innehält, oder ohne neue Genehmigung eine wesentliche Veränderung der Betriebsstätte oder eine Verlegung des Lokals oder eine wesentliche Veränderung in dem Betriebe der Anlage vornimmt;

3. wer, ohne hierzu approbiert zu sein, sich als Arzt (Wundarzt, Augenarzt, Geburtshelfer, Zahnarzt, Tierarzt) bezeichnet oder sich einen ähnlichen Titel beilegt, durch den der Glauben erweckt wird, der Inhaber desselben sei eine geprüfte Medizinalperson;
4. wer den auf Grund der §§ 120d, 137a Abs. 3, 139g endgültig erlassenen Verfügungen oder, abgesehen von den Fällen des § 146 Abs. 1 Nr. 2, § 150a, den auf Grund der §§ 120e, 120f, 139, 139a, 139h erlassenen Bestimmungen zuwiderhandelt;
5. wer eine gewerbliche Anlage betreibt oder eine offene Verkaufsstelle hält, für welche eine Arbeitsordnung (§§ 134a, 139k) nicht besteht, oder wer der endgültigen Anordnung der Behörde wegen Ersetzung oder Abänderung der Arbeitsordnung nicht nachkommt.

Enthält die Handlung zugleich eine Zuwiderhandlung gegen die Steuergesetze, so soll nicht außerdem noch auf eine Steuerstrafe erkannt werden, es ist aber darauf bei Zumessung der Strafe Rücksicht zu nehmen.

In dem Falle zu 2 kann die Polizeibehörde die Wegschaffung der Anlage oder die Herstellung des den Bedingungen entsprechenden Zustandes derselben anordnen.

In dem Falle zu 4. kann die Polizeibehörde bis zur Herstellung des der Vergütung oder der Vorschrift entsprechenden Zustandes die Einstellung des Betriebs, soweit derselbe durch die Verfügung oder die Vorschrift getroffen wird, anordnen, falls dessen Fortsetzung erhebliche Nachteile oder Gefahren herbeizuführen geeignet sein würde.

§ 148

Mit Geldstrafe bis zu einhundertfünfzig Mark und im Unvermögensfalle mit Haft bis zu vier Wochen wird bestraft:

1. wer außer den im § 147 vorgesehenen Fällen ein stehendes Gewerbe beginnt, ohne dasselbe vorschriftsmäßig anzuzeigen;
2. wer die im § 14 erforderte An- und Abmeldung einer übernommenen Feuerversicherungsagentur unterläßt;
3. wer die im § 14 erforderten Anzeigen über das Betriebslokal unterläßt;
4. wer der nach § 35 gegen ihn ergangenen Untersagung eines Gewerbebetriebs zuwiderhandelt oder die im § 35 vorgeschriebene Anzeige unterläßt;

4a. wer außer den Fällen des § 360 Nr. 12, § 367 Nr. 16 des Strafgesetzbuchs den auf Grund des § 38 erlassenen Vorschriften zuwiderhandelt;

5. wer dem § 33b oder außer den im § 149 Ziffer 1 vorgesehenen Fällen den §§ 42a bis 44a zuwiderhandelt oder seine Legitimationskarte (§ 44a) oder seinen Wandergewerbeschein (§ 55) einem anderen zur Benutzung überläßt;
6. wer zum Zwecke der Erlangung einer Legitimationskarte, eines Wandergewerbescheins oder der im § 62 vorgesehenen Erlaubnis in bezug auf seine Person oder die Personen, die er mit sich zu führen beabsichtigt, wissentlich unrichtige Angaben macht;
7. wer ein Gewerbe im Umherziehen ohne den gesetzlich erforderlichen Wandergewerbeschein, ingleichen wer eines der im § 59 Ziffer 1 bis 3 bezeichneten Gewerbe der nach § 59a ergangenen Untersagung zuwider betreibt;

7a. wer dem § 56 Abs. 1, Abs. 2 Ziffer 1 bis 5, 7 bis 11, Abs. 3, den §§ 56a oder 56b zuwiderhandelt;

7b. wer den Vorschriften der §§ 56c, 60a, 60b Abs. 2, 3 oder des § 60c Abs. 2, 3 zuwiderhandelt;

7c. wer einer ihm in Gemäßheit des § 60 Abs. 1, § 60b Abs. 1 oder des § 60d Abs. 3 in dem Wandergewerbeschein auferlegten Beschränkung zuwiderhandelt;

7d. wer bei dem Gewerbebetrieb im Umherziehen Kinder unter vierzehn Jahren zu gewerblichen Zwecken mit sich führt oder zu dem nach § 42b Abs. 5 verbotenen Gewerbebetriebe Kinder unter vierzehn Jahren anleitet oder ausschickt;

7e. ein Ausländer, welcher bei dem Gewerbebetrieb im Umherziehen den in Gemäßheit des § 56d vom Bundesrate getroffenen Bestimmungen zuwiderhandelt;

8. wer bei dem Betriebe seines Gewerbes die durch die Obrigkeit oder durch Anzeige bei derselben festgelegten Taxen überschreitet oder es unterläßt, das gemäß § 75 oder § 75a vorgeschriebene Verzeichnis einzureichen;

9. wer die gesetzlichen Pflichten gegen die ihm anvertrauten Lehrlinge verletzt;

9a. wer den §§ 126 und 126a zuwider Lehrlinge hält, anleitet oder anleiten läßt;

9b. wer dem § 129 oder den auf Grund der §§ 128 und 130 erlassenen Vorschriften zuwider Lehrlinge hält, anleitet oder anleiten läßt;

9c. wer unbefugt den Meistertitel führt;

10. wer wissentlich der Bestimmung im § 127e Abs. 2 zuwider einen Lehrling beschäftigt;

11. wer der Bestimmung des § 134c Abs. 2 zuwider gegen Arbeiter Strafen verhängt, welche in der Arbeitsordnung nicht vorgesehen sind oder den gesetzlich zulässigen Betrag übersteigen, oder wer Strafgelder oder die im § 134b Ziffer 5 bezeichneten Beträge in einer in der Arbeitsordnung nicht vorgesehenen Weise verwendet;

12. wer es unterläßt, der durch § 134e Abs. 1, §§ 134g, 139k Abs. 5 für ihn begründeten Verpflichtung zur Einreichung der Arbeitsordnung, ihrer Abänderungen und Nachträge nachzukommen;

13. wer dem § 115a oder den auf Grund des § 119a erlassenen statutarischen Bestimmungen zuwiderhandelt;

14. wer den Vorschriften des § 115a zuwiderhandelt.

In allen diesen Fällen bleibt die Strafe ausgeschlossen, wenn die strafbare Handlung zugleich eine Zuwiderhandlung gegen die Steuergesetze enthält.

§ 149

Mit Geldstrafe bis zu dreißig Mark und im Unvermögensfalle mit Haft bis zu acht Tagen wird bestraft:

1. wer den im § 42b vorgesehenen Erlaubnisschein oder den im § 43 vorgesehenen Legitimationsschein während der Ausübung des Gewerbebetriebs nicht bei sich führt oder den Bestimmungen des § 44a Abs. 2 zuwiderhandelt;

2. wer bei dem Gewerbebetrieb im Umherziehen dem letzten Absatz des § 56 oder dem § 60c Abs. 1 zuwiderhandelt;

3. wer ein Gewerbe im Umherziehen, für welches ihm ein auf einen bestimmten Bezirk lautender Wandergewerbeschein erteilt ist, unbefugt in einem anderen Bezirke betreibt;

4. wer ein Gewerbe im Umherziehen mit anderen Warengattungen oder unter Darbietung anderer Leistungen betreibt, als sein Wandergewerbeschein angibt;

5. wer bei dem Gewerbebetrieb im Umherziehen unbefugt Personen mit sich führt oder einen Gewerbetreibenden, zu welchem er nicht in dem Verhältnisse eines Ehegatten, Kindes oder Enkels steht, unbefugt begleitet;

6. wer den polizeilichen Anordnungen wegen des Marktverkehrs zuwiderhandlet;

7. wer es unterläßt, den durch § 105c Abs. 2, § 134e Abs. 2, §§ 138, 138a Abs. 5, § 139b für ihn begründeten Verpflichtungen nachzukommen;

7a. wer es unterläßt, gemäß §§ 75, 75a das Verzeichnis anzuschlagen oder dem Stellesuchenden vor Abschluß des Vermittlungsgeschäfts die für ihn zur Anwendung kommende Taxe mitzuteilen.

In allen diesen Fällen bleibt die Strafe ausgeschlossen, wenn die strafbare Handlung zugleich eine Zuwiderhandlung gegen die Steuergesetze enthält.

§ 150

Mit Geldstrafe bis zu zwanzig Mark und im Unvermögensfalle mit Haft bis zu drei Tagen für jeden Fall der Verletzung des Gesetzes wird bestraft:

1. wer den Bestimmungen der §§ 106 bis 112 zuwider einen Arbeiter in Beschäftigung nimmt oder behält;
2. wer außer dem im § 146 Nr. 3 vorgesehenen Falle den Vorschriften dieses Gesetzes in Ansehung der Arbeitsbücher, Lohnbücher oder Arbeitszettel oder den auf Grund dieser Vorschriften erlassenen Bestimmungen oder den Vorschriften des § 134 Abs. 2 zuwiderhandelt;
3. wer vorsätzlich ein auf seinen Namen ausgestelltes Arbeitsbuch unbrauchbar macht oder vernichtet;
4. wer den Bestimmungen des § 120 Abs. 1, des § 139l oder einer auf Grund des § 120 Absatz 3 erlassenen statutarischen Bestimmung zuwiderhandelt;

4a. der Lehrherr, welcher den Lehrvertrag nicht ordnungsmäßig abschließt (§ 103e Absatz 1 Ziffer 1 und § 126b);

5. wer es unterläßt, den durch § 134c Absatz 3, § 139k Absatz 4 für ihn begründeten Verpflichtungen nachzukommen.

§ 150a

Mit Geldstrafe bis zu sechs Mark und im Unvermögensfalle mit Haft von einem Tage für jeden Fall der Verletzung des Gesetzes wird bestraft, wer den auf Grund des § 120e Abs. 1 Satz 2 erlassenen Bestimmungen zuwiderhandelt.

§ 151

Sind bei der Ausübung des Gewerbes polizeiliche Vorschriften von Personen übertreten worden, welche der Gewerbetreibende zur Leitung des Betriebs oder eines Teiles desselben oder zur Beaufsichtigung bestellt hatte, so trifft die Strafe diese letzteren. Der Gewerbetreibende ist neben denselben strafbar, wenn die Uebertretung mit seinem Vorwissen begangen ist oder wenn er bei der nach den Verhältnissen möglichen eigenen Beaufsichtigung des Betriebs oder bei der Auswahl oder der Beaufsichtigung der Betriebsleiter oder Aufsichtspersonen es an der erforderlichen Sorgfalt hat fehlen lassen.

Ist an eine solche Uebertretung der Verlust der Konzession, Approbation oder Bestallung geknüpft, so findet derselbe auch als Folge der von dem Stellvertreter begangenen Uebertretung statt, wenn diese mit Vorwissen des verfügungsfähigen Vertretenen begangen worden. Ist dies nicht der Fall, so ist der Vertretene bei Verlust der Konzession, Approbation usw. verpflichtet, den Stellvertreter zu entlassen.

§ 152

Alle Verbote und Strafbestimmungen gegen Gewerbetreibende, gewerbliche Gehilfen, Gesellen oder Fabrikarbeiter wegen Verabredungen und Vereinigungen zum Behufe der Erlangung günstiger Lohn- und Arbeitsbedingungen, insbesondere mittels Einstellung der Arbeit oder Entlassung der Arbeiter, werden aufgehoben.

Jedem Teilnehmer steht der Rücktritt von solchen Vereinigungen und Verabredungen frei, und es findet aus letzteren weder Klage noch Einrede statt.

4.

Bekanntmachung

betreffend die Einrichtung von Sitzgelegenheiten für Angestellte in offenen Verkaufsstellen

v. 28. November 1900 (R. 1033).

Auf Grund von § 139h Abs. 1 der Gewerbeordnung hat der Bundesrat über die Einrichtung von Sitzgelegenheit für Angestellte in offenen Verkaufsstellen folgende Bestimmungen erlassen:

1. In denjenigen Räumen der offenen Verkaufsstellen, in welchen die Kundschaft bedient wird, sowie in den zu solchen Verkaufsstellen gehörenden Schreibstuben (Kontoren) muß für die daselbst beschäftigten Gehilfen und Lehrlinge eine nach der Zahl dieser Personen ausreichende geeignete Sitzgelegenheit vorhanden sein. Für die mit der Bedienung der Kundschaft beschäftigten Personen muß die Sitzgelegenheit so eingerichtet sein, daß sie auch während kürzerer Arbeitsunterbrechungen benutzt werden kann.

   Die Benutzung der Sitzgelegenheit muß den bezeichneten Personen während der Zeit, in welcher sie durch ihre Beschäftigung nicht daran gehindert sind, gestattet werden.

2. Unberührt bleibt die Befugnis der zuständigen Behörden, im Wege der Verfügung für einzelne offene Verkaufsstellen (§ 139g der Gewerbeordnung) oder durch allgemeine Anordnung für die offenen Verkaufsstellen ihres Bezirkes (§ 139h Abs. 2 aaO.) zu bestimmen, welchen besonderen Anforderungen die Sitzgelegenheit in Rücksicht auf die Zahl der Personen, für welche sie bestimmt ist, sowie hinsichtlich ihrer Lage und Beschaffenheit genügen muß.

3. Die vorstehenden Bestimmungen treten mit dem 1. April 1901 in Kraft.

5.

Handelsgesetzbuch für das Deutsche Reich

v. 10. Mai 1897 (R. 219).

§ 59

Wer in einem Handelsgewerbe zur Leistung kaufmännischer Dienste gegen Entgelt angestellt ist (Handlungsgehilfe), hat, soweit nicht besondere Vereinbarungen über die Art und den Umfang seiner Dienstleistungen oder über die ihm zukommende Vergütung getroffen sind, die dem Ortsgebrauch entsprechenden Dienste zu leisten sowie die dem Ortsgebrauch entsprechende Vergütung zu beanspruchen. In Ermangelung eines Ortsgebrauchs gelten die den Umständen nach angemessenen Leistungen als vereinbart.

§ 60

Der Handlungsgehilfe darf ohne Einwilligung des Prinzipals weder ein Handelsgewerbe betreiben noch in dem Handelszweige des Prinzipals für eigene oder fremde Rechnung Geschäfte machen.

Die Einwilligung zum Betrieb eines Handelsgewerbes gilt als erteilt, wenn dem Prinzipal bei der Anstellung des Gehilfen bekannt ist, daß er das Gewerbe betreibt und der Prinzipal die Aufgabe des Betriebs nicht ausdrücklich vereinbart.

§ 61

Verletzt der Handlungsgehilfe die ihm nach § 60 obliegende Verpflichtung, so kann der Prinzipal Schadensersatz fordern; er kann statt dessen verlangen, daß der Handlungsgehilfe die für eigene Rechnung gemachten Geschäfte als für Rechnung des Prinzipals eingegangen gelten lasse und die aus Geschäften für fremde Rechnung bezogene Vergütung herausgebe oder seinen Anspruch auf die Vergütung abtrete.

Die Ansprüche verjähren in drei Monaten von dem Zeitpunkt an, in welchem der Prinzipal Kenntnis von dem Abschlusse des Geschäfts erlangt; sie verjähren ohne Rücksicht auf diese Kenntnis in fünf Jahren von dem Abschlusse des Geschäfts an.

§ 62

Der Prinzipal ist verpflichtet, die Geschäftsräume und die für den Geschäftsbetrieb bestimmten Vorrichtungen und Gerätschaften so einzurichten und zu unterhalten, auch den Geschäftsbetrieb und die Arbeitszeit so zu regeln, daß der Handlungsgehilfe gegen eine Gefährdung seiner Gesundheit, soweit die Natur des Betriebs es gestattet, geschützt und die Aufrechterhaltung der guten Sitten und des Anstandes gesichert ist.

Ist der Handlungsgehilfe in die häusliche Gemeinschaft aufgenommen, so hat der Prinzipal in Ansehung des Wohn- und Schlafraums, der Verpflegung sowie der Arbeits- und Erholungszeit diejenigen Einrichtungen und Anordnungen zu treffen, welche mit Rücksicht auf die Gesundheit, die Sittlichkeit und die Religion des Handlungsgehilfen erforderlich sind.

Erfüllt der Prinzipal die ihm in Ansehung des Lebens und der Gesundheit des Handlungsgehilfen obliegenden Verpflichtungen nicht, so finden auf seine Verpflichtung zum Schadensersatze die für unerlaubte Handlungen geltenden Vorschriften der §§ 842 bis 846 des Bürgerlichen Gesetzbuches entsprechende Anwendung.

Die dem Prinzipal hiernach obliegenden Verpflichtungen können nicht im voraus durch Vertrag aufgehoben oder beschränkt werden.

§ 63

Wird der Handlungsgehilfe durch unverschuldetes Unglück an der Leistung der Dienste verhindert, so behält er seinen Anspruch auf Gehalt und Unterhalt, jedoch nicht über die Dauer von sechs Wochen hinaus. Der Anspruch kann nicht durch Vertrag ausgeschlossen oder beschränkt werden[1]).

Der Handlungsgehilfe ist nicht verpflichtet, sich den Betrag anrechnen zu lassen, der ihm für die Zeit der Verhinderung aus einer Kranken- oder Unfallversicherung zukommt[2]). Eine Vereinbarung, welche dieser Vorschrift zuwiderläuft, ist nichtig.

1. Vgl. die Anm. 1b zu § 616 BGB. oben S. 17.
2. Vgl. die Anm. 1a zu § 616 BGB. oben S. 17.

§ 64

Die Zahlung des dem Handlungsgehilfen zukommenden Gehalts hat am Schlusse jedes Monats zu erfolgen. Eine Vereinbarung, nach der die Zahlung des Gehalts später erfolgen soll, ist nichtig.

§ 65

Ist bedungen, daß der Handlungsgehilfe für Geschäfte, die von ihm geschlossen oder vermittelt werden, Provision erhalten solle, so finden die für die Handlungsagenten geltenden Vorschriften des § 88 und des § 91 Satz 1 Anwendung.

§ 66

Das Dienstverhältnis zwischen dem Prinzipal und dem Handlungsgehilfen kann, wenn es für unbestimmte Zeit eingegangen ist, von jedem Teile für den Schluß eines Kalendervierteljahrs unter Einhaltung einer Kündigungsfrist von sechs Wochen gekündigt werden.

§ 67

Wird durch Vertrag eine kürzere oder längere Kündigungsfrist bedungen, so muß sie für beide Teile gleich sein; sie darf nicht weniger als einen Monat betragen.

Die Kündigung kann nur für den Schluß eines Kalendermonats zugelassen werden.

Die Vorschriften des Abs. 1 finden auch in dem Falle Anwendung, wenn das Dienstverhältnis für bestimmte Zeit mit der Vereinbarung eingegangen wird, daß es in Ermangelung einer vor dem Ablaufe der Vertragszeit erfolgten Kündigung als verlängert gelten soll.

Eine Vereinbarung, die diesen Vorschriften zuwiderläuft, ist nichtig.

§ 68

Die Vorschriften des § 67 finden keine Anwendung, wenn der Handlungsgehilfe ein Gehalt von mindestens fünftausend Mark für das Jahr bezieht.

Sie bleiben ferner außer Anwendung, wenn der Handlungsgehilfe für ein außereuropäische Handelsniederlassung angenommen ist und nach dem Vertrage der Prinzipal für den Fall, daß er das Dienstverhältnis kündigt, die Kosten der Rückreise des Handlungsgehilfen zu tragen hat.

§ 69

Wird ein Handlungsgehilfe nur zu vorübergehender Aushilfe angenommen, so finden die Vorschriften des § 67 keine Anwendung, es sei denn, daß das Dienstverhältnis über die Zeit von drei Monaten hinaus fortgesetzt wird. Die Kündigungsfrist muß jedoch auch in einem solchen Falle für beide Teile gleich sein.

§ 70

Das Dienstverhältnis kann von jedem Teile ohne Einhaltung einer Kündigungsfrist gekündigt werden, wenn ein wichtiger Grund vorliegt.

Wird die Kündigung durch vertragswidriges Verhalten des anderen Teiles veranlaßt, so ist dieser zum Ersatze des durch die Aufhebung des Dienstverhältnisses entstehenden Schadens verpflichtet.

§ 71

Als ein wichtiger Grund, der den Handlungsgehilfen zur Kündigung ohne Einhaltung einer Kündigungsfrist berechtigt, ist es, sofern nicht besondere Umstände eine andere Beurteilung rechtfertigen, namentlich anzusehen:

1. wenn der Handlungsgehilfe zur Fortsetzung seiner Dienste unfähig wird;
2. wenn der Prinzipal das Gehalt oder den gebührenden Unterhalt nicht gewährt;
3. wenn der Prinzipal den ihm nach § 62 obliegenden Verpflichtungen nachzukommen verweigert;
4. wenn sich der Prinzipal Tätlichkeiten, erhebliche Ehrverletzungen oder unsittliche Zumutungen gegen den Handlungsgehilfen zuschulden kommen läßt oder es verweigert, den Handlungsgehilfen gegen solche Handlungen eines anderen Angestellten oder eines Familienangehörigen des Prinzipals zu schützen.

§ 72

Als ein wichtiger Grund, der den Prinzipal zur Kündigung ohne Einhaltung einer Kündigungsfrist berechtigt, ist es, sofern nicht besondere Umstände eine andere Beurteilung rechtfertigen, namentlich anzusehen:

1. wenn der Handlungsreisende im Dienste untreu ist oder das Vertrauen mißbraucht oder die ihm nach § 60 obliegende Verpflichtung verletzt;
2. wenn er seinen Dienst während einer den Umständen nach erheblichen Zeit unbefugt verläßt oder sich beharrlich weigert, seinen Dienstverpflichtungen nachzukommen;
3. wenn er durch anhaltende Krankheit, durch eine längere Freiheitsstrafe oder Abwesenheit oder durch eine die Zeit von acht Wochen übersteigende militärische Dienstleistung an der Verrichtung seiner Dienste verhindert wird;
4. wenn er sich Tätlichkeiten oder erhebliche Ehrverletzungen gegen den Prinzipal oder dessen Vertreter zuschulden kommen läßt.

Erfolgt die Kündigung, weil der Handlungsgehilfe durch unverschuldetes Unglück längere Zeit an der Verrichtung seiner Dienste verhindert ist, so wird dadurch der im § 63 bezeichnete Anspruch des Gehilfen nicht berührt.

§ 73

Bei der Beendigung des Dienstverhältnisses kann der Handlungsgehilfe ein schriftliches **Zeugnis** über die Art und Dauer der Beschäftigung fordern. Das Zeugnis ist auf Verlangen des Handlungsgehilfen auch auf die Führung und die Leistungen auszudehnen.

Auf Antrag des Handlungsgehilfen hat die Ortspolizeibehörde das Zeugnis kosten- und stempelfrei zu beglaubigen.

§ 74

Eine Vereinbarung zwischen dem Prinzipal und dem Handlungsgehilfen, die den Gehilfen für die Zeit nach Beendigung des Dienstverhältnisses in seiner gewerblichen Tätigkeit beschränkt (**Wettbewerbverbot**), bedarf der Schriftform und der Aushändigung einer vom Prinzipal unterzeichneten, die vereinbarten Bestimmungen enthaltenden Urkunde an den Gehilfen.

Das Wettbewerbverbot ist nur verbinlich, wenn sich der Prinzipal verpflichtet, für die Dauer des Verbots eine Entschädigung zu zahlen, die für jedes Jahr des Verbots mindestens die Hälfte der von dem Handlungsgehilfen zuletzt bezogenen vertragsmäßigen Leistungen erreicht.

§ 74a

Das Wettbewerbverbot ist insoweit unverbindlich, als es nicht zum Schutze eines berechtigten geschäftlichen Interesses des Prinzipals dient. Es ist ferner unverbindlich, soweit es unter Berücksichtigung der gewährten Entschädigung nach Ort, Zeit oder Gegenstand eine unbillige Erschwerung des Fortkommens des Gehilfen enthält. Das Verbot kann nicht auf einen Zeitraum von mehr als zwei Jahren von der Beendigung des Dienstverhältnisses an erstreckt werden.

Das Verbot ist nichtig, wenn die dem Gehilfen zustehenden jährlichen vertragsmäßigen Leistungen den Betrag von fünfzehnhundert Mark nicht übersteigen. Das gleiche gilt, wenn der Gehilfe zur Zeit des Abschlusses minderjährig ist oder wenn sich der Prinzipal die Erfüllung auf Ehrenwort oder unter ähnlichen Versicherungen versprechen läßt. Nichtig ist auch die Vereinbarung, durch die ein Dritter an Stelle des Gehilfen die Verpflichtung übernimmt, daß sich der Gehilfe nach der Beendigung des Dienstverhältnisses in seiner gewerblichen Tätigkeit beschränken werde.

Unberührt bleiben die Vorschriften des § 138 des Bürgerlichen Gesetzbuchs über die Nichtigkeit von Rechtsgeschäften, die gegen die guten Sitten verstoßen[1]).

---

1. Siehe oben S. 15.

§ 74b

Die nach § 74 Abs. 2 dem Handlungsgehilfen zu gewährende Entschädigung ist am Schlusse jedes Monats zu zahlen.

Soweit die dem Gehilfen zustehenden vertragsmäßigen Leistungen in einer Provision oder in anderen wechselnden Bezügen bestehen, sind sie bei der Berechnung der Entschädigung nach dem Durchschnitt der letzten drei Jahre in Ansatz zu bringen. Hat die für die Bezüge bei der Beendigung des Dienstverhältnisses maßgebende Vertragsbestimmung noch nicht drei Jahre bestanden, so erfolgt der Ansatz nach dem Durchschnitt des Zeitraums, für den die Bestimmung in Kraft war.

Soweit Bezüge zum Ersatze besonderer Auslagen dienen sollen, die infolge der Dienstleistung entstehen, bleiben sie außer Ansatz.

§ 74c

Der Handlungsgehilfe muß sich auf die fällige Entschädigung anrechnen lassen, was er während des Zeitraums, für den die Entschädigung gezahlt wird, durch anderweite Verwertung seiner Arbeitskraft erwirbt oder zu erwerben böswillig unterläßt, soweit die Entschädigung unter Hinzurechnung dieses Betrags den Betrag der zuletzt von ihm bezogenen vertragsmäßigen Leistungen um mehr als ein Zehntel übersteigen würde. Ist der Gehilfe durch das Wettbewerbverbot gezwungen worden, seinen Wohnsitz zu verlegen, so tritt an die Stelle des Betrages von einem Zehntel der Betrag von einem Viertel. Für die Dauer der Verbüßung einer Freiheitsstrafe kann der Gehilfe eine Entschädigung nicht verlangen.

Der Gehilfe ist verpflichtet, dem Prinzipal auf Erfordern über die Höhe seines Erwerbes Auskunft zu erteilen.

§ 75

Löst der Gehilfe das Dienstverhältnis gemäß den Vorschriften der §§ 70, 71 wegen vertragswidrigen Verhaltens des Prinzipals auf, so wird das Wettbewerbverbot unwirksam, wenn der Gehilfe vor Ablauf eines Monats nach der Kündigung schriftlich erklärt, daß er sich an die Vereinbarung nicht gebunden erachte.

In gleicher Weise wird das Wettbewerbverbot unwirksam, wenn der Prinzipal das Dienstverhältnis kündigt, es sei denn, daß für die Kündigung ein erheblicher Anlaß in der Person des Gehilfen vorliegt oder daß sich der Prinzipal bei der Kündigung bereit erklärt, während der Dauer der Beschränkung dem Gehilfen die vollen zuletzt von ihm bezogenen vertragsmäßigen Leistungen zu gewähren. Im letzteren Falle finden die Vorschriften des § 74b entsprechende Anwendung.

Löst der Prinzipal das Dienstverhältnis gemäß den Vorschriften der §§ 70, 72 wegen vertragswidrigen Verhaltens des Gehilfen auf, so hat der Gehilfe keinen Anspruch auf die Entschädigung.

§ 75a

Der Prinzipal kann vor Beendigung des Dienstverhältnisses durch schriftliche Erklärung auf das Wettbewerbverbot mit der Wirkung verzichten, daß er mit dem Ablauf eines Jahres seit der Erklärung von der Verpflichtung zur Zahlung der Entschädigung frei wird.

§ 75b

Ist der Gehilfe für eine Tätigkeit außerhalb Europas angenommen, so ist die Verbindlichkeit des Wettbewerbverbots nicht davon abhängig, daß sich der Prinzipal zur Zahlung der im § 74 Abs. 2 vorgesehenen Entschädigung verpflichtet. Das gleiche gilt, wenn die dem Gehilfen zustehenden vertragsmäßigen Leistungen den Betrag von achttausend Mark für das Jahr übersteigen; auf die Berechnung des Betrags der Leistungen finden die Vorschriften des § 74b Abs. 2, 3 entsprechende Anwendung.

§ 75c

Hat der Handlungsgehilfe für den Fall, daß er die in der Vereinbarung übernommene Verpflichtung nicht erfüllt, eine Strafe versprochen, so kann der Prinzipal Ansprüche nur nach Maßgabe der Vorschriften des § 340 des

Bürgerlichen Gesetzbuchs[1]) geltend machen. Die Vorschriften des Bürgerlichen Gesetzbuchs über die Herabsetzung einer unverhältnismäßig hohen Vertragsstrafe bleiben unberührt.

Ist die Verbindlichkeit der Vereinbarung nicht davon abhängig, daß sich der Prinzipal zur Zahlung einer Entschädigung an den Gehilfen verpflichtet, so kann der Prinzipal, wenn sich der Gehilfe einer Vertragsstrafe der im Abs. 1 bezeichneten Art unterworfen hat, nur die verwirkte Strafe verlangen; der Anspruch auf Erfüllung oder auf Ersatz eines weiteren Schadens ist ausgeschlossen.

---

1. Der § 340 BGB. lautet:

Hat der Schuldner die Strafe für den Fall versprochen, daß er seine Verbindlichkeit nicht erfüllt, so kann der Gläubiger die verwirkte Strafe statt der Erfüllung verlangen. Erklärt der Gläubiger dem Schudner, daß er die Strafe verlange, so ist der Anspruch auf Erfüllung ausgeschlossen.

Steht dem Gläubiger ein Anspruch auf Schadensersatz wegen Nichterfüllung zu, so kann er die verwirkte Strafe als Mindestbetrag des Schadens verlangen. Die Geltendmachung eines weiteren Schadens ist nicht ausgeschlossen.

§ 75d

Auf eine Vereinbarung, durch die von den Vorschriften der §§ 74 bis 75c zum Nachteil des Handlungsgehilfen abgewichen wird, kann sich der Prinzipal nicht berufen. Das gilt auch von Vereinbarungen, die bezwecken, die gesetzlichen Vorschriften über das Mindestmaß der Entschädigung durch Verrechnungen oder auf sonstige Weise zu umgehen.

§ 75e

Die Entschädigung, die der Handlungsgehilfe auf Grund der Vorschriften der §§ 74 bis 75d für die Zeit nach der Beendigung des Dienstverhältnisses beanspruchen kann, gehört zu den Dienstbezügen im Sinne des § 61 Nr. 1 der Konkursordnung[1]).

Der Anspruch auf die Entschädigung kann zum Zwecke der Sicherstellung oder Befriedigung eines Gläubigers erst dann gepfändet werden, wenn der Tag, an dem sie zu entrichten war, abgelaufen ist, ohne daß der Gehilfe sie eingefordert hat. Die Pfändung ist jedoch zulässig, soweit die Entschädigung allein oder zusammen mit den in den §§ 1, 3 des Gesetzes, betreffend die Beschlagnahme des Arbeits- oder Dienstlohns, bezeichneten Bezügen die Summe von fünfzehnhundert Mark für das Jahr übersteigt. Die Vorschriften des § 2, des § 4 Nr. 2, 3 und des § 4a des bezeichneten Gesetzes[2]) finden entsprechende Anwendung.

---

1. Nach § 61 Nr. 1 der KO. i. d. F. der Bek. v. 20. 5. 98 (R. 612) sind die für das letzte Jahr vor der Eröffnung des Konkursverfahrens oder dem Ableben des Gemeinschuldners rückständigen Forderungen an Lohn, Kostgeld oder anderen Dienstbezügen derjenigen Personen, welche sich dem Gemeinschuldner für dessen Haushalt, Wirtschaftsbetrieb oder Erwerbsgeschäft zur Leistung von Diensten verdungen hatten, an erster Stelle unter den Konkursforderungen zu befriedigen.

2. Folgende Gesetzesbestimmungen kommen gegenwärtig in Betracht: § 850 der ZPO. i. d. F. der Bek. v. 13. 5. 24 (R. I 437), das Gesetz betr. die Beschlagnahme des Arbeits- und Dienstlohnes v. 21. 6. 69 i. d. F. der Gesetze v. 29. 3. 97 und 17. 5. 98 (Bundesgesetzblatt 1862 S. 242, 1871 S. 63, R 97, 159, 98, 332) und die Vrdg. über Lohnpfändung v. 25. 6. 19 i. d. F. der Gesetze v. 23. 12. 21, 13. 12. 23, 17. 12. 26 und 27. 2. 28, sowie der Vrdg. v. 7. 1. 24 (R. 1919, 589, 1921, 1657, 1923 I 1186, 1926 I 503, 1928 I 45 und 1923 I 1186). Die Geltungsdauer der Vrdg. über Lohnpfändung, die ursprünglich am 31. 12. 31 außer Kraft treten sollte, ist zuletzt durch die Vrdg. des Reichspräsidenten v. 14. 6. 32 (R. I 285) Teil 3 Art. 1 Abs. 1 bis zum 31. 12. 34 ausgedehnt, ferner sind durch Abs. 2 dieses Artikels und durch Art. 2 der Vrdg. die Grenzen des pfändungsfreien Arbeits- und Dienstlohns von monatlich 195 auf 165 RM. heruntergesetzt worden.

§ 75f

Auf eine Vereinbarung, durch die sich ein Prinzipal einem anderen Prinzipal gegenüber verpflichtet, einen Handlungsgehilfen, der bei diesem im Dienste ist oder gewesen ist, nicht oder nur unter bestimmten Voraussetzungen anzustellen, findet die Vorschrift des § 152 Abs. 2 der Gewerbeordnung[1]) Anwendung.

1. § 152 Abs. 2 GWO. lautet:

Jedem Teilnehmer steht der Rücktritt von solchen Vereinigungen und Verabredungen frei, und es findet aus letzteren weder Klage noch Einrede statt.

Er ist durch Art. 159 RV. (oben unter I 1) außer Kraft gesetzt (RG. 111 S. 199; 113 S. 169).

II.

Frauenschutz

Gesetzesübersicht

I. Gesetze:

1. **Gesetz über Beschäftigung vor und nach der Niederkunft** v. 16. 7. 27 (R. I 184); — sog. Mutterschutzgesetz
   m. d. Aenderungen d. Gesetzes v. 29. 10. 27 (R. I 325), abgedr. S. 61 ff.
2. **Gesetz über Wochenhilfe** v. 18. 5. 29 (R. I 98), abgedr. S. 88 ff.

II. Ausführungsbestimmungen:

2a. zu 1: f. Preußen: Erl. d. Min. f. Handel u. Gewerbe u. f. Volksw. v. 2. 8. 27 (MBl. Volkswohlfahrt S. 1081), abgedr. S. 66.

2b. Merkblatt über Mutterschutz i. RArbBl. 1928 I 246, abgedr. S. 67 ff.

III. Ergänzende Gesetze:

3. **Internationales Recht**
   a) Berner Abkommen über das Verbot der Nachtarbeit der gewerblichen Arbeiterinnen v. 26. 9. 06; ratifiziert gemäß Bekanntmachung v. 31. 12. 10 (R. 1911 S. 5, 16), abgedr. S. 70.
   b) Washingtoner Uebereinkommen betreffend die Beschäftigung der Frauen vor und nach der Niederkunft v. 29. 11. 19; ratifiziert gemäß dem Reichsgesetz v. 16. 7. 27 (R. II 497, 1124), abgedr. S. 71.
   c) Internationale Uebereinkunft zur Unterdrückung des Frauen- und Mädchenhandels v. 4. 5. 10 (R. 1913 S. 31) u. v. 30. 9. 21 (R. 24 II 181); für Deutschland verbindlich lt. Bek. v. 24. 7. 24 (R. II 202), abgedr. S. 73 ff.; vgl. auch S. 140 ff.
   d) AusführGes. zu dem internationalen Uebereinkommen v. 4. 10. 10, v. 14. 8. 12 (R. 13, 44), abgedr. S. 75.

4. **Deutsches Recht**

a) **Arbeitszeitverordnung** v. 21. 12. 23 (R. I 1249) § 9 Abs. 3, abgedr. S. 96 ff.

b) **Gaststättengesetz** v. 28. 4. 30 (R. I 146) § 17 Abs. 2, abgedr. S. 75 ff.

c) **Preuß. DurchfVrdg.** v. 18. 6. 30 (GS. S. 117), abgedr. S. 78 f.

d) Gewerbeordnung, abgedr. S. 80 ff.

§ 60b (Beschränkungen des Wandergewerbebetriebes für minderjährige Personen weiblichen Geschlechts);

§§ 120b—120e (Sitte und Anstand);

§§ 137—139 (Verbot der Nachtarbeit, Regelung der Arbeitszeit);

§§ 139a (besonderer Schutz für Arbeiterinnen und jugendliche Arbeiter);

§ 154a (Verbot der Beschäftigung unter Tage);

§ 156 Nr. 2 (Strafvorschrift).

e) **Reichsverfassung** Art. 119 Abs. 3 u. Art. 161 (Schutz der Mutterschaft), abgedr. S. 11

f) **Reichsversicherungsordnung** v. 19. 7. 11 (R. 509); im Wortlaut der Bek. v. 15. 12. 24 (R. I 779) u. der Gesetze v. 9. 7. 26 (R. I 407) u. v. 18. 5. 29 (R. I 98), §§ 195a bis 199 betr. Wochenhilfe, abgedr. S. 88 ff.

Der Abbau weiblicher Beamten u. Lehrerinnen auf Grund der PersonalabbauVrdg. d. Reichs v. 27. 10. 23 (R. I 999) i. d. Fassg. d. Ges. v. 4. 8. 25 (R. I 181) u. des § 14 Preuß. PersonalabbauGes. v. 25. 3. 26 (GS. S. 105) ist eingestellt.

g) **Reichsgesetz über die Rechtstellung der weiblichen Beamten** v. 30. 5. 32 (R. I 156), abgedr. S. 92 ff.

h) **Hausarbeitsgesetz,** abgedr. S. 157 ff.

i) **Kinderschutz,** abgedr. S. 105 ff.

k) **Pachtschutzordnung**

des Reichs in der Fassung des Ges. v. 12. 9. 27 (R. I 179) u. v. 8. 4. 31 (R. I 133) § 2 Abs. 1, abgedr. S. 94

Preußens in der Fassung v. 19. 9. 27 (GS. S. 177) u. v. 8. 6. 31 (GS. S. 106) § 6 Abs. 3, vgl. Anm. 1, S. 95

— betr. Frauenhilfspflicht bei Heuerlingsverträgen —.

l) **Vorläufige Landarbeitsverordnung** v. 24. 1. 19 (R. 111), abgedr. S. 95 f.

m) **Verordnung über die Arbeitszeit** in der Fassung der Bekanntmachung v. 14. 4. 27 (R. I 110), abgedr. S. 96 ff.

IV. Literatur:

Kleeis, Vorschriften über Mutterschutz und Mutterschaftsfürsorge, Wochenhilfe, Wochenfürsorge 1928 (Wordel).

von Kunitzki-Neu, Mutterschutz. Das Reichsgesetz über die Beschäftigung vor und nach der Niederkunft v. 16. 7. 27 (Stilke, 160 S.) 1929.

Schwarz, Gesetz über die Beschäftigung vor und nach der Niederkunft; in Stengleins strafrechtl. Nebengesetzen, 5. Aufl. 1931 Bd. II S. 801 ff.

Vgl. auch Anthes — i. NZfAR. 27 S. 537 ff.; Goldschmidt i. RArbBl. 27 II S. 262; Kaskel-Dersch i. Arbeitsrecht, 4. Aufl. 1932 S. 256 ff., 289, 791 ff., 294 f.; Rudorff: Die Angestellte und ihre Beschäftigung vor und nach der Niederkunft im RArbBl. 1928 III 30.

Aufbau des Mutterschutzgesetzes

betr. Beschäftigung vor und nach der Niederkunft:

Geltungsbereich § 1;
Aussetzen der Arbeit § 2;
Stillpausen § 3;
Kündigungsverbot § 4;
Aufsicht § 4a;
Strafvorschriften § 5;
Inkrafttreten § 6.

II. Frauenschutz (Niederkunft)

1. Gesetz über die Beschäftigung vor und nach der Niederkunft*)

v. 16. 7./29. 10. 27.
(R. I 184, 325.)

§ 1
Geltungsbereich

(1) Das Gesetz gilt für die Beschäftigung von weiblichen Arbeitnehmern[1]), die der Krankenversicherungspflicht[2]) unterliegen.

(2) Nicht unter das Gesetz fällt die Beschäftigung

1. in Betrieben der Land- und Forstwirtschaft[3]), der Tierzucht und der Fischerei, auch wenn es sich um Nebenbetriebe[4]) von Betrieben handelt, die unter das Gesetz fallen;

2. in Nebenbetrieben[5]) der in Nr. 1 ausgenommenen Betriebe, die ihrer Art nach unter das Gesetz fallen und in denen in der Regel nicht mehr als drei Arbeitnehmer beschäftigt werden;

3. in der Hauswirtschaft[6]), einschließlich der im Hausstand des Arbeitgebers geleisteten persönlichen Dienste.

(3) Der Reichsarbeitsminister kann Bestimmungen darüber erlassen, ob einzelne Arten von Betrieben oder Beschäftigungen unter Abs. 2 fallen oder nicht.

1. Weibliche Arbeitnehmer jeder Art, d. h. sowohl Arbeiterinnen wie weibl. Angestellte, und zwar auch in Kleinbetrieben u. Familienbetrieben, soweit sie gegen Entgelt beschäftigt sind und daher der Krankenversicherungspflicht unterliegen; also regelmäßig nicht die mitarbeitende Ehefrau.

Das Gesetz gilt sowohl für Inländerinnen wie auch für Ausländerinnen; für Verheiratete und Ledige.

2. „Die der Krankenversicherungspflicht unterliegen": Aufzählung der krankenversicherungspflichtigen Personen in RVO. §§ 165 ff.; Voraussetzung i. a. entgeltliche Beschäftigung (Ausnahme f. Lehrlinge); Jahresarbeitsverdienst nicht über 3600 RM. (§ 165 Abs. 2 RVO.), vgl. unter 4f.

Vgl. auch RVO. § 195a Abs. 1 betr. den Anspruch auf Wochenhilfe.

---

* Entstehungsgeschichte bei Schwarz A. 1 zu § 1 d. Gesetzes i. Stengleins Strafrechtl. Nebengesetzen. 5. Aufl. 1931 Bd. II S. 802.

Ausführungsbestimmungen f. Preußen: Erl. d. Min. f. Volkswohlf. v. 2. 8. 27 (MBl. Volkswohlf. S. 1081).

Zu Absatz 2.

3. Zu Nr. 1. Die Betriebe der Land- und Forstwirtschaft fallen nicht unter das Gesetz.

4. Nr. 1 spricht von den zu einem gewerblichen Hauptbetrieb gehörenden Nebenbetrieben landwirtschaftlicher Art. Bezügl. der zu einem land- oder forstwirtschaftl. Hauptbetrieb gehörenden Nebenbetriebe vgl. Nr. 2.

5. Zu Nr. 2 gehören die Nebenbetriebe eines landwirtschaftl. Unternehmens, z. B. Brennereien, Molkereien, Ziegeleien, Kartoffelflockenfabriken u. ä. Bei ihnen ist die Zahl der regelmäßig beschäftigten Arbeitnehmer (weibl. und männl., Arbeiter und Angestellte) maßgebend.

Bezügl. der landwirtschaftl. Nebenbetriebe eines gewerblichen Unternehmens vgl. Nr. 1.

Zu Nr. 3.

6. Arbeitnehmerinnen in der Landwirtschaft, insbesondere Hausgehilfinnen. Deren Schutz soll in dem in Vorbereitung befindlichen Hausgehilfengesetz erfolgen.

§ 2

Aussetzen der Arbeit

(1) Schwangere[1]) sind berechtigt, die ihnen aus dem Arbeitsvertrag obliegende Arbeitsleistung zu verweigern[2]), wenn sie durch ärztliches Zeugnis nachweisen[1]), daß sie voraussichtlich binnen sechs Wochen niederkommen.

(2) Wöchnerinnen dürfen binnen sechs Wochen[3]) nach ihrer Niederkunft nicht beschäftigt werden; ihr Wiedereintritt ist an den Ausweis geknüpft, daß seit ihrer Niederkunft wenigstens sechs Wochen verflossen sind. Während weiterer sechs Wochen[4]) sind sie berechtigt, die ihnen aus dem Arbeitsvertrag obliegende Arbeitsleistung zu verweigern, wenn sie durch ärztliches Zeugnis nachweisen, daß sie wegen einer Krankheit, die eine Folge ihrer Schwangerschaft oder Niederkunft ist, oder die dadurch eine wesentliche Verschlimmerung erfahren hat, an der Arbeit verhindert sind.

(3) Der Arbeitgeber ist zur Gewährung des Entgelts[5]) für die Zeit, in der Arbeit nicht geleistet wird, nur verpflichtet, soweit dies ausdrücklich vereinbart ist.

1. Zum Nachweis der Schwangerschaft genügt das Zeugnis jedes in Deutschland approbierten Arztes; kreisärztliches Zeugnis ist nicht vorgeschrieben.

2. Ob die Schwangere von dem Arbeitsverweigerungsrecht Gebrauch machen will, ist in ihr Ermessen gestellt. Tut sie es, so sind die Rechtsfolgen unberechtigter Arbeitsverweigerung (Kündigung, Vertragsstrafen u. ä.) ausgeschlossen; wegen des Arbeitsentgelts vgl. unter Abs. 3.

Zu Absatz 2.

3. Beschäftigungsverbot innerhalb der ersten sechs Wochen (Uebertretung strafbar nach § 5 Abs. 1 u. 2).
Arbeitsverweigerungsrecht während der nächsten 6 Wochen.

4. Berechnung der 6-Wochen-Frist nach BGB. § 188 Abs. 2 Halbsatz 1, der weiteren 6-Wochen-Frist nach BGB. § 188 Abs. 2 Halbsatz 2.

Zu Absatz 3.

5. Arbeitsentgelt ist nur bei ausdrücklicher Vereinbarung (auch durch TV.) zu zahlen. Im übrigen greift i. a. die staatliche Wochenhilfe nach RVO. §§ 195a ff. Platz.

6. Ueber das Verhältnis des § 2 Abs. 3 Mutterschutzgesetzes zum § 63 HGB. und zum § 616 BGB. vgl. RAG. 10 S. 343. Das Mutterschutzgesetz schließt hiernach den Lohnanspruch nur dann aus, wenn die Schwangere auf Grund des besonderen ihr durch § 2 Abs. 1 gegebenen Rechtes die Arbeit verweigert. Ist sie dagegen durch die Schwangerschaft an der Arbeit nur tatsächlich behindert, so greifen die §§ 616 BGB. u. 63 HGB. Platz, abgedr. S. 16 u. 49.

§ 3

Stillpausen[1])

Stillenden Frauen ist auf ihr Verlangen[1]) während sechs Monaten nach ihrer Niederkunft die zum Stillen erforderliche Zeit bis zu zweimal einer halben oder einmal einer Stunde täglich von der Arbeit freizugeben[3]). Eine Verpflichtung des Arbeitgebers zur Zahlung eines Entgelts[2]) wird hierdurch nicht berührt.

1. Die **Stillpause** wird nur auf Verlangen der Wöchnerinnen gewährt; diese hat auch die Wahl, ob sie zweimal eine halbe oder einmal eine ganze Stunde Stillzeit haben will.

Den Zeitpunkt der Stillpause bestimmt der Arbeitgeber, der aber billige Rücksicht — insbesondere auch auf die zwischen den zwei halben Stunden nötige Pause — nehmen und möglichst wohl auch einen geeigneten Raum zum Stillen zur Verfügung stellen wird. Vgl. dazu auch amtl. Begr. S. 4 u. die entspr. Vorschr. in GWO. §§ 120b, 120d, 120e, abgedr. S. 36.

2. Das **Arbeitsentgelt** ist i. a. fortzuzahlen, zumal auch die Arbeitsbehinderung nur während einer verhältnismäßig nicht erheblichen Zeit (BGB. § 616) besteht.
Abdingung, auch durch TV., ist zulässig.

3. **Zuwiderhandlung** gegen § 3 Satz 1 ist strafbar nach § 5 Abs. 1 u. 2.

§ 4

Kündigungsverbot

(1) In einem Zeitraum von sechs Wochen vor bis sechs Wochen[3]) nach der Niederkunft ist eine Kündigung[1])[2]) des Arbeitgebers unwirksam[1]), wenn dem Arbeitgeber zur Zeit der Kündigung die Schwangerschaft oder Entbindung bekannt war oder wenn ihm die Arbeitnehmerin davon unverzüglich nach Empfang der Kündigung Kenntnis gegeben hat. Ist die Arbeitnehmerin bei Ablauf der Frist wegen einer Krankheit, die nach ärztlichem Zeugnis eine Folge ihrer Schwangerschaft oder Niederkunft ist, oder die dadurch eine wesentliche Verschlimmerung erfahren hat, an der Arbeit verhindert, so verlängert sich die Frist um die Dauer der Verhinderung, längstens jedoch um weitere sechs Wochen[3]).

(2) Ist für einen Zeitpunkt gekündigt, der in die im Abs. 1 bezeichnete Schutzfrist[3]) fällt, so wird der Zeitpunkt der Beendigung des Arbeitsvertrages um die Dauer dieser Schutzfrist hinausgeschoben[2]).

(3) Unberührt bleibt die Wirksamkeit von Kündigungen, die aus einem wichtigen, nicht mit der Schwangerschaft oder Niederkunft zusammenhängenden Grund erfolgen[4]).

(4) Die Vorschriften der Abs. 1 und 2 finden keine Anwendung, falls der Arbeitsvertrag ausdrücklich zu einem bestimmten Zwecke[5]) abgeschlossen und dieser Zweck an dem Zeitpunkt, für den die Kündigung erfolgt, erfüllt ist.

1. Die innerhalb der Schutzfrist ausgesprochene **Kündigung** entbehrt jeder Wirksamkeit; sie wird auch nicht nach Ablauf der Schutzfrist wirksam: RAG. 8 S. 224 unter Hinweis darauf, daß das Mutterschutzgesetz die Arbeitnehmerin durch den § 4 kurz vor und nach der Niederkunft vor jeder Beunruhigung — wie sie schon mit dem Ausspruch der Kündigung verbunden ist — nach Möglichkeit habe schützen wollen.

Da der Zeitpunkt der Niederkunft nicht genau feststeht, so bleibt die Wirksamkeit der Kündigung u. U. in der Schwebe. Mit dieser Möglichkeit hat der Gesetzgeber gerechnet; vgl. amtl. Begr. S. 4.

2. Die vor Beginn der Schutzfrist ausgesprochene, aber für einen Zeitpunkt innerhalb der Schutzfrist wirkende Kündigung ist wirksam. Doch wird der Zeitpunkt der Beendigung des Arbeitsvertrages um die Dauer der Schutzfrist hinausgeschoben (Abs. 2).

3. Die **Schutzfrist** beträgt i. a. 12 Wochen, nämlich 6 Wochen vor und 6 Wochen nach der Niederkunft. Verlängerung bis auf 18 Wochen im Falle des Abs. 1 Satz 2.

Zu Absatz 3.

4. Die **Kündigung wegen wichtigen Grundes** richtet sich nach den Vorschriften des allgemeinen Rechts (vgl. insbes. BGB. § 626); nur darf der wichtige Grund nicht mit der Schwangerschaft oder der Niederkunft zusammenhängen.

K. wegen wichtigen Grundes, z. B. bei Verheiratung der Arbeitnehmerin, sofern nicht Aushalten der ordentlichen K.frist zuzumuten ist (vgl. RAG. 2 S. 232); desgl. bei schwerer Verfehlung; auch bei Tod oder Konkurs des Arbeitgebers.

Zu Absatz 4.

5. § 4 gilt (ähnlich dem § 1 KSchG.; § 96 BRG.; § 13 SchwbGes.) nur f. d. Fall der Kündigung, nicht aber f. d. Fall des Ablaufs der Vertragszeit oder der Erreichung des Vertragszweckes, und zwar auch dann nicht, wenn zur Feststellung des letzteren noch eine besondere Kündigung ausgesprochen wird.

Im übrigen bleiben neben dem Kündigungsverbot des § 4 die sonstigen Kündigungsschutzvorschriften, z. B. das Kündigungsschutzgesetz f. Angestellte v. 9. 7. 26 (R. I 399, 412) und BRG. § 84 Abs. 1 Nr. 4 betr. den Einspruch des BR. wegen unbilliger Härte unberührt bestehen. Doch wird, wenn dessen Voraussetzungen vorliegen, i. a. der § 4 Mutterschutzgesetzes den wirksameren Schutz gewähren.

§ 4a[1])

Aufsicht

(1) Für die Aufsicht über die Ausführung dieses Gesetzes gilt der § 139b der Gewerbeordnung entsprechend[2]).

(2) Die Aufsicht über die Betriebe und Verwaltungen der Körperschaften des öffentlichen Rechtes[3]) steht den die allgemeine Dienstaufsicht ausübenden Behörden zu.

1. Der § 4a ist nachträglich eingefügt durch das Gesetz zur Abänderung des Gesetzes über die Beschäftigung vor und nach der Niederkunft v. 29. 10. 27 (R. I 325).

2. Zuständig ist der Gewerbeaufsichtsbeamte; u. zwar auch für die Arbeitnehmerinnen in Betrieben, die nicht unter die GWO. fallen, z. B. Büroangestellte.

3. Zu den Betrieben der Körperschaften des öffentl. Rechts gehören auch die werbenden Betriebe der Kommunen (z. B. Gas- u. Elektrizitätswerke); anders in GWO. § 155 Abs. 3. Aehnlich wie hier AZB. § 13.

§ 5

Strafvorschriften[4])

(1) Arbeitgeber, die den Vorschriften des § 2 Abs. 2 Satz 1 oder des § 3 Satz 1 vorsätzlich oder fahrlässig zuwiderhandeln, werden mit Geldstrafe[1]) bestraft.

(2) Arbeitgeber, die binnen drei Jahren nach rechtskräftiger Verurteilung auf Grund dieser Vorschriften ihnen vorsätzlich[2]) von neuem zuwiderhandeln[2]), können neben der Geldstrafe oder an ihrer Stelle mit Gefängnis bis zu sechs Monaten bestraft werden.

(3) Die Vorschrift des § 151 der Gewerbeordnung[3]) findet Anwendung.

1. **Geldstrafe** von 3- bis 10 000 RM. (StGB. § 27 i. d. Fass. d. Vrdg. über Vermögenstrafen und Bußen v. 6. 2. 24 (R. I 44), des § 1 des Reichsmünzgesetzes v. 30. 8. 24 (R. I 254) und der §§ 1 und 2 der zweiten Verordnung zur Durchführung des Münzgesetzes v. 12. 2. 24 (R. I 775); bei Uneinbringlichkeit als Ersatzfreiheitsstrafe Gefängnis oder Haft bis zu 6 Wochen (StGB. § 29 Abs. 1 u. 2).

2. **Rückfall** nach Abs. 2 nur bei vorsätzlicher Begehung der zweiten Zuwiderhandlung (die erste kann fahrlässig sein); aber gleichgültig, ob beide Zuwiderhandlungen gegen die gleiche oder gegen zwei verschiedene der in Abs. 1 genannten Verbotsvorschriften sich richteten (ebenso Schwarz A. 2 zu § 5 u. Anthes in NZfAR. 27 S. 551).

3. Nach GWO. § 151 haften neben dem Arbeitgeber auch die Betriebsleiter und die sonstigen Aufsichtspersonen als Täter.

4. Vgl. auch AZB. § 11 vb. m. § 9 Abs. 3.

§ 6

Inkrafttreten des Gesetzes

(1) Das Gesetz tritt am 1. August 1927 in Kraft. Gleichzeitig treten der § 137 Abs. 6 der Gewerbeordnung, die Nr. 5 Abs. 5 und die Nr. 14 Abs. 2 der Bekanntmachung betreffend die Ausführungsbestimmungen

des Bundesrats über die Beschäftigung von jugendlichen Arbeitern und von Arbeiterinnen in Werkstätten mit Motorbetrieb, vom 13. Juli 1900 (Reichsgesetzblatt S. 566) und der § 4 Abs. 5 der Verordnung betreffend die Ausdehnung der §§ 135 bis 139 und des § 139b der Gewerbeordnung auf die Werkstätten der Kleider- und Wäschekonfektion, vom 31. Mai 1897 (Reichsgesetzbl. S. 459), 17. Februar 1904 (Reichsgesetzblatt S. 62) außer Kraft.

(2) Die Wirksamkeit einer vor dem Inkrafttreten dieses Gesetzes erfolgten Kündigung bestimmt sich nach den bisherigen Gesetzen.

Zu Abs. 1 Satz 2: Die Fassung beruht auf dem Gesetz v. 29. 10. 27 (R. I 325).

2a. Erlaß

d. Min. f. Handel u. Gewerbe u. d. Min. f. Volksw. vom 2. 8. 1927 betr. Schwangeren- und Wöchnerinnenschutz

— MfHuG. III 6931 I 5765, MfV. III V 1307 —

In Nr. 31 S. 184 des RGBl. Teil I ist das Gesetz vom 16. 7. 1927 über die Beschäftigung vor und nach der Niederkunft veröffentlicht worden.

Durch dieses Gesetz, das am 1. 8. d. J. in Kraft tritt, wird nicht nur der Geltungsbereich des Schwangeren- und Wöchnerinnenschutzes erheblich ausgedehnt, sondern es werden auch die Schutzbestimmungen selbst wesentlich erweitert. Insbesondere ist der Mutterschutz in Erweiterung des geltenden Rechtes auf die Arbeiterinnen der Kleinbetriebe, einschließlich der Familienbetriebe, sowie auf weibliche Angestellte ausgedehnt worden. Da die Durchführung des Gesetzes eine ausreichende Unterstützung der Frau in der Zeit vor und nach der Niederkunft voraussetzt, mußte der Geltungsbereich auf solche Arbeitnehmerinnen beschränkt werden, deren Unterhalt durch die Krankenversicherungspflicht sichergestellt ist. Die Dauer der Schonzeit vor und nach der Niederkunft ist gegenüber den bisherigen Schutzbestimmungen erweitert worden. Während der ganzen Dauer der Schonfrist genießt die Schwangere und Wöchnerin einen besonderen Kündigungsschutz. Schließlich gibt das Gesetz einen Anspruch auf Gewährung von Stillpausen, für die bisher nur eine moralische Verpflichtung des Arbeitgebers bestand.

Im Hinblick auf die große Bedeutung des Gesetzes ist es notwendig, dafür Sorge zu tragen, daß der Inhalt der Schutzbestimmungen unverzüglich allgemein bekannt wird. Dies wird aber nur dann zu erreichen sein, wenn alle in der Schwangeren-,

Wöchnerinnen- und Säuglingsfürsorge tätigen Personen der Bekanntgabe der Schutzbestimmungen besondere Aufmerksamkeit widmen. Es erscheint daher erforderlich, daß nicht nur die Gewerbe- und Bergaufsichtsbeamten bei ihren Betriebsbesichtigungen die Arbeitgeber, Betriebsvertretungen und Arbeitnehmerinnen auf die Schutzbestimmungen besonders aufmerksam machen, sondern daß solche Hinweise auch von den Aerzten, Hebammen, Fürsorgerinnen, Krankenkassenbeamten und anderen Personen, die mit der Fürsorge für Schwangere, Wöchnerinnen und Säuglinge betraut sind, nicht versäumt werden. Ferner dürfte der Aushang der gesetzlichen Bestimmungen in den gewerblichen Betrieben, Büros und Verkaufsstellen, in den Schwangeren-, Wöchnerinnen- und Säuglingsfürsorgestellen, in den dem Publikum zugänglichen Räumen der Wohlfahrts- und Jugendämter, der Krankenkassen, der Ambulatorien, der Krankenhäuser, der Frauenkliniken, der Entbindungs-, Wöchnerinnen- und Mütterheime usw. geeignet sein, einen großen Kreis von Arbeitnehmerinnen und auch Arbeitgebern mit dem Inhalt der Bestimmungen vertraut zu machen. Auch wird es sich empfehlen, an den vorstehend benannten Stellen die Vorschriften des Gesetzes zur Abänderung der Reichsversicherungsordnung vom 9. 7. 1926 (RGBl. I S. 407) (erweiterte Wochenhilfe) auszuhängen, um durch den Hinweis auf das Wochengeld die Inanspruchnahme der Schonzeit vor der Niederkunft zu fördern.

Wir ersuchen, alle in Betracht kommenden Stellen auf Vorstehendes hinzuweisen und auch Ihrerseits auf die weitgehendste Verbreitung der Schutzbestimmungen hinzuwirken.

2b. Merkblatt über Mutterschutz

(RArbBl. 1928 I 246).

Um den beteiligten Kreisen die Bestimmungen des Gesetzes über die Beschäftigung vor und nach der Niederkunft sowie die Bestimmungen der Reichsversicherungsordnung über die Wochenhilfe nahe zu bringen, ist im Württembergischen Wirtschaftsministerium das nachfolgende „Merkblatt für erwerbstätige Mütter“ zusammengestellt worden. Es wird in Württemberg durch das Gewerbe- und Handelsaufsichtsamt unentgeltlich an die Betriebe mit überwiegend weiblicher Belegschaft zum Aushang an sichtbarer Stelle und zur Verteilung an einzelne Arbeitnehmerinnen ausgegeben; ferner ist es den Krankenkassen, Bezirksfürsorgebehörden, Jugendämtern, Mütterberatungsstellen, Gesundheitsfürsorgerinnnen sowie den Gewerkschaften zur tunlichsten Verbreitung zur Verfügung gestellt worden.

*

Merkblatt für erwerbstätige Mütter über den gewerblichen Mutterschutz.

Was bezweckt der gewerbliche Mutterschutz?

Er will den in Gewerbe und Handel erwerbstätigen Frauen vor und nach der Niederkunft die notwendige Schonung verschaffen und sie vor Ueberanstrengung schützen.

Auf wen erstreckt sich der gewerbliche Mutterschutz?

Auf krankenversicherte Arbeiterinnen und weibliche Angestellte mit Ausnahme der in der Hauswirtschaft und Landwirtschaft, sowie in Nebenbetrieben der Landwirtschaft Beschäftigten.

Was schreibt der gewerbliche Mutterschutz im einzelnen vor?

1. **Schwangere und stillende Arbeiterinnen** sind auf ihren Wunsch vom Arbeitgeber von einer über acht Stunden täglich hinausgehenden Arbeitszeit zu befreien.

2. **Schwangere Arbeiterinnen** sind berechtigt, die Arbeit auszusetzen, wenn sie durch ärztliches Zeugnis nachweisen, daß ihre Niederkunft voraussichtlich binnen sechs Wochen erfolgen wird.

3. **Wöchnerinnen** dürfen binnen sechs Wochen nach ihrer Niederkunft nicht beschäftigt werden. Die Wiederaufnahme ihrer Arbeit ist an den Ausweis geknüpft, daß seit ihrer Niederkunft wenigstens sechs Wochen verflossen sind. Sie sind berechtigt, der Arbeit während längstens weiterer sechs Wochen (also insgesamt zwölf Wochen) nach der Niederkunft fernzubleiben, wenn sie durch ärztliches Zeugnis nachweisen, daß sie wegen einer Krankheit, die entweder eine Folge ihrer Schwangerschaft oder Niederkunft ist, oder die durch die Schwangerschaft oder Niederkunft eine wesentliche Verschlimmerung erfahren hat, an der Arbeit verhindert sind.

4. **Stillenden Arbeitnehmerinnen** ist auf ihr Verlangen während sechs Monaten nach der Niederkunft die zum Stillen erforderliche Zeit außerhalb der regelmäßigen Arbeitspausen bis zu zweimal eine halbe Stunde oder einmal eine Stunde täglich von der Arbeit freizugeben.

Erwachsen den Arbeitnehmerinnen aus dem Aussetzen der Arbeit vor und nach der Niederkunft Nachteile?

Nein. Solange sie berechtigt sind, die Arbeit auszusetzen, also während eines Zeitraums von sechs Wochen vor und sechs Wochen nach ihrer Niederkunft, sind sie vor Kündigungen ihres Arbeitsplatzes durch den Arbeitgeber kraft Gesetzes geschützt. Ueber diese Zeit hinaus bis längstens zwölf Wochen nach der Niederkunft sind sie vor Kündigungen ihres Arbeitsplatzes nur geschützt, wenn sie infolge einer mit der

Schwangerschaft oder Niederkunft zusammenhängenden ärztlich bescheinigten Krankheit an der Wiederaufnahme der Arbeit verhindert sind (vgl. oben Ziffer 3). Daher ist solchen Arbeiterinnen, die, ohne an einer solchen Krankheit zu leiden, länger als sechs Wochen nach der Niederkunft der Arbeit fernbleiben wollen, dringend zu empfehlen, sich rechtzeitig vor Ablauf der sechs Wochen mit dem Arbeitgeber zu verständigen, um vor Kündigung sicher zu sein.

Wie ist während der gesetzlichen Schonzeit vor und nach der Niederkunft für den notwendigen Unterhalt der Schwangeren und Wöchnerinnen gesorgt?

Sie erhalten die als **Wochenhilfe** bezeichneten Leistungen der Krankenkasse, wenn sie in den letzten zwei Jahren vor der Niederkunft im ganzen mindestens zehn Monate hindurch, hiervon im letzten Jahr vor der Niederkunft aber mindestens sechs Monate hindurch auf Grund der Reichsversicherung oder beim Reichsknappschaftsverein gegen Krankheit versichert gewesen sind. Ist diese Voraussetzung nicht erfüllt, so kann die Schwangere und Wöchnerin bei Bedürftigkeit Gewährung von Wochenfürsorge beim zuständigen Bezirksfürsorgeverband beantragen. Die Wochenhilfe der Krankenkasse umfaßt folgende Leistungen:

1. Bei der Entbindung oder bei Schwangerschaftsbeschwerden Hebammenhilfe, Arzneien, kleinere Heilmittel und erforderlichenfalls ärztliche Behandlung,
2. einen einmaligen Barbeitrag von 10 RM. zu den sonstigen Kosten der Entbindung und bei Schwangerschaftsbeschwerden. Findet eine Entbindung nicht statt, so wird ein Barbeitrag von 6 RM. zu den Kosten bei Schwangerschaftsbeschwerden gewährt,
3. ein Wochengeld in Höhe des Krankengeldes, jedoch mindestens 0,50 RM. täglich für vier zusammenhängende Wochen vor und sechs zusammenhängende Wochen nach der Niederkunft. Das Wochengeld wird solchen Schwangeren für zwei weitere Wochen (also insgesamt für sechs Wochen) **vor** der Entbindung gewährt, die während dieser Zeit keine Beschäftigung gegen Entgelt ausüben und durch ärztliches Zeugnis nachweisen, daß sie voraussichtlich binnen sechs Wochen niederkommen werden.

   Das Wochengeld für die Zeit **vor** der Entbindung ist jeweils sofort (nicht erst am Tag der Entbindung) fällig und von Woche zu Woche auszuzahlen.

   An Stelle des Wochengelds kann die Krankenkasse mit Zustimmung der Wöchnerin Kur und Verpflegung in einem Wöchnerinnenheim gewähren; ferner kann sie Hilfe und Wartung durch Hauspflegerinnen verwilligen und dafür bis zur Hälfte des Wochengeldes abziehen.

4. Solange die Mütter ihre Neugeborenen selbst stillen, erhalten sie ein Stillgeld in Höhe des halben Wochengeldes, jedoch mindestens 0,25 RM. täglich, für die Höchstdauer von zwölf Wochen nach der Niederkunft.

Den Müttern wird dringend empfohlen, Mütterberatungsstellen, Säuglingsfürsorgestellen oder gleichartige Einrichtungen in Anspruch zu nehmen.

Wer überwacht die Durchführung der Bestimmungen über den Mutterschutz (mit Ausnahme der Wochenhilfe)?

Die Gewerbeaufsichtsbeamten und die örtlichen Polizeibehörden.

3.

Internationales Arbeitsrecht

a.

Internationales Abkommen*)

über das Verbot der Nachtarbeit der gewerblichen Arbeiterinnen

v. 26. 9. 1906 (RGBl. 1911 S. 5, 16).

Artikel 1

Die gewerbliche Nachtarbeit soll für alle Arbeiterinnen ohne Unterschied des Alters verboten sein, unter Vorbehalt der nachstehend vorgesehenen Ausnahmen.

Das gegenwärtige Abkommen findet auf alle gewerblichen Betriebe Anwendung, in denen mehr als zehn Arbeiter und Arbeiterinnen beschäftigt werden; es findet in keinem Falle auf Betriebe Anwendung, in denen nur Familienmitglieder beschäftigt werden.

Jedem der vertragschließenden Staaten liegt es ob, zu bestimmen, was unter gewerblichen Arbeiten zu verstehen ist. Jedenfalls sollen darin einbegriffen sein die Bergwerke und Steinbrüche sowie die Gewerbebetriebe, die sich mit der Bearbeitung und Verarbeitung von Rohstoffen befassen. Die Gesetzgebung jedes Landes soll in letzterer Hinsicht die Grenze ziehen zwischen dem Gewerbe einerseits und der Landwirtschaft und dem Handel andererseits.

Artikel 2

Die Nachtruhe, die der vorhergehende Artikel im Auge hat, soll eine Dauer von mindestens elf aufeinander folgenden Stunden haben; in diese

---

*) Wegen des Geltungsbereichs: Vgl. die Bekanntmachung betreffend die Hinterlegung der Ratifikationsurkunden Deutschlands, Oesterreich-Ungarns, Belgien, Frankreichs, Großbritanniens und Irlands, Luxemburgs, der Niederlande, Portugals und der Schweiz zu dem am 26. September 1906 in Bern unterzeichneten Internationalen Abkommen über das Verbot der Nachtarbeit der gewerblichen Arbeiterinnen sowie den Beitritt Italiens und Schwedens zu diesem Abkommen. Vom 31. Dezember 1910, im RGBl. 1911 S. 16.

elf Stunden muß, wie auch sonst die Gesetzgebung eines jeden Staates sein mag, der Zeitraum zwischen 10 Uhr abends und 5 Uhr morgens einbegriffen sein.

Jedoch kann in den Staaten, in denen die Nachtarbeit der erwachsenen gewerblichen Arbeiterinnen noch nicht geordnet ist, die Dauer der ununterbrochenen Nachtruhe übergangsweise für eine Zeit von höchstens drei Jahren auf zehn Stunden beschränkt werden.

Artikel 3

Das Verbot der Nachtarbeit kann außer Kraft gesetzt werden:

1. im Falle höherer Gewalt, sofern in einem Betrieb eine Arbeitsunterbrechung eintritt, die unmöglich vorherzusehen war und sich nicht zeitweilig wiederholt;
2. falls die Arbeit solche Rohstoffe oder in Bearbeitung befindliche Stoffe, die einer sehr schnellen Veränderung unterliegen, zum Gegenstande hat, sofern es zur Bewahrung der Stoffe vor sonst unvermeidlichem Verderben notwendig ist.

Artikel 4

Die Dauer der ununterbrochenen Nachtruhe kann in den dem Einflusse der Jahreszeiten unterworfenen Gewerben und bei dem Vorhandensein außerordentlicher Umstände in allen Betrieben an sechzig Tagen im Jahre bis auf zehn Stunden herabgesetzt werden.

Artikel 5

Jedem der vertragschließenden Staaten liegt es ob, diejenigen Verwaltungsmaßregeln zu treffen, die notwendig sind, um in seinem Gebiete die strenge Durchführung der Bestimmungen des gegenwärtigen Abkommens sicherzustellen.

Die Regierungen werden einander die in ihren Ländern über den Gegenstand des gegenwärtigen Abkommens jetzt oder künftig geltenden Gesetze und Verordnungen sowie die zeitweilig über deren Anwendung erstatteten Berichte auf diplomatischem Wege mitteilen.

Folgen Artikel 6—16
— die hier nicht interessieren —

---

b.

Washingtoner Uebereinkommen
betreffend die Beschäftigung der Frauen vor und nach der Niederkunft

Vom 16. 7. 27 (R. II 497).

Artikel 1

Als „gewerbliche Betriebe" im Sinne dieses Uebereinkommens gelten insbesondere:

a) Bergwerke, Steinbrüche und andere Anlagen zur Gewinnung von Bodenschätzen;

b) Gewerbe, in denen Gegenstände hergestellt, umgeändert, gereinigt, ausgebessert, verziert, fertiggestellt, verkaufsbereit gemacht oder in denen Stoffe umgearbeitet werden, mit Einschluß des Schiffbaus, der Abbruchunternehmungen, der Erzeugung, Umformung und Uebertragung von motorischer Kraft irgendwelcher Art und von Elektrizität;

c) der Bau, der Wiederaufbau, die Instandhaltung, die Ausbesserung, der Umbau oder der Abbruch von Bauwerken, Eisenbahnen, Straßenbahnen,

Häfen, Docks, Dämmen, Kanälen, Anlagen für die Binnenschiffahrt, Straßen, Tunneln, Brücken, Straßenüberführungen, Abwässerkanälen, Brunnenschächten, Telegraph- und Telephonanlagen, elektrischen Anlagen, Gas- und Wasserwerken und anderen Bauarbeiten sowie die dazu nötigen Vor- und Grundarbeiten;

d) die Beförderung von Personen oder Gütern auf Straßen, Eisenbahnen, Binnengewässern oder zur See, inbegriffen der Verkehr mit Gütern in Docks, auf Ausladeplätzen, Werften und in Lagerhäusern, mit Ausnahme der Handbeförderung.

Als „Handelsbetrieb" im Sinne dieses Uebereinkommens gilt jede Stelle, an der Waren verkauft werden oder Handel getrieben wird.

In jedem Lande bestimmt die zuständige Behörde die Grenze zwischen Gewerbe und Handel einerseits und Landwirtschaft anderseits.

Artikel 2

Im Sinne dieses Uebereinkommens gilt als „Frau" jede Person weiblichen Geschlechts ohne Unterschied des Alters oder der Staatsangehörigkeit, gleichviel ob sie verheiratet oder ledig ist, und als „Kind" jedes Kind, gleichviel ob es ehelich oder unehelich ist.

Artikel 3

In allen öffentlichen oder privaten gewerblichen oder Handelsbetrieben oder deren Nebenbetrieben — mit Ausnahme derjenigen, in denen lediglich Mitglieder einer und derselben Familie beschäftigt sind —

a) darf eine Frau während sechs Wochen nach ihrer Niederkunft nicht beschäftigt werden;

b) ist jede Frau berechtigt, die Arbeit zu verlassen, wenn sie ein ärztliches Zeugnis beibringt, daß ihre Niederkunft voraussichtlich innerhalb sechs Wochen stattfinden wird;

c) erhält jede Frau während ihrer gemäß Absatz a) und b) dauernden Abwesenheit eine Unterstützung, die ausreicht, um sie und ihr Kind in guten gesundheitlichen Verhältnissen zu erhalten. Diese Unterstützung, deren genauer Betrag durch die zuständige Behörde jedes Landes festzusetzen ist, ist entweder aus öffentlichen Mitteln zu bestreiten oder durch eine Versicherung aufzubringen. Außerdem hat die Frau Anspruch auf unentgeltliche Behandlung durch einen Arzt oder eine Hebamme. Irrt sich der Arzt oder die Hebamme in der Berechnung der Zeit der Niederkunft, so hat die Frau dennoch Anspruch auf diese Unterstützung von dem aus dem ärztlichen Zeugnis sich ergebenden Zeitpunkt an bis zu ihrer Entbindung;

d) ist jeder Frau, die ihr Kind selbst nährt, während der Arbeitszeit zum Stillen täglich zweimal je eine halbe Stunde freizugeben.

Artikel 4

Verläßt eine Frau gemäß Absatz a) und b) von Artikel 3 dieses Uebereinkommens ihre Arbeit oder bleibt sie ihr während längerer Zeit infolge einer Krankheit fern, die durch ärztliches Zeugnis als Folge ihrer Schwangerschaft oder Niederkunft erklärt worden ist, und die sie zur Wiederaufnahme der Arbeit unfähig macht, so darf der Arbeitgeber ihr weder während der Abwesenheit noch auf einen solchen Zeitpunkt kündigen, daß die Kündigungsfrist während ihrer Abwesenheit abläuft, sofern letztere nicht eine von der zuständigen Behörde des Landes festzusetzende Höchstdauer überschreitet.

Artikel 5—12

— betreffen Ratifikation u. Kündigung —

C.

Internationales Uebereinkommen
zur Bekämpfung des Mädchenhandels
vom 4. 5. 10 (R. 1331).

Artikel 1

Wer, um der Unzucht eines anderen Vorschub zu leisten, eine minderjährige Frau oder ein minderjähriges Mädchen, selbst mit deren Einwilligung, zu unsittlichem Zwecke anwirbt, verschleppt oder entführt, soll bestraft werden, auch wenn die einzelnen Tatsachen, welche die Merkmale der strafbaren Handlung bilden, auf verschiedene Länder entfallen.

Artikel 2

Ferner soll bestraft werden, wer, um der Unzucht eines anderen Vorschub zu leisten, eine volljährige Frau oder ein volljähriges Mädchen durch Täuschung oder mittels Gewalt, Drohung, Mißbrauchs des Ansehens oder durch irgendein anderes Zwangsmittel zu unsittlichem Zwecke anwirbt, verschleppt oder entführt, auch wenn die einzelnen Tatsachen, welche die Merkmale der strafbaren Handlung bilden, auf verschiedene Länder entfallen.

Artikel 3

Die vertragschließenden Teile, deren Gesetzgebung nicht bereits ausreichen sollte, um die in den beiden vorhergehenden Artikeln vorgesehenen strafbaren Handlungen zu bekämpfen, verpflichten sich, diejenigen Maßnahmen zu treffen oder ihren gesetzgebenden Körperschaften vorzuschlagen, die erforderlich sind, damit diese strafbaren Handlungen ihrer Schwere entsprechend bestraft werden.

Artikel 4

Die vertragschließenden Teile werden sich durch Vermittlung der Regierung der Französischen Republik die Gesetze mitteilen, die mit Beziehung auf den Gegenstand dieses Uebereinkommens in ihren Staaten schon erlassen sind oder noch erlassen werden.

Artikel 5

Die in den Artikeln 1, 2 vorgesehenen strafbaren Handlungen sollen vom Tage des Inkrafttretens dieses Uebereinkommens an ohne weiteres als in die Aufzählung derjenigen strafbaren Handlungen aufgenommen gelten, deretwegen die Auslieferung nach den unter den vertragschließenden Teilen bereits bestehenden Vereinbarungen stattfindet.

Soweit die vorstehende Abrede nicht ohne Aenderung der bestehenden Gesetzgebung wirksam werden kann, verpflichten sich die vertragschließenden Teile, die erforderlichen Maßnahmen zu treffen oder ihren gesetzgebenden Körperschaften vorzuschlagen.

Artikel 6

Die Uebermittlung der Ersuchungsschreiben, die sich auf die in diesem Uebereinkommen bezeichneten strafbaren Handlungen beziehen, soll erfolgen:

1. im unmittelbaren Verkehr unter den Gerichtsbehörden,
   oder
2. durch Vermittlung des diplomatischen oder konsularischen Vertreters des ersuchenden Landes in dem ersuchten Lande, welcher das Ersuchungsschreiben unmittelbar der zuständigen Gerichtsbehörde sendet und unmittelbar von dieser Behörde die Urkunden empfängt, aus denen sich die Erledigung des Ersuchens ergibt

(in diesen beiden Fällen soll stets zu gleicher Zeit Abschrift des Ersuchungsschreibens an die Oberbehörde des ersuchten Staates gerichtet werden),

oder

3. auf diplomatischem Wege.

Jeder vertragschließende Teil wird durch eine Mitteilung an einen jeden der anderen vertragschließenden Teile diejenige oder diejenigen der vorbezeichneten Uebermittlungsarten bekanntgeben, die er für die von diesem Staate ausgehenden Ersuchungsschreiben zuläßt.

Alle Schwierigkeiten, die etwa aus Anlaß der in den Fällen Nr. 1 und 2 dieses Artikels erfolgten Uebermittlungen entstehen, werden auf diplomatischem Wege geregelt.

Vorbehaltlich anderweitiger Uebereinkunft muß das Ersuchungsschreiben in der Sprache der ersuchten Behörde oder in der zwischen den beiden beteiligten Staaten vereinbarten Sprache abgefaßt oder doch von einer Uebersetzung in eine dieser Sprachen begleitet sein, die durch einen diplomatischen oder konsularischen Vertreter des ersuchenden Staates oder durch einen vereidigten Dolmetscher des ersuchten Staates beglaubigt ist.

Für die Erledigung von Ersuchen dürfen Gebühren oder Auslagen irgendwelcher Art nicht erhoben werden.

Artikel 7

Die vertragschließenden Teile verpflichten sich, einander die Strafnachrichten mitzuteilen, sofern es sich um Zuwiderhandlungen der in diesem Uebereinkommen bezeichneten Art handelt, deren Tatbestandsmerkmale auf verschiedene Länder entfallen.

Diese Urkunden sollen durch die Behörden, die gemäß Artikel 1 des am 18. Mai 1904 in Paris getroffenen Abkommens bestellt sind, den gleichartigen Behörden der anderen Vertragsstaaten unmittelbar übermittelt werden.

Artikel 8—12

— betreffen Ratifikation u. Kündigung —

Schlußprotokoll

Im Begriffe, zur Unterzeichnung des Uebereinkommens von heute zu schreiten, halten es die unterzeichneten Bevollmächtigten für angezeigt, darauf hinzuweisen, in welchem Sinne die Artikel 1, 2 und 3 dieses Uebereinkommens zu verstehen sind und wie es demzufolge wünschenswert ist, daß die Vertragsstaaten bei der Ausübung ihrer Gesetzgebungshoheit für die Ausführung der getroffenen Abreden oder deren Ergänzungen Vorsorge treffen.

A. Die Bestimmungen der Artikel 1 und 2 sollen als ein Mindestmaß in dem Sinne angesehen werden, daß selbstverständlich die vertragschließenden Regierungen völlig unbehindert bleiben, andere strafbare Handlungen gleicher Art zu bestrafen, wie beispielsweise die Anwerbung einer Volljährigen, auch wenn weder Täuschung noch Zwang vorliegt.

B. Bei der Bekämpfung der in den Artikeln 1, 2 vorgesehenen strafbaren Handlungen sind die Worte „minderjährige Frau oder minderjähriges Mädchen und volljährige Frau oder volljähriges Mädchen" so zu verstehen, daß sie die Frauen oder die Mädchen bezeichnen, die das zwanzigste Lebensjahr noch nicht vollendet oder die es bereits vollendet haben. Doch kann ein Gesetz ein höheres Schutzalter unter der Bedingung festsetzen, daß es für die Frauen und die Mädchen jeder Staatsangehörigkeit zu gelten hat.

C. Bei der Bekämpfung dieser strafbaren Handlungen sollte das Gesetz in allen Fällen eine Freiheitsstrafe androhen, unbeschadet aller sonstigen Haupt- oder Nebenstrafen; es sollte auch, unabhängig von dem Alter des Opfers, den einzelnen erschwerenden Umständen Rechnung tragen, die im Einzelfalle zusammentreffen können, wie diejenigen, welche in dem Artikel 2 vorgesehen sind oder wie die Tatsache, daß das Opfer wirklich der Unzucht zugeführt worden ist.

D. Der Fall, daß eine Frau oder ein Mädchen gegen ihren Willen in einem öffentlichen Hause zurückgehalten wird, hat trotz seiner Schwere in dem vorliegenden Uebereinkommen nicht Aufnahme finden können, weil er ausschließlich unter die innere Gesetzgebung fällt.

Dieses Schlußprotokoll soll als ein wesentlicher Bestandteil des heutigen Uebereinkommens angesehen werden und gleiche Kraft, Geltung und Dauer haben.

---

d.

Ausführungsgesetz

zu dem internationalen Uebereinkommen zur Bekämpfung des Mädchenhandels vom 4. Mai 1910

Vom 14. August 1912. (R. 13, 44.)

§ 1.

Gemäß der Abrede im Artikel 5 des internationalen Uebereinkommens zur Bekämpfung des Mädchenhandels vom 4. Mai 1910 gelten die in den Artikeln 1, 2 des Uebereinkommens vorgesehenen strafbaren Handlungen ohne weiteres als unter die strafbaren Handlungen aufgenommen, deretwegen die Auslieferung nach den Auslieferungsverträgen des Reichs mit denjenigen fremden Staaten stattzufinden hat, für welche die Abrede wirksam ist.

§ 2.

Für welche fremden Staaten die im § 1 erwähnte Abrede wirksam ist, bestimmt sich nach der hierüber im Reichs-Gesetzblatt zu veröffentlichenden Bekanntmachung des Reichskanzlers.

4.

Deutsches Recht

a.

Arbeitszeitverordnung vom 21. 12. 1923 (R. I 1249) § 9

Abgedr. unten bei m.

---

b.

Gaststättengesetz

v. 28. 4. 30 (R. I 146).

I. Erlaubnis zum Gewerbebetriebe

§ 1

(1) Wer Gastwirtschaft, Schankwirtschaft oder Kleinhandel mit Branntwein betreiben will, bedarf dazu der Erlaubnis. Die

Erlaubnis kann auch juristischen Personen sowie nichtrechtsfähigen Vereinen erteilt werden.

(2) Die Erlaubnis darf nur erteilt werden, wenn ein Bedürfnis nachgewiesen ist.

(3) Die Reichsregierung kann mit Zustimmung des Reichsrats die Voraussetzungen bestimmen,

a) unter denen ein Bedürfnis (Abs. 2) für die Erlaubniserteilung anzuerkennen oder zu verneinen ist,

b) unter denen der Handel mit Branntwein als Kleinhandel im Sinne dieses Gesetzes anzusehen ist.

Soweit die Reichsregierung Bestimmungen hierüber nicht erlassen hat, können die obersten Landesbehörden sie erlassen.

§ 2

(1) Wird ein Bedürfnis nachgewiesen (§ 1 Abs. 2), so ist die Erlaubnis nur zu versagen,

1. wenn Tatsachen die Annahme rechtfertigen, daß der Antragsteller die für den Gewerbebetrieb erforderliche Zuverlässigkeit nicht besitzt, insbesondere dem Trunke ergeben ist oder das Gewerbe zur Förderung der Schlemmerei, der Völlerei, des Glücksspiels, der Hehlerei, unlauterer Handelsgeschäfte oder der Unsittlichkeit oder zur Ausbeutung Unerfahrener, Leichtsinniger oder Willensschwacher, zur sittlichen oder gesundheitlichen Schädigung Jugendlicher oder zum Vertriebe gesundheitsschädlicher, verfälschter oder verdorbener Nahrungs- oder Genußmittel mißbrauchen wird,

2. wenn Tatsachen die Annahme rechtfertigen, daß der Antragsteller die Vorschriften über die Beschäftigung von Arbeitern und Angestellten nicht einhalten wird, insbesondere wenn der Antragsteller wegen Verstoßes gegen diese Vorschriften erheblich vorbestraft ist,

3. wenn die zum Betriebe des Gewerbes oder die zum Aufenthalte der Arbeiter und Angestellten des Betriebs bestimmten Räume wegen ihrer Beschaffenheit oder Lage den polizeilichen Anforderungen nicht genügen,

4. wenn die Verwendung der Räume für den Betrieb des Gewerbes dem öffentlichen Interesse widerspricht,

5. wenn die zum Betriebe bestimmten Räume in der in Ziffer 1 genannten Art mißbraucht worden sind, sofern nicht anzunehmen ist, daß der Betrieb ordnungsmäßig geführt werden wird.

(2) Bei juristischen Personen oder bei nichtrechtsfähigen Vereinen gelten als Antragsteller im Sinne des Abs. 1 Ziffer 1 und 2 die vertretungsberechtigten Personen.

§ 17

(1) Die Beschäftigung einer Person bei der Leitung oder Beaufsichtigung eines der im § 1 Abs. 1 bezeichneten Betriebe kann von der zuständigen Behörde untersagt werden, wenn die Annahme gerechtfertigt ist, daß die Person die erforderliche Zuverlässigkeit nicht besitzt, insbesondere, wenn die Voraussetzungen des § 2 Abs. 1 Ziffer 1 oder 2 gegeben sind. Die zuständige Behörde kann die Wiederbeschäftigung gestatten, wenn seit der Untersagung mindestens ein Jahr verflossen ist.

(2) Ueber die Zulassung, das Verhalten und die Art der Entlohnung weiblicher Arbeitnehmer in Gast- oder Schankwirtschaften sind von der obersten Landesbehörde oder der von ihr bestimmten Behörde Bestimmungen zu erlassen, soweit dies nicht schon geschehen ist.

VI. Strafvorschriften

§ 29

Mit Haft und mit Geldstrafe bis zu einhundertfünfzig Reichsmark oder mit einer dieser Strafen wird bestraft, wer

1. als Betriebsinhaber oder dessen Stellvertreter die nach § 11 gemachten Auflagen nicht vollzieht,
2. als Betriebsinhaber oder dessen Stellvertreter bei der Leitung oder Beaufsichtigung eines der im § 1 Abs. 1 bezeichneten Betriebe Personen beschäftigt, deren Beschäftigung nach § 17 Abs. 1 untersagt ist,
3. in einem der im § 1 Abs. 1 bezeichneten Betriebe als Stellvertreter tätig ist, obwohl die Erlaubnis hierzu nicht erteilt oder zurückgenommen ist,
4. seine Tätigkeit bei der Leitung oder Beaufsichtigung eines der im § 1 Abs. 1 bezeichneten Betriebe wissentlich fortsetzt, nachdem seine Beschäftigung untersagt worden ist (§ 17 Abs. 1),
5. den auf Grund des § 17 Abs. 2 oder den vor dem Inkrafttreten dieses Gesetzes auf Grund des Gesetzes über weibliche Angestellte in Gast- und Schankwirtschaften vom 15. Januar 1920 (Reichsgesetzbl. S. 69) erlassenen Bestimmungen zuwiderhandelt,
6. als Gast in einer Schankwirtschaft, den Schankräumen einer Gastwirtschaft, in einer Speisewirtschaft oder an einem öffentlichen Vergnügungsort über die Polizeistunde hinaus verweilt, obwohl der Inhaber oder dessen Vertreter oder ein Polizeibeamter ihn aufgefordert hat, wegzugehen,
7. als Inhaber einer Gast- oder Schank- oder Speisewirtschaft oder eines öffentlichen Vergnügungsorts oder als Vertreter des Inhabers duldet, daß ein Gast über die Polizeistunde hinaus in den Schankräumen oder an dem Vergnügungsorte verweilt,
8. den auf Grund des § 15 oder des § 23 Abs. 2 Satz 2 erlassenen Bestimmungen oder den Vorschriften des § 14 Abs. 2 Satz 2 oder des § 16 zuwiderhandelt,
9. die nach § 4 Abs. 3 erforderliche Anzeige nicht oder nicht rechtzeitig macht,
10. als Gast in einer Gast- oder Schankwirtschaft verweilt, die unbefugt betrieben wird,
11. einer Vorschrift zuwiderhandelt, die für bestimmte Anlässe das Verabreichen geistiger Getränke verbietet.

C.

Preußische Verordnung zur Durchführung des Gaststättengesetzes

v. 18. 6. 30 (GS. S. 117).

III.

Hinsichtlich der Zulassung, des Verhaltens und der Art der Entlohnung der in Gast- oder Schankwirtschaften beschäftigten weiblichen Arbeitnehmer wird folgendes bestimmt:

1. Der Inhaber einer Gast- oder Schankwirtschaft, oder dessen Stellvertreter, falls das Gewerbe durch einen solchen ausgeübt wird, hat, sofern er beabsichtigt, weibliche Arbeitnehmer mit der Bedienung oder Unterhaltung der Gäste derart zu beschäftigen, daß ein unmittelbarer Verkehr mit den Gästen stattfindet (z. B. Kellnerinnen, Zimmermädchen, Garderobenfrauen, Eintänzerinnen), diese Absicht wenigstens 24 Stunden vor der Einstellung von weiblichen Arbeitnehmern der Ortspolizeibehörde anzuzeigen.

2. Die Ortspolizeibehörde kann die Beschäftigung von weiblichen Arbeitnehmern in Gast- oder Schankwirtschaften in der unter Ziffer 1 angedeuteten Art untersagen, wenn diese Beschäftigung die Gesundheit der weiblichen Arbeitnehmer oder die Aufrechterhaltung der guten Sitten gefährdet.

Die Untersagung muß erfolgen:

a) wenn die Persönlichkeit des Erlaubnisinhabers, seines Stellvertreters und der im § 17 Abs. 1 Satz 1 des Gaststättengesetzes erwähnten Personen keine hinreichende Gewähr für einen genügenden Schutz der weiblichen Arbeitnehmer gegen sittliche oder gesundheitliche Gefahren bietet;

b) wenn die dem Betriebe der Gast- oder Schankwirtschaft dienenden Räume nach ihrer Anlage eine Gefährdung der weiblichen Arbeitnehmer in sittlicher oder gesundheitlicher Hinsicht wahrscheinlich machen, insbesondere, wenn die dem Schankbetriebe dienenden Räume schwer zugänglich oder mit Einrichtungen versehen sind, wodurch Räume oder Sitzgelegenheiten dem freien Blicke entzogen werden;

c) wenn Tatsachen die Annahme rechtfertigen, daß die Beschäftigung von weiblichen Arbeitnehmern hauptsächlich erfolgen soll, um Gäste anzulocken und durch Animierbetrieb den Umsatz zu steigern.

3. Der Betriebsinhaber oder dessen Stellvertreter, falls das Gewerbe durch einen solchen ausgeübt wird, hat der Ortspolizeibehörde jede Einstellung und Entlassung von weiblichen Arbeitnehmern, die gemäß Ziffer 1 beschäftigt werden, binnen 24 Stunden anzuzeigen.

4. Die Beschäftigung von weiblichen Arbeitnehmern unter 18 Jahren in der in Ziffer 1 bezeichneten Art ist nur mit Genehmigung der Ortspolizeibehörde zulässig.

5. Wenn ein weiblicher Arbeitnehmer bei Ausübung seines Berufs die guten Sitten oder den Anstand gröblich verletzt, so kann die Ortspolizeibehörde dem Betriebsinhaber oder dessen Stellvertreter, falls das Gewerbe durch einen solchen ausgeübt wird, die Beschäftigung eines derartigen Arbeitnehmers in der unter Ziffer 1 angedeuteten Art untersagen.

6. Die Untersagung der Beschäftigung in den Fällen der Ziffern 2 und 5 und die Versagung der Genehmigung im Falle der Ziffer 4 gilt als polizeiliche Verfügung.

7. Der Betriebsinhaber oder dessen Stellvertreter, falls das Gewerbe durch einen solchen ausgeübt wird, hat ein fortlaufendes Verzeichnis der gemäß Ziffer 1 beschäftigten weiblichen Arbeitnehmer zu führen, in seinem Betrieb aufzubewahren und den zuständigen Polizei- oder Gewerbeaufsichtsbeamten auf Verlangen jederzeit vorzulegen.

8. Die durch Ziffer 3 vorgeschriebene Anzeige und das durch Ziffer 7 vorgeschriebene Verzeichnis hat folgende Angaben zu enthalten:

a) Vor- und Zuname der weiblichen Arbeitnehmer;
b) Art der Beschäftigung der weiblichen Arbeitnehmer;
c) Geburtstag der weiblichen Arbeitnehmer;
d) Geburtsort der weiblichen Arbeitnehmer;
e) Wohnung (Straße und Hausnummer) der weiblichen Arbeitnehmer;
f) Tag der Einstellung der weiblichen Arbeitnehmer;
g) evtl. Tag der Entlassung der weiblichen Arbeitnehmer;
h) Höhe des vereinbarten Lohnes der weiblichen Arbeitnehmer.

9. Die Beschäftigung von weiblichen Arbeitnehmern gemäß Ziffer 1 ist nur gegen festen und ausreichenden Barlohn zulässig. Tariflöhne gelten als ausreichend. Auf den Lohn dürfen die Kosten der Verpflegung und gegebenenfalls auch der Wohnung in ortsüblicher Weise angerechnet werden. Sonstige Abzüge sind verboten, es sei denn, daß sie gesetzlich ausdrücklich zugelassen sind. Ebenso ist jede Beteiligung am Umsatz oder Gewinne verboten, sofern und soweit darüber keine tarifliche Vereinbarung getroffen ist.

Dienstverträge sind schriftlich abzuschließen und der Ortspolizeibehörde bei der Anmeldung vorzulegen.

Abweichungen sind nur auf Grund von Tarifverträgen zulässig.

10. Auf das Vorhandensein weiblicher Bedienung darf nicht durch öffentliche Ankündigungen oder Zeichen an den Wirtshäusern hingewiesen werden.

11. Den weiblichen Arbeitnehmern ist verboten:

a) durch auffälliges oder ungeziemendes Benehmen Gäste anzulocken;
b) von Gästen für sich oder für andere Personen Speisen oder Getränke zu erbitten oder anzunehmen oder die Gäste zum Trinken anzureizen.

12. Die Ehefrau des Betriebsinhabers oder seines Stellvertreters ist als weiblicher Arbeitnehmer im Sinne dieser Bestimmung nicht anzusehen.

Die Vorschriften der Ziffern 3, 4, 7 und 9 finden keine Anwendung auf die weiblichen Arbeitnehmer, die mit dem Betriebsinhaber oder dessen Stellvertreter in auf- oder absteigender Linie verwandt oder verschwägert sind.

13. Die Ziffern 3, 4 und 7 gelten nicht für den Regierungsbezirk Sigmaringen.

14. Die Ortspolizeibehörden werden ermächtigt, im Einvernehmen mit den Gewerbeaufsichtsbeamten nach Anhörung der örtlichen oder bezirksweisen Berufsvertretung der Arbeitgeber und Arbeitnehmer der beteiligten Gewerbe unter Vorbehalt des jederzeitigen Widerrufs von den Vorschriften der Ziffern 3 und 7 Ausnahmen zuzulassen. Der Widerruf der Ausnahme gilt als polizeiliche Verfügung.

15. Inhaber von Gast- oder Schankwirtschaften oder deren Stellvertreter, die den Vorschriften der Ziffern 1, 3, 4, 7, 8, 9 oder 10 zuwiderhandeln oder weibliche Arbeitnehmer trotz eines durch die Ortspolizeibehörde auf Grund der Ziffer 2 oder 5 rechtskräftig erlassenen oder gemäß § 53 Satz 2 des Landesverwaltungsgesetzes für sofort durchführbar erklärten Verbotes weiterbeschäftigen und weibliche Arbeitnehmer, die dem Verbote nach Ziffer 11 zuwiderhandeln, werden gemäß § 29 Ziffer 5 des Gaststättengesetzes mit Haft und mit Geldstrafe bis zu 150 RM. oder mit einer dieser Strafen bestraft.

d.

Gewerbeordnung für das Deutsche Reich

v. 21. 6. 69, i. d. F. der Bek. v. 26. 7. 00 (R 871) mit den späteren Aenderungen.
— Stand: September 1932 —

§ 60b

Minderjährigen Personen kann in dem Wandergewerbescheine die Beschränkung auferlegt werden, daß sie das Gewerbe nicht nach Sonnenuntergang, und minderjährigen Personen weiblichen Geschlechts kann außerdem die Beschränkung auferlegt werden, daß sie dasselbe nur auf öffentlichen Wegen, Straßen und Plätzen, nicht aber von Haus zu Haus betreiben dürfen.

Desgleichen kann von der Ortspolizeibehörde minderjährigen Personen verboten werden, daß sie innerhalb des Polzeibezirks die im § 59 Ziffer 1 und 2 aufgeführten Gegenstände nach Sonnenuntergang, und minderjährigen Personen weiblichen Geschlechts, daß sie dieselben Gegenstände von Haus zu Haus feilbieten.

Das Feilbieten der im § 59 Ziffer 1 und 2 bezeichneten Gegenstände durch Kinder unter vierzehn Jahren kann von der Ortspolizeibehörde verboten werden.

§ 59.

Eines Wandergewerbescheins bedarf nicht:

1. wer selbstgewonnene oder rohe Erzeugnisse der Land- und Forstwirtschaft, des Garten- und Obstbaues, der Geflügel- und Bienenzucht sowie selbstgewonnene Erzeugnisse der Jagd und Fischerei feilbietet;
2. wer in der Umgegend seines Wohnorts bis zu 15 Kilometer Entfernung von demselben selbstverfertigte Waren, welche zu den Gegenständen des Wochenmarktverkehrs gehören, feilbietet oder gewerbliche Leistungen, hinsichtlich deren dies Landesgebrauch ist, anbietet;
3. wer selbstgewonnene Erzeugnisse oder selbstverfertigte Waren, hinsichtlich deren dies Landesgebrauch ist, zu Wasser anfährt und von dem Fahrzeuge aus feilbietet;
4. wer bei öffentlichen Festen, Truppenzusammenziehungen oder anderen außergewöhnlichen Gelegenheiten mit Erlaubnis der Ortspolizeibehörde die von derselben zu bestimmenden Waren feilbietet.

Die Landesregierungen können in weiterem Umfange den Gewerbebetrieb im Umherziehen mit Gegenständen des gemeinen Verbrauchs ohne Wandergewerbeschein innerhalb ihres Gebiets gestatten.

§ 120e

Durch Beschluß des Bundesrats[1]) können Vorschriften darüber erlassen werden, welchen Anforderungen in bestimmten Arten von

Anlagen zur Durchführung der in den §§ 120a bis 120c enthaltenen Grundsätze zu genügen ist[2]). In diesen Bestimmungen können auch Anordnungen über das Verhalten der Arbeiter im Betriebe zum Schutze von Leben und Gesundheit aufgenommen werden. Eine Abschrift oder ein Abdruck der Anordnungen ist an geeigneter, allen beteiligten Arbeitern zugänglicher Stelle auszuhängen und in lesbarem Zustand zu erhalten.

Soweit solche Vorschriften durch Beschluß des Bundesrats[2]) nicht erlassen sind, können dieselben durch Anordnung der Landeszentralbehörden oder durch Polizeiverordnungen der zuständigen Polizeibehörden erlassen werden. Vor dem Erlasse solcher Anordnungen und Polizeiverordnungen ist den Vorständen der beteiligten Berufsgenossenschaften oder Berufsgenossenschafts-Sektionen Gelegenheit zu einer gutachtlichen Aeußerung zu geben. Auf diese finden die Bestimmungen des § 113 Abs. 2, 4 und des § 115 Abs. 4 Satz 1 des Gewerbe-Unfallversicherungsgesetzes (Reichs-Gesetzbl. 1900 S. 573, 585) Anwendung[3]).

---

1. Jetzt der Reichsregierung mit Zustimmung des Reichsrats.

2. Siehe das Verzeichnis dieser Ausführungsbestimmungen hinter § 139a.

3. Jetzt sind maßgebend die §§ 853 ff. der RVO.; siehe unten 3f.

§ 1341

Auf Betriebe, in denen in der Regel mindestens zehn Arbeiter beschäftigt werden, finden, unbeschadet des § 133h, die nachfolgenden Bestimmungen der §§ 135 bis 139aa Anwendung. Das gilt für Betriebe, in denen regelmäßig zu gewissen Zeiten des Jahres ein vermehrtes Arbeitsbedürfnis eintritt, schon dann, wenn zu diesen Zeiten mindestens zehn Arbeiter beschäftigt werden.

§ 137

Arbeiterinnen dürfen nicht in der Nachtzeit von acht Uhr abends bis sechs Uhr morgens und am Sonnabend sowie an Vorabenden der Festtage nicht nach fünf Uhr nachmittags beschäftigt werden.

Die Beschäftigung von Arbeiterinnen darf die Dauer von zehn Stunden täglich, an den Vorabenden der Sonn- und Festtage von acht Stunden, nicht überschreiten.

Zwischen den Arbeitsstunden muß den Arbeiterinnen eine mindestens einstündige Mittagspause gewährt werden.

Nach Beendigung der täglichen Arbeitszeit ist den Arbeiterinnen eine ununterbrochene Ruhezeit von mindestens elf Stunden zu gewähren.

Arbeiterinnen, welche ein Hauswesen zu besorgen haben, sind auf ihren Antrag eine halbe Stunde vor der Mittagspause zu entlassen, sofern diese nicht mindestens eine und eine halbe Stunde beträgt.

Arbeiterinnen dürfen nicht in Kokereien und nicht zum Transporte von Materialien bei Bauten aller Art verwendet werden[1]).

---

1. Der frühere Abs. 6 des § 137 ist durch § 6 des G. über die Beschäftigung vor und nach der Niederkunft — oben S. 61 — aufgehoben worden.

§ 137a

Arbeiterinnen und jugendlichen Arbeitern darf für die Tage, an welchen sie in dem Betriebe die gesetzlich zulässige Arbeitszeit hindurch beschäftigt waren, Arbeit zur Verrichtung außerhalb des Betriebs vom Arbeitgeber überhaupt nicht übertragen oder für Rechnung Dritter überwiesen werden.

Für die Tage, an welchen die Arbeiterinnen oder jugendlichen Arbeiter in dem Betriebe kürzere Zeit beschäftigt waren, ist diese Uebertragung oder Ueberweisung nur in dem Umfange zulässig, in welchem Durchschnittsarbeiter ihrer Art die Arbeit voraussichtlich in dem Betriebe während des Restes der gesetzlich zulässigen Arbeitszeit würden herstellen können, und für Sonn- und Festtage überhaupt nicht.

Bei Zuwiderhandlungen gegen die Bestimmung des Abs. 2 kann die zuständige Polizeibehörde auf Antrag oder nach Anhörung des zuständigen Gewerbeaufsichtsbeamten (§ 139b) im Wege der Verfügung für einzelne Betriebe die Uebertragung oder Ueberweisung solcher Arbeit entsprechend den Bestimmungen des Abs. 2 beschränken oder von besonderen Bedingungen abhängig machen. Vor Erlaß solcher Verfügungen hat der Gewerbeaufsichtsbeamte beteiligten Arbeitgebern und Arbeitern, wo ständige Arbeiterausschüsse (§ 134h) bestehen, diesen Gelegenheit zu geben, sich zu äußern.

Gegen die Verfügung der Polizeibehörde steht dem Gewerbeunternehmer binnen zwei Wochen die Beschwerde an die höhere Verwaltungsbehörde zu. Gegen die Entscheidung der höheren Verwaltungsbehörde ist binnen vier Wochen die Beschwerde an die Zentralbehörde zulässig; diese entscheidet endgültig.

§ 138

Sollen Arbeiterinnen oder jugendliche Arbeiter beschäftigt werden, so hat der Arbeitgeber vor dem Beginne der Beschäftigung der Ortspolizeibehörde eine schriftliche Anzeige zu machen. In der Anzeige sind der Betrieb, die Wochentage, an welchen die Beschäftigung stattfinden soll, Beginn und Ende der Arbeitszeit und der Pausen sowie die Art der Beschäftigung anzugeben. Eine Aenderung hierin darf, abgesehen von Verschiebungen, welche durch Ersetzung behinderter Arbeiter für einzelne Arbeitsschichten notwendig werden, nicht erfolgen, bevor eine entsprechende weitere Anzeige der Behörde gemacht ist.

In jedem Betriebe hat der Arbeitgeber dafür zu sorgen, daß in denjenigen Räumen, in welchen jugendliche Arbeiter beschäftigt werden, an einer in die Augen fallenden Stelle ein Verzeichnis der jugendlichen Arbeiter unter Angabe ihrer Arbeitstage sowie des Beginns und Endes ihrer Arbeitszeit und der Pausen ausgehängt ist. Ebenso hat er dafür zu sorgen, daß in den betreffenden Räumen eine Tafel ausgehängt ist, welche in der von der Zentralbehörde zu bestimmenden Fassung und in deutlicher Schrift einen Auszug aus den Bestimmungen über die Beschäftigung von Arbeiterinnen und jugendlichen Arbeitern enthält.

§ 138a

Wegen außergewöhnlicher Häufung der Arbeit kann auf Antrag des Arbeitgebers die untere Verwaltungsbehörde auf die Dauer von zwei Wochen die Beschäftigung von Arbeiterinnen über sechzehn Jahre bis neun Uhr abends an den Wochentagen außer Sonnabend unter der Voraussetzung gestatten, daß die tägliche Arbeitszeit zwölf Stunden nicht überschreitet und die zu gewährende ununterbrochene Ruhezeit nicht weniger als zehn Stunden beträgt. Innerhalb eines Kalenderjahrs darf die Erlaubnis einem Arbeitgeber für seinen Betrieb oder für eine Abteilung seines Betriebs auf mehr als vierzig Tage nicht erteilt werden.

Für eine zwei Wochen übersteigende Dauer kann die gleiche Erlaubnis nur von der höheren Verwaltungsbehörde und auch von dieser für mehr als vierzig Tage, jedoch nicht für mehr als fünfzig Tage im Jahre nur dann erteilt werden, wenn die Arbeitszeit für den Betrieb oder die betreffende Abteilung des Betriebs so geregelt wird, daß ihre tägliche Dauer im Durchschnitte der Betriebstage des Jahres die regelmäßige gesetzliche Arbeitszeit nicht überschreitet.

Der Antrag ist schriftlich zu stellen und muß den Grund, aus welchem die Erlaubnis beantragt wird, die Zahl der in Betracht kommenden Arbeiterinnen, das Maß der längeren Beschäftigung sowie den Zeitraum angeben, für welchen dieselbe stattfinden soll. Der Bescheid der unteren Verwaltungsbehörde auf den Antrag ist binnen drei Tagen schriftlich zu erteilen. Gegen die Versagung der Erlaubnis steht die Beschwerde an die vorgesetzte Behörde zu.

Die untere Verwaltungsbehörde hat über Fälle, in welchen die Erlaubnis erteilt worden ist, ein Verzeichnis zu führen, in welches der Name des Arbeitgebers und die für den schriftlichen Antrag vorgeschriebenen Angaben einzutragen sind.

Die untere Verwaltungsbehörde kann die Beschäftigung von Arbeiterinnen über sechzehn Jahre, welche kein Hauswesen zu besorgen haben und eine Fortbildungsschule nicht besuchen, bei den im § 105c Abs. 1 unter Ziffer 3 und 4 bezeichneten Arbeiten an Sonnabenden und Vorabenden von Festtagen nachmittags nach fünf Uhr, jedoch nicht über acht Uhr abends hinaus unter der Voraussetzung gestatten, daß diese Arbeiterinnen am folgenden Sonn- oder Festtage arbeitsfrei bleiben. Die Erlaubnis ist schriftlich zu erteilen. Eine Abschrift derselben ist in denjenigen Räumen, in welchen die Arbeiterinnen beschäftigt werden, an einer in die Augen fallenden Stelle auszuhängen.

§ 139[1])

Wenn Naturereignisse oder Unglücksfälle den regelmäßigen Betrieb einer Anlage unterbrochen haben, so können Ausnahmen von den im § 135 Abs. 2, 3, in §§ 136, 137 Abs. 1 bis 4 vorgesehenen Beschränkungen auf die Dauer von vier Wochen durch die höhere Verwaltungsbehörde, auf längere Zeit durch den Reichskanzler zugelassen werden. In dringenden Fällen solcher Art sowie zur Verhütung von Unglücksfällen kann die untere Verwaltungsbehörde, jedoch höchstens auf die Dauer von vierzehn Tagen, solche Ausnahmen gestatten.

Wenn die Natur des Betriebs oder Rücksichten auf die Arbeiter in einzelnen Anlagen es erwünscht erscheinen lassen, daß die Arbeitszeit der Arbeiterinnen oder jugendlichen Arbeiter in einer anderen als der durch § 136 Abs. 1, 2, 4, § 137 Abs. 1, 3 vorgesehenen Weise geregelt wird, so kann auf besonderen Antrag eine anderweite Regelung hinsichtlich der Pausen durch die höhere Verwaltungsbehörde, im übrigen durch den Reichskanzler gestattet werden. Jedoch dürfen in solchen Fällen die jugendlichen Arbeiter nicht länger als sechs

Stunden beschäftigt werden, wenn zwischen den Arbeitsstunden nicht Pausen von zusammen mindestens einstündiger Dauer gewährt werden.

Die auf Grund vorstehender Bestimmungen zu treffenden Verfügungen müssen schriftlich erlassen werden. Vor Erlaß von Verfügungen auf Grund des Abs. 2 ist den Arbeitern und, wo ständige Arbeiterausschüsse[2]) auf Grund reichsgesetzlicher oder landesgesetzlicher Vorschriften bestehen, diesen Gelegenheit zu geben, sich gutachtlich zu äußern.

---

1. Jetzt kommen zur Anwendung die einschlägigen Bestimmungen der Vrdg. über die Arbeitszeit i. d. F. der Bek. v. 14. 4. 27 (R. I 110), abgedr. unter 3m.

§ 139a

Der Bundesrat[1]) ist ermächtigt[2]):

1. die Verwendung von Arbeiterinnen sowie von jugendlichen Arbeitern für gewisse Gewerbezweige, die mit besonderen Gefahren für Gesundheit oder Sittlichkeit verbunden sind, gänzlich zu untersagen oder von besonderen Bedingungen abhängig zu machen;
2. für Anlagen, die mit ununterbrochenem Feuer betrieben werden oder die sonst durch die Art des Betriebs auf eine regelmäßige Tag- und Nachtarbeit angewiesen sind, sowie für solche Anlagen, deren Betrieb eine Einteilung in regelmäßige Arbeitsschichten von gleicher Dauer nicht gestattet oder seiner Natur nach auf bestimmte Jahreszeiten beschränkt ist, Ausnahmen von den im § 135 Abs. 2, 3, § 136, § 137 Abs. 1 bis 3 vorgesehenen Bestimmungen zuzulassen, soweit § 136 Abs. 3 in Betracht kommt, jedoch nur für männliche jugendliche Arbeiter;
3. für gewisse Gewerbezweige, soweit die Natur des Betriebs oder die Rücksicht auf die Arbeiter es erwünscht erscheinen lassen, die Abkürzung oder den Wegfall der für jugendliche Arbeiter vorgeschriebenen Pausen zu gestatten;
4. für Gewerbezweige, in denen regelmäßig zu gewissen Zeiten des Jahres ein vermehrtes Arbeitsbedürfnis eintritt, auf höchstens vierzig Tage im Kalenderjahr Ausnahmen von den Bestimmungen des § 137 Abs. 1, 2, 4 mit der Maßgabe zuzulassen, daß die tägliche Arbeitszeit zwölf Stunden, an Sonnabenden acht Stunden nicht überschreitet und die zu gewährende ununterbrochene Ruhezeit nicht weniger als zehn Stunden beträgt. In der ununterbrochenen Ruhezeit müssen die Stunden zwischen zehn Uhr abends und fünf Uhr morgens liegen;
5. für Gewerbezweige, in denen die Verrichtung von Nachtarbeit zur Verhütung des Verderbens von Rohstoffen oder des Mißlingens von Arbeitserzeugnissen dringend erforderlich erscheint, Ausnahmen von den Bestimmungen des § 137 Abs. 1 bis 4 mit der Maßgabe zuzulassen, daß die ununterbrochene Ruhezeit an höchstens sechzig Tagen im Kalenderjahre bis achteinhalb Stunden täglich herabgesetzt werden darf.

In den Fällen zu 2 darf die Dauer der wöchentlichen Arbeitszeit für Kinder sechsunddreißig Stunden, für junge Leute sechzig, für Arbeiterinnen achtundfünfzig Stunden nicht überschreiten. Die Nachtarbeit darf in vierundzwanzig Stunden die Dauer von zehn Stunden

nicht überschreiten und muß in jeder Schicht durch eine oder mehrere Pausen in der Gesamtdauer von mindestens einer Stunde unterbrochen sein. Die Tagschichten und Nachtschichten müssen wöchentlich wechseln.

In den Fällen zu 3 dürfen die jugendlichen Arbeiter nicht länger als sechs Stunden beschäftigt werden, wenn zwischen den Arbeitsstunden nicht eine oder mehrere Pausen von zusammen mindestens einstündiger Dauer gewährt werden.

In den Fällen zu 4 darf die Erlaubnis zur Ueberarbeit für mehr als vierzig Tage, jedoch nicht für mehr als 50 Tage, dann erteilt werden, wenn die Arbeitszeit in der Weise geregelt wird, daß ihre tägliche Dauer im Durchschnitte der Betriebstage des Jahres die regelmäßige gesetzliche Arbeitszeit nicht überschreitet.

Die durch Beschluß des Bundesrats getroffenen Bestimmungen sind zeitlich zu begrenzen und können auch für bestimmte Bezirke erlassen werden. Sie sind durch das Reichs-Gesetzblatt zu veröffentlichen und dem Reichstage bei seinem nächsten Zusammentritte zur Kenntnisnahme vorzulegen.

---

1. Jetzt: Reichsregierung mit Zustimmung des Reichsrats.

2. Auf Grund der §§ 120e und 139a sind folgende Anordnungen erlassen worden, die Bestimmungen zum Schutze von Arbeiterinnen und jugendlichen Arbeitern enthalten:

a) Bek. betr. die Einrichtung und den Betrieb der Buchdruckereien und Schriftgießereien v. 31. 7. 97 (R. 614) mit Aenderungen v. 5. 7. 07 (R. 405) und v. 22. 12. 08 (R. 654),

b) Bek. betr. den Betrieb von Getreidemühlen v. 26. 4. 99 (R. 273),

c) Bek. betr. die Beschäftigung von Gehilfen und Lehrlingen in Gast- und Schankwirtschaften v. 23. 1. 02 (R. 33),

d) Bek. betr. die Einrichtung und den Betrieb gewerblicher Anlagen zur Vulkanisierung von Gummiwaren v. 13. 3. 02 (R. 59),

e) Bek. betr. die Einrichtung und den Betrieb der Roßhaarspinnereien, Haar- und Borstenzurichtereien sowie der Bürsten- und Pinselmachereien v. 22. 10. 02 (R. 269),

f) Bek. betr. den Betrieb von Anlagen zur Herstellung von Präservativs, Sicherheitspessarien, Suspensorien und dergleichen v. 30. 1. 03 (R. 3) mit Zusatzbekanntmachung v. 1. 4. 03 (R. 123),

g) Bek. betr. die Einrichtung und den Betrieb von Bleihütten v. 16. 6. 05 (R. 545),

h) Bek. betr. die Einrichtung und den Betrieb der zur Anfertigung von Zigarren bestimmten Anlagen v. 17. 2. 07 (R. 34),

i) Bek. betr. die Einrichtung und den Betrieb von Anlagen zur Herstellung von Alkali-Chromaten v. 16. 5. 07 (R. 233),

k) Bek. betr. die Einrichtung und den Betrieb von Anlagen zur Herstellung elektrischer Akkumulatoren aus Blei oder Bleiverbindungen v. 6. 5. 08 (R. 172),

l) Bek. betr. die Einrichtung und den Betrieb von Steinbrüchen und Steinhauereien (Steinmetzbetrieben) v. 31. 5. 09 (R. 971) und 20. 11. 11 (R. 955),

m) Bek. betr. Anlagen, die zur Herstellung von Zichorie dienen, v. 25. 11. 09 (R. 968),

n) Bek. betr. die Beschäftigung jugendlicher Arbeiter bei der Bearbeitung von Faserstoffen, Tierhaaren, Abfällen oder Lumpen v. 8. 12. 09 (R. 969),

o) Bek. betr. die Beschäftigung von Arbeiterinnen und jugendlichen Arbeitern in Rohzuckerfabriken, Zuckerraffinerien und Melasseentzuckerungsanstalten v. 24. 11. 11 (R. 958),

p) Bek. betr. die Einrichtung und den Betrieb von Zinkhütten und Zinkrösthütten v. 13. 12. 12 (R. 564) und Ergänzungsverordnung v. 21. 2. 23 (R. I 161),

q) Bek. betr. die Beschäftigung von Arbeiterinnen und jugendlichen Arbeitern in Ziegeleien und Anlagen zur Herstellung von Dinassteinen, Schamottesteinen und anderen Schamotteerzeugnissen v. 8. 12. 13 (R. 777),

r) Vrdg. über die Einrichtung und den Betrieb von Anlagen zur Herstellung von Bleifarben und anderen Bleiverbindungen v. 27. 1. 20 (R. 109),

s) Vrdg. zum Schutze der Preßluftarbeiter v. 28. 6. 20 (R. 1357),

t) Vrdg. über die Herstellung von Knallkorken v. 27. 12. 20 (R. 1357),

u) Vrdg. zum Schutze gegen Bleivergiftung bei Anstricharbeiten v. 27. 5. 03 (R. I 183),

v) Vrdg. über Zellhorn (Zelluloid) v. 20. 10. 30 (R. I 468); vgl. auch Anm. 1 zu § 10 des Hausarbeitsgesetzes unter S. 163.

w) Vrdg. über Herstellung und Vertrieb von Thomasmehl v. 30. 1. 31 (R. I 17), abgeändert durch die Vrdg. v. 30. 9. 31 (R. I 525),

x) Vrdg. über die Beschäftigung von Arbeitern unter achtzehn Jahren und von Arbeiterinnen in der Glasindustrie v. 21. 3. 32 (R. I 156).

§ 154

Von den Bestimmungen im Titel VII finden keine Anwendung:

1. **die Bestimmungen der §§ 105 bis 139m auf Gehilfen und Lehrlinge in Apotheken;**
2. **die Bestimmungen der §§ 105, 106 bis 119b sowie, vorbehaltlich des § 139g Abs. 1 und der §§ 139h, 139l, 139m, die Bestimmungen der §§ 120a bis 139aa auf Handlungsgehilfen und Handlungslehrlinge;**
3. **die Bestimmungen der §§ 133g bis 139a auf Arbeiter in Apotheken und auf diejenigen Arbeiter in Handelsgeschäften, welche nicht in einem zu dem Handelsgeschäfte gehörigen Betriebe mit der Herstellung oder Bearbeitung von Waren beschäftigt sind, auf Heilanstalten und Genesungsheime, auf Musikaufführungen, Schaustellungen, theatralische Vorstellungen und sonstige Lustbarkeiten;**
4. **die Bestimmungen der §§ 135 bis 139a auf Gärtnereien, auf das Gast- und Schankwirtsgewerbe sowie auf das Verkehrsgewerbe;**

5. die Bestimmungen des § 135 Abs. 2, 3, §§ 136, 138 auf männliche jugendliche Arbeiter, die in Bäckereien und solchen Konditoreien, in welchen neben den Konditorwaren auch Bäckerwaren hergestellt werden, unmittelbar bei der Herstellung von Waren beschäftigt sind. Ausgenommen bleiben Betriebe, die in regelmäßigen Tag- und Nachtschichten arbeiten;
6. das Verbot der Beschäftigung von Arbeiterinnen am Sonnabend sowie an Vorabenden der Festtage nach fünf Uhr nachmittags auf Arbeiterinnen in Badeanstalten.

Die Bestimmungen der §§ 133g, 135 bis 139b finden auf Arbeitgeber und Arbeiter in Hüttenwerken, in Zimmerplätzen und anderen Bauhöfen, in Werften sowie in Werkstätten der Tabakindustrie auch dann entsprechende Anwendung, wenn in ihnen in der Regel weniger als zehn Arbeiter beschäftigt werden; auf Arbeitgeber und Arbeiter in Ziegeleien und über Tage betriebenen Brüchen und Gruben finden die Bestimmungen auch dann entsprechende Anwendung, wenn in diesen Betrieben in der Regel mindestens fünf Arbeiter beschäftigt werden.

Die Bestimmungen der §§ 135 bis 139b finden auf Arbeitgeber und Arbeiter in Werkstätten, in welchen durch elementare Kraft (Dampf, Wind, Wasser, Gas, Luft, Elektrizität usw.) bewegte Triebwerke nicht bloß vorübergehend zur Verwendung kommen, auch wenn in ihnen in der Regel weniger als zehn Arbeiter beschäftigt werden, mit der Maßgabe entsprechende Anwendung, daß der Bundesrat für gewisse Arten von Betrieben Ausnahmen von den im § 135 Abs. 2, 3, § 136, § 137 Abs. 1 bis 4, § 138 vorgesehenen Bestimmungen nachlassen kann.

Auf andere Werkstätten, in denen in der Regel weniger als zehn Arbeiter beschäftigt werden, und auf Bauten, bei denen in der Regel weniger als zehn Arbeiter beschäftigt werden, können die Bestimmungen der §§ 135 bis 139b durch Beschluß des Bundesrats ganz oder teilweise ausgedehnt werden.

Die Bestimmungen des Bundesrats können auch für bestimmte Bezirke erlassen werden. Sie sind durch das Reichsgesetzblatt zu veröffentlichen und dem Reichstage bei seinem nächsten Zusammentritte zur Kenntnisnahme vorzulegen.

§ 154a

Die Bestimmungen des § 114a Abs. 1 Satz 1 und Abs. 4, § 114b Abs. 1, der §§ 114c bis 119a, des § 134 Abs. 2, der §§ 135 bis 139b, 152 und 153 finden auf die Besitzer und Arbeiter von Bergwerken, Salinen, Aufbereitungsanstalten und unterirdisch betriebenen Brüchen oder Gruben entsprechende Anwendung, und zwar auch für den Fall, daß in ihnen in der Regel weniger als zehn Arbeiter beschäftigt werden.

A r b e i t e r i n n e n dürfen in Anlagen der vorbezeichneten Art nicht unter Tage beschäftigt werden. Die Beschäftigung von Arbeiterinnen bei der Förderung, mit Ausnahme der Aufbereitung (Separation, Wäsche), bei dem Transport und der Verladung ist auch über Tage verboten. Zuwiderhandlungen unterliegen der Strafbestimmung des § 146[1]).

1. Vgl. oben I 3 S. 43.

e.

Reichsverfassung Artikel 119

abgedr. oben unter I 1 S. 11

---

f.

Reichsversicherungsordnung

vom 11. 8. 19 (R. 1383), jetzt gültig i. d. F. der Bek. v. 15. 12. 24 (R. I 779), 9. 1. 26 (R. I 9) und unter Berücksichtigung der Bestimmungen des Gesetzes über Wochenhilfe v. 18. 5. 29 (R. I 98).

§§ 149—151 abgedruckt S. 40 ff.

Umfang der Versicherung

I. Versicherungspflicht

§ 165

Für den Fall der Krankheit werden versichert:

1. Arbeiter, Gehilfen, Gesellen, Lehlinge, Hausgehilfen,
2. Betriebsbeamte, Werkmeister und andere Angestellte in ähnlich gehobener Stellung, sämtlich, wenn diese Beschäftigung ihren Hauptberuf bildet,
3. Handlungsgehilfen und -lehrlinge, Gehilfen und Lehrlinge in Apotheken,
4. Bühnenmitglieder und Musiker ohne Rücksicht auf den Kunstwert ihrer Leistungen,
5. Lehrer und Erzieher,

5a. Angestellte in Berufen der Erziehung, des Unterrichts, der Fürsorge, der Kranken- und Wohlfahrtspflege, die nicht unter Nr. 2 oder 5 fallen, wenn diese Beschäftigung ihren Hauptberuf und die Hauptquelle ihrer Einnahmen bildet,

6. Hausgewerbetreibende, soweit ihnen nicht ein jährliches Einkommen in dem nach Abs. 2 festgesetzten Betrage sicher ist,
7. Seeleute (§ 163 Abs. 2) sowie die Besatzung von Fahrzeugen der Binnenschiffahrt.

Voraussetzung der Versicherung ist für die im Abs. 1 unter Nr. 1 bis 5a und Nr. 7 Bezeichneten, mit Ausnahme der Lehrlinge aller Art, daß sie gegen Entgelt (§ 160) beschäftigt werden, für die unter Nr. 2 bis 5a Bezeichneten sowie für Schiffer auf Fahrzeugen der Binnenschiffahrt außerdem, daß ihr regelmäßiger Jahresarbeitsverdienst an Entgelt nicht 3600 Reichsmark übersteigt. Für die Jahresarbeitsverdienst-(Einkommens-)Grenze werden Zuschläge, die mit Rücksicht auf den Familienstand gezahlt werden (Frauen-, Kinderzuschläge) nicht angerechnet.

§ 165b

Wer die für seine Versicherungspflicht nach § 165 Abs. 2 maßgebende Verdienstgrenze überschreitet, scheidet erst mit dem ersten Tage des vierten Monats nach Ueberschreiten der Verdienstgrenze aus der Versicherungspflicht aus. Das gleiche gilt sinngemäß für Hausgewerbetreibende bei Ueberschreiten der nach § 165 Abs. 2 maßgebenden Einkommensgrenze.

§ 166

Für die Versicherung der in der Landwirtschaft, als Hausgehilfen, unständig oder im Wandergewerbe Beschäftigten, der Hausgewerbetreibenden und ihrer hausgewerblich Beschäftigten, der Seeleute sowie der ohne Entgelt beschäftigten Lehrlinge aller Art gelten die besonderen Vorschriften der §§ 416 bis 494.

§ 167

Sind in einem Lande beim Inkrafttreten dieses Gesetzes andere Gruppen von Beschäftigten verpflichtet, eine landesrechtliche Versicherung einzugehen, so kann die Landesregierung anordnen, daß sie nach diesem Gesetze für den Fall der Krankheit versichert sind, und Näheres darüber bestimmen.

§ 168

Die Reichsregierung bestimmt, wieweit vorübergehende Dienstleistungen versicherungsfrei bleiben.

§ 189

abgedruckt S. 17.

§ 195a

Weibliche Versicherte, die in den letzten zwei Jahren vor der Niederkunft mindestens zehn Monate hindurch, im letzten Jahre vor der Niederkunft aber mindestens sechs Monate hindurch auf Grund der Reichsversicherung oder bei dem Reichsknappschaftsvereine gegen Krankheit versichert gewesen sind, erhalten als Wochenhilfe

1. bei der Entbindung oder bei Schwangerschaftsbeschwerden Hebammenhilfe, Arznei und kleinere Heilmittel sowie, falls es erforderlich wird, ärztliche Behandlung,
2. einen einmaligen Beitrag zu den sonstigen Kosten der Entbindung und bei Schwangerschaftsbeschwerden in Höhe von 10 Reichsmark; findet eine Entbindung nicht statt, so sind als Beitrag zu den Kosten bei Schwangerschaftsbeschwerden 6 Reichsmark zu zahlen,
3. ein Wochengeld in Höhe des Krankengeldes, jedoch mindestens 50 Reichspfennig täglich, für vier Wochen vor und sechs zusammenhängende Wochen unmittelbar nach der Niederkunft; es beträgt jedoch für die Zeit vor der Entbindung drei Viertel des Grundlohns, solange die Schwangere keine Beschäftigung gegen Entgelt ausübt,
4. solange sie ihre Neugeborenen stillen, ein Stillgeld in Höhe des halben Krankengeldes, jedoch mindestens 25 Reichspfennig täglich, bis zum Ablauf der zwölften Woche nach der Niederkunft. Der Vorstand kann einen Höchstbetrag für das tägliche Stillgeld festsetzen. Die Satzung oder die oberste Landesbehörde kann bestimmen, daß die Kassen bei Zahlung des Stillgeldes auf den Wert der regelmäßigen Inanspruchnahme von Mutterberatungsstellen, Säuglingsfürsorgestellen oder gleichartigen Einrichtungen hinweisen.

Die Dauer des Wochengeldbezugs vor der Entbindung wird auf zwei weitere Wochen erstreckt, wenn die Schwangere während dieser Zeit keine Beschäftigung gegen Entgelt ausübt und vom Arzte festgestellt wird, daß die Entbindung voraussichtlich innerhalb sechs Wochen stattfinden wird. Irrt sich der Arzt bei der Berechnung des Zeitpunktes der Entbindung, so hat die Schwangere gleichwohl Anspruch auf das Wochengeld von dem in dem ärztlichen Zeugnis angenommenen Zeitpunkt bis zur Entbindung.

Das Wochengeld für die Zeit vor der Entbindung wird jeweils sofort, nicht erst mit dem Tage der Entbindung fällig.

Neben dem Wochengelde wird kein Krankengeld gewährt. Für die Zeit nach der Entbindung, in der die Wöchnerin gegen Entgelt arbeitet, wird nur das halbe Wochengeld gewährt.

Wechselt die Wöchnerin während der Leistung der Wochenhilfe die Kassenzugehörigkeit, so bleibt die erstverpflichtete Kasse für die weitere Durchführung der Leistung zuständig. § 212 gilt hierbei nicht.

Stirbt eine Wöchnerin bei der Entbindung oder während der Zeit der Unterstützungsberechtigung, so werden die noch verbleibenden Beträge an Wochen- und Stillgeld bis zum satzungsmäßigen Ende der Bezugszeit an denjenigen gezahlt, der für den Unterhalt des Kindes sorgt.

Der Anspruch bleibt beim Vorliegen der übrigen Voraussetzungen auch dann bestehen, wenn die Versicherte wegen ihrer Schwangerschaft innerhalb sechs Wochen vor der Entbindung aus der Versicherung ausgeschieden ist.

§ 212.

Tritt ein Versicherter, der Kassenleistungen bezieht, zu einer anderen Kasse über, so übernimmt sie die weitere Leistung nach ihrer Satzung. Die Zeit der bereits genossenen Leistung wird angerechnet.

Die Mehrleistungen erhält er nur, wenn er schon in seiner früheren Kasse Anspruch auf Mehrleistungen erworben hatte.

§ 311

Arbeitsunfähige bleiben Mitglieder, solange die Kasse ihnen Leistungen zu gewähren hat. Das gleiche gilt für Schwangere und Wöchnerinnen, solange sie Anspruch auf Wochen- oder Schwangerengeld haben und nicht gegen Entgelt arbeiten.

§ 853

Zur Beratung und zum Beschluß über die Vorschriften hat der Genossenschaftsvorstand Vertreter der Versicherten mit vollem Stimmrecht und in gleicher Zahl wie die beteiligten Vorstandsmitglieder zuzuziehen.

Dies gilt entsprechend für Gutachten über Schutzvorschriften auf Grund des § 120e Abs. 2 der Gewerbeordnung.

§ 854

Der Genossenschaftsvorstand hat das Reichsversicherungsamt zu der Sitzung einzuladen, in der über den Entwurf der Vorschriften beraten und beschlossen werden soll.

§ 855

Sollen Unfallverhütungsvorschriften oder sollen Schutzvorschriften auf Grund des § 120e Abs. 2 der Gewerbeordnung nur für einzelne Sektionen gelten, so haben auch deren Vorstände Vertreter der Versicherten zur Begutachtung zuzuziehen. Dabei gilt § 853 Abs. 1 entsprechend.

§ 856

Der Entwurf der Vorschriften ist den Vertretern der Versicherten zugleich mit der Einladung zu der Sitzung, in der die Vorschriften begutachtet oder beraten und beschlossen werden sollen, mitzuteilen.

§ 857

Alljährlich nimmt der Vorstand unter Hinzuziehung der Vertreter der Versicherten (§ 853 Abs. 1) zu den Berichten der technischen Aufsichtsbeamten Stellung und regt die Maßnahmen an, die zur Verbesserung der Unfallverhütungsvorschriften geboten erscheinen. Dabei gilt § 854.

§ 864

Die Unfallverhütungsvorschriften bedürfen der Genehmigung des Reichsversicherungsamts; der Beschlußsenat entscheidet darüber.

Dem Antrag auf Genehmigung sind die Niederschriften über die Verhandlungen der Vorstände beizufügen. Aus der Niederschrift muß sich ersehen lassen, wie die Vertreter der Versicherten gestimmt haben; sie muß ferner ein Gutachten der Vorstände der beteiligten Sektionen enthalten.

§ 865

Vor der Genehmigung wird den beteiligten obersten Verwaltungsbehörden Gelegenheit gegeben, sich zu äußern.

Unfallverhütungsvorschriften für Betriebe, die unter bergpolizeilicher Aufsicht stehen, dürfen nur genehmigt werden, wenn die oberste Verwaltungsbehörde zustimmt.

§ 866

Auch wenn Unfallverhütungsvorschriften oder Teile von ihnen nicht lediglich für einzelne Sektionen gelten sollen, kann das Reichsversicherungsamt vor der Genehmigung anordnen, daß die Sektionsvorstände die Vertreter der Versicherten zum Gutachten zuziehen.

§ 867

Aendert die Genossenschaftsversammlung die Beschlüsse, die der Vorstand und die Vertreter der Versicherten gefaßt haben, so bestimmt das Reichsversicherungsamt, ob der Vorstand mit den Vertretern der Versicherten nochmals beraten und beschließen soll.

§ 868

Macht das Reichsversicherungsamt seine Genehmigung davon abhängig, daß die Vorschriften geändert werden, so bestimmt es auch, ob zur Beratung und zum Beschlusse die Vertreter der Versicherten zugezogen werden sollen.

§ 898

Der Unternehmer (§ 633) ist Versicherten und deren Hinterbliebenen (§§ 588 bis 593), auch wenn sie keinen Anspruch auf Rente haben, nach anderen gesetzlichen Vorschriften zum Ersatz des Schadens, den ein Unfall der in den §§ 544, 546 bezeichneten Art verursacht hat, nur dann verpflichtet, wenn strafgerichtlich festgestellt worden ist, daß er den Unfall vorsätzlich herbeigeführt hat. Dann beschränkt sich die Verbindlichkeit des Unternehmers auf den Betrag, um den sie die Entschädigung aus der Unfallversicherung übersteigt.

§ 899

Das gleiche gilt für Ersatzansprüche Versicherter und ihrer Hinterbliebenen gegen Bevollmächtigte oder Repräsentanten des Unternehmers und gegen Betriebs- und Arbeiteraufseher.

Bei Unfällen im Feuerwehrbetriebe gilt das gleiche ferner für Ersatzansprüche Versicherter und ihrer Hintebliebenen gegen Feuerwehrvereine und ihre Vorstände, die Mitglieder von Pflicht- und freiwilligen Feuerwehren, die beigezogenen Löschpflichtigen, die freiwillig beim Feuerwehrdienste helfenden Personen sowie alle beim Tätigwerden der Feuerwehr mit Befehlsgewalt ausgestatteten Personen.

Bei Unfällen in Betrieben zur Hilfeleistung bei Unglücksfällen gilt Abs. 2 entsprechend.

§ 900

Die Ansprüche können auch geltend gemacht werden, wenn wegen des Todes, der Abwesenheit oder eines anderen in der Person des Verpflichteten liegenden Grundes kein strafgerichtliches Urteil ergeht.

§ 901

Hat ein ordentliches Gericht über solche Ansprüche zu erkennen, so ist es an die Entscheidung gebunden, die in einem Verfahren nach diesem Gesetze darüber ergeht,

ob ein entschädigungspflichtiger Unfall vorliegt,

in welchem Umfang und von welchem Versicherungsträger die Entschädigung zu gewähren ist.

Das ordentliche Gericht setzt sein Verfahren so lange aus, bis die Entscheidung in dem Verfahren nach diesem Gesetz ergangen ist. Dies gilt nicht für Arreste und einstweilige Verfügungen.

§ 902

Unternehmer oder ihnen nach § 899 Gleichgestellte, von denen der Verletzte oder seine Hinterbliebenen Schadenersatz fordern, können statt des Berechtigten die Feststellung der Entschädigung nach diesem Gesetz beantragen, auch Rechtsmittel einlegen. Der Ablauf von Fristen, die ohne ihr Verschulden verstrichen sind, wirkt nicht gegen sie; dies gilt nicht für Verfahrensfristen, soweit der Unternehmer oder ein ihm nach § 899 Gleichgestellter das Verfahren selbst betreibt.

§ 1278

Die Wartezeit dauert bei der Invalidenrente, wenn für den Versicherten auf Grund der Versicherungspflicht mindestens hundert Beiträge geleistet worden sind, zweihundert, andernfalls fünfhundert Beitragswochen.

§ 1279

Als Pflichtbeiträge gelten die vollen Wochen, in denen der Versicherte wegen einer Krankheit zeitweise arbeitsunfähig und nachweislich verhindert gewesen ist, seine Berufstätigkeit fortzusetzen.

Diese Wochen werden nur bei denen berücksichtigt, die vorher berufsmäßig nicht nur vorübergehend versicherungspflichtig beschäftigt gewesen sind.

Nicht angerechnet wird eine Krankheit, die sich der Versicherte vorsätzlich oder bei Begehung eines durch strafgerichtliches Urteil festgestellten Verbrechens oder durch schuldhafte Beteiligung bei Schlägereien oder Raufhändeln zugezogen hat.

Wenn die Krankheit ununterbrochen über ein Jahr dauerte, wird die weitere Dauer nicht angerechnet.

Die Genesungszeit wird der Krankheit gleichgeachtet. Dasselbe gilt für die Dauer von zwölf Wochen bei einer Arbeitsunfähigkeit, die durch eine Schwangerschaft oder ein regelmäßig verlaufenes Wochenbett veranlaßt ist.

---

g.

Gesetz über die Rechtstellung*) der weiblichen Beamten

v. 30. 5. 32 (R. I 245).

§ 1

(1) Verheiratete weibliche Reichsbeamte sind jederzeit auf ihren Antrag aus dem Beamtendienst zu entlassen.

(2) Die vorgesetzte Dienstbehörde kann die Entlassung auch ohne diesen Antrag verfügen, wenn die wirtschaftliche Versorgung des weiblichen Beamten nach der Höhe des Familieneinkommens dauernd gesichert erscheint.

(3) Die Entlassung tritt in beiden Fällen mit Ablauf des Vierteljahres ein, das auf den Monat folgt, in dem dem Beamten die Entlassungsverfügung bekanntgemacht worden ist.

§ 2

(1) Darüber, ob die Voraussetzung des § 1 Abs. 2 vorliegt, hat die vorgesetzte Dienstbehörde die Entscheidung einer nach besonderen Vorschriften zu bildenden Schiedsstelle einzuholen. Eine Entscheidung der Schiedsstelle ist nicht erforderlich, wenn der Ehemann unkündbar angestellter Beamter ist.

*) „Rechtstellung" — statt richtig „Rechtsstellung" — steht im Gesetzestext.

(2) Kommt eine Uebereinstimmung zwischen der vorgesetzten Dienstbehörde und der Schiedsstelle nicht zustande, so entscheidet endgültig die oberste Reichsbehörde mit dem Hauptbeamtenausschuß.

(3) Wenn den Beamtenvertretungen kein weibliches Mitglied angehört, so haben sie für die Erledigung der ihnen auf Grund dieses Gesetzes zugewiesenen Aufgaben zur gutachtlichen Aeußerung einen weiblichen Beamten zuzuziehen, falls ein solcher im Bereiche ihrer Zuständigkeit vorhanden ist.

§ 3

(1) Die auf Grund dieses Gesetzes ausscheidenden weiblichen Beamten, und zwar sowohl die planmäßig angestellten wie die nichtplanmäßigen, haben Anspruch auf eine *Abfindung*. Durch Gewährung der Abfindung werden alle Versorgungsbezüge abgegolten.

(2) Die Abfindungssumme beträgt

nach vollendetem	2. oder 3. Dienstjahre	.....	das	2fache,
„ „	4. „ 5. „	.....	das	3fache,
„ „	6. Dienstjahre	....	das	4fache,
„ „	7. „	....	das	5fache,
„ „	8. „	....	das	6fache,
„ „	9. „	....	das	7fache,
„ „	10. „	....	das	8fache,
„ „	11. „	....	das	9fache,
„ „	12. „	....	das	10fache,
„ „	13. „	....	das	11fache,
„ „	14. „	....	das	12fache,
„ „	15. „	....	das	13fache,
„ „	16. „	....	das	14fache,
„ „	17. „	....	das	15fache,
„ „	18. oder nach mehr Dienstjahren		das	16fache

des letzten Monatseinkommens unter Zugrundelegung der am letzten Tage des Dienstes dem Berechtigten als ledigem Beamten zustehenden Bezüge.

§ 4

Als *Dienstzeit* gilt die nach Vollendung des 17. Lebensjahres im Reichs-, Landes- oder Kommunaldienst oder im Dienst einer Körperschaft des öffentlichen Rechts als Beamter oder Nichtbeamter zurückgelegte Gesamtdienstzeit, soweit sie nicht bereits durch Gewährung einer anderen Abfindungssumme oder durch Gewährung eines Ruhegeldes abgegolten ist.

§ 5

Fällt die im § 1 bezeichnete Voraussetzung nachträglich weg und sucht der ausgeschiedene weibliche Beamte aus diesem Grunde um *Wiederbeschäftigung* im öffentlichen Dienst nach, so soll das Gesuch möglichst berücksichtigt werden. Im Falle der Wiedereinstellung im Beamtenverhältnis ist bei der späteren Festsetzung des Ruhegeldes die Dienstzeit, für die eine Abfindung gewährt worden ist, nicht mitzurechnen.

§ 6

Bis zum Inkrafttreten eines Gesetzes über Beamtenvertretungen erlassen die obersten Reichsbehörden die zu § 2 erforderlichen *Durchführungsbestimmungen*.

§ 7

Die Deutsche Reichsbahn-Gesellschaft und die Reichsbank sind ermächtigt, für ihre Beamten eine den Bestimmungen dieses Gesetzes entsprechende Regelung zu treffen.

§ 8

(1) Dieses Gesetz tritt mit dem auf seine Verkündung folgenden Tage in Kraft. Mit dem Inkrafttreten eines neuen Reichsbeamtengesetzes tritt es außer Kraft.

(2) Die Reichsregierung wird ermächtigt, den früheren weiblichen Beamten, die vor dem Inkrafttreten dieses Gesetzes, aber nach dem 1. Juli 1931, wegen Verheiratung ausgeschieden sind, Abfindungssummen in der im § 3 Abs. 2 vorgesehenen Höhe zu zahlen; sie kann dabei Beträge, auf deren Zahlung die frühere Beamtin auf Grund der von der Verwaltung vorgenommenen Nachversicherung zur Angestelltenversicherung einen Anspruch gemäß § 62 AVG. hat, oder die ihr bereits auf Grund dieses Anspruchs gezahlt sind, in Anrechnung bringen.

h.

Hausarbeitsgesetz

abgedr. unten Teil IV 1 S. 157 ff.

i.

Kinderschutzgesetz

abgedr. unten Teil III 1 S. 105 ff.

k.

Reichspachtschutzordnung

in der Fassung der Bek. vom 23. 7. 25 (R. I 152), abgeändert durch das Gesetz v. 17. 7. 27 (R. I 179), durch das Gesetz zur Verlängerung der Pachtschutzordnung v. 8. 4. 31 (R. I 133) und durch Teil 4 Kap. IV der Vrdg. des Reichspräsidenten v. 14. 6. 32 (R. I 273).

§ 2[1])

Die obersten Landesbehörden können ohne Rücksicht auf die Grundstücksgröße die Befugnis der Pachteinigungsämter unter Ausschluß der Zuständigkeit einer anderen Stelle auf Verträge (§ 1) ausdehnen, die gleichzeitig ein Arbeitsverhältnis enthalten, insbesondere

auf Heuerlingsverträge. Liegt durch Verschulden des zur Arbeit verpflichteten (des Heuerlings) ein wichtiger Grund zur fristlosen Kündigung des Arbeitsverhältnisses vor, so darf von der Befugnis, einen solchen Vertrag zu verlängern oder seine Kündigung für unwirksam zu erklären, kein Gebrauch gemacht werden. Eine Frauenhilfspflicht auf Grund von Heuerlingsverträgen besteht so lange nicht, als die Frau durch Mutterschaftspflichten, Krankheit in der Familie und ähnliche Härtefälle an der Arbeit behindert ist; zuständig sind die Pachteinigungsämter.

---

1. Im § 6 der Preußischen Pachtschutzordnung in der Fassung der Bek. v. 19. 9. 27 (GS. S. 177) findet sich eine entsprechende Bestimmung (vgl. die Erläuterung bei Wagemann-Marwitz, Preußische Pachtschutzordnung, 4. Aufl. S. 106 ff.). Die Gültigkeitsdauer der Preuß. Pachtschutzordnung ist durch die Vrdg. v. 23. 8. 32 (GS. S. 293) bis zum 30. 9. 34 verlängert.

I.

Verordnung betr. eine vorläufige Landarbeitsordnung

v. 24. 1. 19 (R. 111)

§ 14

Arbeiterinnen, die ein Hauswesen zu besorgen haben, sind so früh von der Arbeit zu entlassen, daß sie eine Stunde vor der Hauptmahlzeit in ihrer Häuslichkeit eintreffen. An den Tagen vor Weihnachten, Ostern und Pfingsten sind sie von der Arbeit entbunden.

Arbeiterinnen, die ein größeres Hauswesen zu versorgen, insbesondere auch Gehilfen, die nicht zur eigenen Familie gehören, zu beköstigen haben, sind abgesehen von Notfällen nur insoweit zur Arbeit zu verpflichten, als dies ohne erhebliche Beeinträchtigung ihrer häuslichen Pflichten zulässig ist.

§ 15

Wohnungen sollen in sittlicher und gesundheitlicher Beziehung einwandfrei und für Verheiratete unter Berücksichtigung der Kinderzahl und Geschlechter ausreichend sein. Wohnungen der Ledigen sollen heizbar, verschließbar und mindestens mit Bett, Tisch, Stuhl, verschließbarem Schranke und Waschgelegenheit ausgestattet sein.

§ 16

Wichtiger Grund zur sofortigen Lösung des Vertrages ist jeder Umstand, mit Rücksicht auf den die Fortsetzung des Dienstvertrags einer Vertragspartei nicht mehr zugemutet werden kann.

Solche Gründe sind insbesondere Tätlichkeiten, grobe Beleidigungen, unsittliche Zumutungen im Arbeitsverhältnisse, beharrliche Verweigerung oder grobe Vernachlässigung der Dienstleistungen,

wiederholt unpünktliche Lohnzahlung, anhaltend schlechte Kost und gesundheitsschädliche Wohnung. Politische und gewerkschaftliche Betätigung ist kein Entlassungsgrund.

§ 17

Dienstverpflichteten mit eigenem Hausstand steht bei vorzeitiger unverschuldeter Auflösung des Dienstvertrags für sich oder ihre Familie die Benutzung der vom Arbeitgeber gewährten Wohnung bis zu drei Wochen nach Vertragsende ohne Vergütung zu, sofern der Vertrag nicht ohnehin vorher abläuft.

Hat der Dienstverpflichtete die vorzeitige Beendigung des Vertrags verschuldet, so steht ihm die Benutzung der Wohnung nur bis zu zwei Wochen gegen Vergütung zu, sofern der Vertrag nicht vorher abläuft oder sofern ihm nicht eine andere angemessene Unterkunft zur Verfügung gestellt wird.

§ 18[1])

Bei vorzeitiger Beendigung des Dienstverhältnisses sollen den Dienstverpflichteten von den ihm vom Arbeitgeber gewährten Lande die Früchte in einem seinen bisherigen Leistungen entsprechenden Anteil unter Zugrundelegung des Durchschnittsertrags der Fläche zustehen.

§ 19[1])

Renten irgendwelcher Art, insbesondere Kriegsbeschädigten- und Hinterbliebenenrenten, dürfen auf den Lohn nicht angerechnet werden.

1. Der Wortlaut der §§ 18 und 19 ergibt sich aus § 110 Ziffer 7 des AGG. v. 23. 12. 26 (R. I 507).

---

m.

Verordnung über die Arbeitszeit

i. d. F. der Bek. v. 14. 4. 27 (R. I 110).

§ 3

Unbeschadet der im § 10 vorgesehenen Ausnahmen dürfen die Arbeitnehmer eines Betriebs oder einer Betriebsabteilung nach Anhörung der gesetzlichen Betriebsvertretung[1]) über die im § 1 Satz 2 und 3 vorgeschriebene Höchstarbeitszeit hinaus an dreißig der Wahl des Arbeitgebers überlassenen Tagen im Jahre mit Mehrarbeit bis zu zwei Stunden beschäftigt werden.

§ 4

Die für den Gesamtbetrieb zulässige Dauer der Arbeitszeit kann nach Anhörung der gesetzlichen Betriebsvertretung für weibliche und jugendliche Arbeitnehmer um höchstens eine Stunde, für männliche Arbeitnehmer über sechzehn Jahre um höchstens zwei Stunden täglich in folgenden Fällen überschritten werden:

1. bei Arbeiten zur Bewachung der Betriebsanlagen, zur Reinigung und Instandhaltung, durch die der regelmäßige Fortgang des eigenen oder eines fremden Betriebs bedingt ist,
2. bei Arbeiten, von denen die Wiederaufnahme oder Aufrechterhaltung des vollen Betriebs arbeitstechnisch abhängt,
3. bei Arbeiten zum Be- und Entladen von Schiffen im Hafen und zum Be- und Entladen sowie zum Verschieben von Eisenbahnwagen, soweit die Mehrarbeit zur Vermeidung oder Beseitigung von Verkehrsstockungen oder zur Innehaltung der gesetzten Ladefristen notwendig ist,
4. bei der Beaufsichtigung der vorstehend unter Nr. 1 bis 3 aufgeführten Arbeiten.

§ 5

Wird durch Tarifvertrag die Arbeitszeit über die im § 1 Satz 2 und 3 festgesetzten Grenzen ausgedehnt, so gelten für die Beschäftigung der Arbeitnehmer, für die der Tarifvertrag verbindlich ist, dessen Bestimmungen an Stelle der Vorschriften des § 1.

Enthält ein nicht für allgemeinverbindlich erklärter Tarifvertrag Bestimmungen über die Arbeitszeit, die mit dem Sinne des öffentlich-rechtlichen Arbeitnehmerschutzes, insbesondere mit der Rücksicht auf die Schutzbedürftigkeit der weiblichen und jugendlichen Arbeitnehmer unvereinbar sind, so kann die oberste Landesbehörde sie beanstanden und, wenn sie innerhalb einer von ihr festgesetzten Frist nicht geändert werden, selbst Bestimmungen über die zulässige Dauer der Arbeitszeit treffen. Dies gilt auch für die im § 2 erwähnten Tarifverträge.

Sind in einem Tarifvertrage die näheren Bestimmungen über die Arbeitszeit besonderer Vereinbarung oder der Entscheidung durch besondere Stellen vorbehalten, so kann, wenn eine Vereinbarung oder Entscheidung in einer von der obersten Landesbehörde bestimmten angemessenen Frist nicht zustande kommt, die oberste Landesbehörde Bestimmungen über die zulässige Dauer der Arbeitszeit treffen, die so lange gelten, bis die Vereinbarung oder Entscheidung vorliegt.

In den Fällen der Abs. 2 und 3 tritt bei Tarifverträgen, die für mehrere Länder gelten, an die Stelle der obersten Landesbehörde der Reichsarbeitsminister.

Die Ausnahmen der §§ 3, 4 und 10 gelten auch neben Tarifverträgen.

§ 6

Soweit die Arbeitszeit nicht tariflich geregelt ist, kann auf Antrag des Unternehmers für einzelne Betriebe oder Betriebsabteilungen eine vom § 1 Satz 2 und 3 abweichende Regelung der Arbeitszeit durch den zuständigen Gewerbeaufsichtsbeamten oder Bergaufsichtsbeamten nach Anhörung der gesetzlichen Betriebsvertretung widerruflich zugelassen werden, sofern sie aus betriebstechnischen Gründen, insbesondere bei Betriebsunterbrechungen durch Naturereignisse, Unglücksfälle oder andere unvermeidliche Störungen, oder aus allgemein wirtschaftlichen Gründen geboten ist. Für den Bereich mehrerer Gewerbeaufsichtsämter oder Bergaufsichtsämter sowie für ganze Gewerbezweige oder Berufe steht die gleiche Befugnis nach Anhörung der beteiligten wirtschaftlichen Vereinigungen der Arbeitgeber und Arbeitnehmer der obersten Landesbehörde, für Fälle, die sich auf mehrere Länder erstrecken, dem Reichsarbeitsminister zu.

Gegen den Bescheid ist, soweit er nicht von einer obersten Reichs- oder Landesbehörde erlassen ist, jederzeit die Beschwerde an die vorgesetzte Behörde zulässig, die endgültig entscheidet. Die Beschwerde hat keine aufschiebende Wirkung.

War die Arbeitszeit tarifvertraglich geregelt, und ist der Tarifvertrag seit nicht mehr als drei Monaten abgelaufen, so dürfen die im Abs. 1 bezeichneten Behörden nicht längere Arbeitszeiten zulassen, als nach dem Tarifvertrage zulässig gewesen wären.

Kommt nachträglich eine tarifliche Regelung zustande, so tritt diese ohne weiteres an die Stelle der behördlichen.

§ 6a

Wird auf Grund der §§ 3, 5, 6 oder 10 Mehrarbeit geleistet, so haben die Arbeitnehmer mit Ausnahme der Lehrlinge für die über die Grenzen des § 1 Satz 2 und 3 hinausgehende Arbeitszeit Anspruch auf eine angemessene Vergütung über den Lohn für die regelmäßige Arbeitszeit hinaus, und zwar auch dann, wenn in diesen Fällen gemäß § 9 länger als zehn Stunden gearbeitet wird. Dies gilt nicht, soweit die Mehrarbeit auch nach den §§ 2 oder 4 zulässig wäre oder lediglich infolge von Notfällen, Naturereignissen, Unglücksfällen oder anderen unvermeidlichen Störungen erforderlich ist.

Als angemessene Vergütung gilt, sofern die Beteiligten nicht nach dem Inkrafttreten dieses Gesetzes eine andere Regelung vereinbaren oder besondere Umstände eine solche rechtfertigen, ein Zuschlag von fünfundzwanzig vom Hundert.

Entsteht zwischen gesamtvertragsfähigen Parteien Streit über die Form, die Höhe oder die Art der Berechnung der Vergütung und kommt in freien Verhandlungen oder im Schlichtungsverfahren keine Gesamtvereinbarung zustande, so trifft der Schlichter auf Antrag eine bindende Regelung. Unter den gleichen Voraussetzungen entscheidet er auch bindend darüber, inwieweit die Mehrarbeit wegen Arbeitsbereitschaft nach § 2 oder wegen Vorliegens der Voraussetzungen des § 4 keinen Anspruch auf Vergütung begründet. Zuständig ist der ständige Schlichter oder, wenn die Streitigkeit seinen Bezirk wesentlich überschreitet, ein vom Reichsarbeitsminister für den Einzelfall bestellter Schlichter.

War die Mehrarbeit schon am 1. April 1927 tarifvertraglich vereinbart oder behördlich zugelassen, so gelten die Vorschriften der Abs. 1 und 2 erst vom Ablauf des Tarifvertrags oder der Genehmigung, spätestens jedoch vom 1. Juli 1927 an.

Wird in Gewerben, die ihrer Art nach in gewissen Zeiten des Jahres regelmäßig zu erheblich verstärkter Tätigkeit genötigt sind, in diesen Zeiten über die Grenzen des § 1 Satz 2 und 3 hinaus gearbeitet, so kann der Reichsarbeitsminister nach Anhörung der wirtschaftlichen Vereinigungen der Arbeitgeber und der Arbeitnehmer bestimmen, daß die Vorschriften der Abs. 1 und 2 keine Anwendung finden, soweit die Mehrarbeit durch Verkürzung der Arbeitszeit in den übrigen Zeiten des Jahres ausgeglichen wird.

§ 7

Eine Ueberschreitung der im § 1 Satz 2 und 3 festgesetzten Grenzen auf Grund tariflicher Vereinbarungen (§ 5) oder behördlicher Zulassung (§ 6) ist für Gewerbezweige oder Gruppen von Arbeitern, die unter besonderen Gefahren für Leben und Gesundheit arbeiten, insbesondere für Arbeiter im Steinkohlenbergbau unter Tage sowie für Arbeiter, die in außergewöhnlichem Grade der Einwirkung von Hitze, giftigen Stoffen, Staub und dergleichen oder der Gefährdung durch Sprengstoffe ausgesetzt sind, nur zulässig, wenn die Ueberschreitung aus Gründen des Gemeinwohls dringend erforderlich ist oder wenn sie sich in langjähriger Uebung als unbedenklich erwiesen hat und eine halbe Stunde nicht übersteigt.

Der Reichsarbeitsminister bestimmt, für welche Gewerbezweige oder Gruppen von Arbeitern diese Beschränkung Platz greift.

§ 9

Die Arbeitszeit darf bei Anwendung der in den §§ 3 bis 7 bezeichneten Ausnahmen zehn Stunden täglich nicht überschreiten; eine Ueberschreitung dieser Grenze ist nur in Ausnahmefällen aus dringenden Gründen des Gemeinwohls mit befristeter Genehmigung der im § 6 Abs. 1 bezeichneten Behörden oder dann zulässig, wenn es sich um Vorbereitungs- und Ergänzungsarbeiten handelt, die nicht unter § 7 fallen und bei denen eine Vertretung des Arbeitnehmers durch andere Arbeitnehmer des Betriebs nicht möglich ist und die Heranziehung betriebsfremder Arbeitnehmer dem Arbeitgeber nicht zugemutet werden kann. Der Reichsarbeitsminister erläßt nach Anhörung der wirtschaftlichen Vereinigungen der Arbeitgeber und der Arbeitnehmer Bestimmungen darüber, welche Arbeiten als Vorbereitungs- und Ergänzungsarbeiten anzusehen sind.

Die sonstigen gesetzlichen Vorschriften über den Schutz der Arbeitnehmer, insbesondere der weiblichen und jugendlichen Arbeitnehmer, bleiben unberührt.

Weibliche Arbeitnehmer sind auf ihren Wunsch während der Schwangerschaft und der Stillzeit von einer die Grenzen des § 1 Satz 2 überschreitenden Arbeit zu befreien.

§ 10

Die nach dieser Verordnung sich ergebenden Beschränkungen der Arbeitszeit finden keine Anwendung auf vorübergehende Arbeiten in Notfällen und in außergewöhnlichen Fällen, die unabhängig vom Willen des Betroffenen eintreten und deren Folgen nicht auf andere Weise zu beseitigen sind, besonders, wenn Rohstoffe oder Lebensmittel zu verderben oder Arbeitserzeugnisse zu mißlingen drohen.

Das gleiche gilt, wenn eine geringe Zahl von Arbeitnehmern über sechzehn Jahren an einzelnen Tagen mit Arbeiten beschäftigt wird, deren Nichterledigung das Ergebnis der Arbeit gefährden oder einen unverhältnismäßigen wirtschaftlichen Schaden zur Folge haben würde, und wenn dem Arbeitgeber andere Vorkehrungen nicht zugemutet werden können.

§ 11

Wer den Vorschriften dieser Verordnung oder den in Kraft bleibenden Bestimmungen der im § 1 bezeichneten Verordnungen oder den daraufhin erlassenen Anordnungen zuwiderhandelt, wird mit Geldstrafe bestraft.

Wer wegen einer im Abs. 1 unter Strafe gestellten Handlung bestraft worden ist und darauf vorsätzlich abermals eine dieser Handlungen begeht, wird mit Gefängnis bis zu sechs Monaten und mit Geldstrafe oder mit einer dieser Strafen bestraft.

1. An Stelle der früher im Gesetz genannten ständigen Arbeiterausschüsse ist nach § 104 VIII des BRG. die durch dieses Gesetz geregelte Betriebsvertretung (Betriebsräte, Arbeiterräte, Angestelltenräte, Betriebsobleute) getreten.

III.

Schutz der Jugendlichen und Kinder

Gesetzesübersicht

I. Gesetz

Gesetz betr. Kinderarbeit in gewerblichen Betrieben (Kinderschutzgesetz) v. 30. 3. 03 (R. 113); geändert durch Einfügung des § 6a und § 15a — betr. Beschäftigung von Kindern bei Lichtspielaufnahmen — durch Ges. v. 31. 7. 25 (R. I 162), abgedr. S. 105 ff.

Weitere Aenderungen stehen in Aussicht durch das EinfGes. z. Allg. Strafgesetzbuch.

II. Ausführungsvorschriften

landesrechtlich; z. B. f. Preußen AusfAnw. v. 3. 5. 26 (HMBl. 125); Erl. v. 30. 11. 03 (HMBl. 368);
v. 3. 9. 06 (HMBl. 213);
v. 24. 6. 26 (HMBl. 177).

III. Ergänzende Gesetze

a) **Gewerbeordnung**, abgedr. S. 119 ff.
§§ 41a, 105b ff. (Sonntagsruhe);
§§ 42b, 160b (Ambulanter Gewerbebetrieb);
§§ 55, 57b Nr. 4, 58 ff., § 62 (Hausierhandel);
§ 107 ff. (Arbeitsbuch);
§ 120 (Fortbildungsschule);
§§ 81a, 106, 126 ff. (Lehrlinge);
§§ 62, 107, 135, 150 (Schulpflichtige Kinder);
und insbesondere:
§ 120c (Einrichtung der Betriebsstätte und Regelung des Betriebes mit Rücksicht auf Gesundheit und Sittlichkeit der Kinder);
§§ 135—139 (Verbot der Beschäftigung von Kindern unter 13 Jahren, Regelung der Arbeitszeit);
§ 139a (Ermächtigung des Bundesrats zu weitergehenden Beschränkungen); über die auf Grund des § 139a erlassenen Anordnungen vgl. die A. 4 zu § 1.

b) **Hausarbeitsgesetz** §§ 6, 49, abgedr. S. 135 f.

c) **Reichsgesetz für Jugendwohlfahrt** v. 9. 7. 22 (R. 633) § 3 Nr. 6, abgedr. S. 137.

d) Gesetz betr. die **Internationalen Uebereinkommen** über das Mindestalter für die Zulassung von Kindern zur Arbeit auf See, über das Mindestalter für die Zulassung von Jugendlichen zur Beschäftigung als Kohlenzieher (Trimmer) oder Heizer und über die pflichtmäßige ärztliche Untersuchung der in der Seeschifffahrt beschäftigten Kinder und Jugendlichen v. 30. 5. 29 (R. II 383), abgedr. S. 137 ff.

e) Abkommen zwischen dem Deutschen Reiche und anderen Staaten über Verwaltungsmaßregeln zur Gewährung wirksamen Schutzes gegen den Mädchenhandel v. 18. 5. 04 (R. 05, 595), abgedr. S. 140 f.

f) Internationales Uebereinkommen zur Bekämpfung des Mädchenhandels v. 4. 5. 10 (R. 1331), abgedr. S. 73 ff.

g) Internationales Uebereinkommen zur Unterdrückung des Frauen- und Mädchenhandels v. 30. 9. 21; ratifiziert lt. Bek. v. 24. 7. 24 (R. II 202), abgedr. S. 142.

h) Handelsgesetzbuch §§ 76—82a (Handlungslehrlinge), abgedr. S. 143 f.

i) **Seemannsordnung**, abgedr. S. 144 f.

k) **Allgemeines Berggesetz** für die Preußischen Staaten vom 24. 6. 65 (GS. 705) mit zahlreichen Abänderungen §§ 85a bis 85h, 87 (minderjährige Arbeiter), abgedr. S. 145 ff.

Vgl. ferner Entwurf eines Gesetzes über die Beschäftigung in der Hauswirtschaft (Hausgehilfengesetz) — RArbBl. 1929 I 145 — § 21 betr. Jugendlichenschutz; §§ 22 ff. betr. Kinderschutz.

IV. Schrifttum

Agahd und Schultz, Gesetz betr. Kinderarbeit in gewerblichen Betrieben, 3. Aufl. 1905.

Bender, Der Schutz der gewerblich tätigen Kinder und Jugendlichen, 2 Hefte 1914 und 1920 (100 S.).

Heß, Kinder- und Jugendrecht 1928 (Beck 202 S.).

Hoffmann in von Brauchitsch, Preuß. Verwaltungsgesetze 20. Aufl. 1925 Bd. 2 S. 329 ff.

Hiller-Luppe, Gewerbeordnung nebst Kinderschutzgesetz und Hausarbeitsgesetz, 21. Aufl. 1928 (de Gruyter 931 S.).

Retzbach, Das Kinderschutzgesetz, 1904 (Caritas 62 S.).

Schwarz in Stengleins Strafrechtl. Nebengesetzen 5. Aufl. 1931 Bd. 2 S. 671 ff.

Spangenberg, Gesetz betr. Kinderarbeit in gewerblichen Betrieben, 2. Aufl. 1904.

Kaskel-Dersch, Arbeitsrecht 4. Aufl. 1932 S. 248 ff., 256 ff., 289 ff.

Aufbau des Kinderschutzgesetzes

I. Einleitende Bestimmungen §§ 1—3.
Begriff der „Kinder“ § 2.
Eigene und fremde Kinder § 3.

II. Beschäftigung fremder Kinder §§ 4—11.
Verbotene Beschäftigungsarten § 4.
Beschäftigung im Betriebe von Werkstätten, im Handelsgewerbe und in Verkehrsgewerben § 5.
Beschäftigung bei öffentlichen theatralischen Vorstellungen und anderen öffentlichen Schaustellungen § 6.
Beschäftigung bei öffentlichen und nichtöffentlichen Lichtspielaufnahmen § 6a.
Beschäftigung im Betriebe von Gast- und Schankwirtschaften § 7.
Beschäftigung beim Austragen von Waren und bei sonstigen Botengängen § 8.
Sonntagsruhe § 9.
Anzeige § 10
Arbeitskarte § 11.

III. Beschäftigung eigener Kinder § 12—17.
Verbotene Beschäftigungsarten § 12.
Beschäftigung im Betriebe von Werkstätten, im Handelsgewerbe und in Verkehrsgewerben § 13.
Besondere Befugnisse des Bundesrats § 14.
Beschäftigung bei öffentlichen theatralischen Vorstellungen und anderen öffentlichen Schaustellungen § 15.
Beschäftigung bei öffentlichen und nichtöffentlichen Lichtspielaufnahmen § 15a.
Beschäftigung im Betriebe von Gast- und Schankwirtschaften § 16.
Beschäftigung beim Austragen von Waren und bei sonstigen Botengängen § 17.

IV. Gemeinsame Bestimmungen §§ 18—22.
Begriff der „Werkstätten“ § 18.
Abweichungen von der gesetzlichen Zeit § 19.
Besondere polizeiliche Befugnisse § 20.
Aufsicht § 21.
Zuständige Behörden § 22.

V. Strafbestimmungen §§ 23—29.

VI. Schlußbestimmungen §§ 30, 31.

Gesetz,

betreffend Kinderarbeit in gewerblichen Betrieben

v. 30. 3. 03 (R. 113) und 31. 7. 25 (R. I 162).

I. Einleitende Bestimmungen

§ 1

Auf die Beschäftigung[1]) von Kindern in Betrieben[2]), welche als gewerbliche im Sinne der Gewerbeordnung anzusehen[3]) sind, finden neben den bestehenden reichsrechtlichen Vorschriften[4]) die folgenden Bestimmungen Anwendung, und zwar auf die Beschäftigung fremder Kinder die §§ 4 bis 11, auf die Beschäftigung eigener Kinder die §§ 12 bis 17.

1. **„Beschäftigung“** im Sinne des Gesetzes ist sowohl die entgeltliche wie die unentgeltliche Beschäftigung; RGStr. 41 S. 245; und zwar ohne Unterschied, ob diese auf Grund eines Arbeitsvertrages oder im Hinblick auf das bestehende familienrechtliche Verhältnis oder aus sonstigen Gründen erfolgt; auch die Dauer der Beschäftigung ist regelmäßig nicht von Bedeutung: KG. v. 6. 1. 08 (Gewerbearchiv Bd. 7 S. 533).

Reine Gefälligkeitsdienste, die ein Kind gelegentlich zum Vergnügen einem Gewerbegehilfen leistet, fallen nicht unter das Gesetz: RGStr. 41 S. 244.

2. **Betrieb** im Sinne des Gesetzes ist nicht nur räumlich der Ort, an welchem der Gewerbebetrieb sich regelmäßig abwickelt, sondern jede zu dem Gewerbebetriebe gehörende Tätigkeit: RGStr. aaO.

3. Nur Betriebe im Sinne der GWO. fallen unter das Gesetz; nicht also Beschäftigung von Kindern in der Hauswirtschaft, Landwirtschaft, landwirtschaftl. Gärtnerei, Jagd (Treiber) u. a.

4. **Die bestehenden reichsgesetzlichen Vorschriften,** insbesondere der Gewerbeordnung, des Hausarbeitsgesetzes und des Jugendwohlfahrtsgesetzes, sind aus der Gesetzesübersicht auf der Vorseite ersichtlich.

Die auf Grund der Ermächtigung in GWO. § 139a Nr. 1

> „Der Bundesrat ist ermächtigt, 1. die Verwendung von Arbeiterinnen sowie von jugendlichen Arbeitern für gewisse Gewerbezweige, die mit besonderen Gefahren für die Sittlichkeit und Gesundheit verbunden sind, gänzlich zu untersagen oder von besonderen Bedingungen abhängig zu machen“

erlassenen Bekanntmachungen sind oben S. 85 f. aufgezählt.

Sie gelten neben dem Kinderschutzgesetz fort. Dieses will den Kinderschutz nicht erschöpfend, sondern nur ergänzend regeln. So ausdrücklich bezügl. GWO. § 135: Erl. d. Preuß. Min. f. H. u. G. v. 14. 6. 07 (HMBl. 219); bezügl. § 6 Hausarbeitsgesetz: Kaskel-Dersch ArbR. 4. Aufl. S. 295.

Auch weitergehende landesgesetzliche Vorschriften sind hier — abweichend von RV. Art. 13 — in Geltung erhalten durch § 30 d. Gesetzes.

§ 2

Kinder im Sinne dieses Gesetzes

Als Kinder im Sinne dieses Gesetzes gelten Knaben und Mädchen unter dreizeln Jahren sowie solche Knaben und Mädchen über dreizehn Jahre, welche noch zum Besuche der Volksschule verpflichtet sind[1]).

1. Die Pflicht zum Besuch der Volksschule ist landesgesetzlich geregelt, z. B. in Preußen durch d. Schulpflichtgesetz v. 15. 12. 27 (GSS. 207); in Bayern durch d. Vrdg. über d. Schulpflicht v. 22. 12. 13; 16. 8. 26; 10. 4. 27 (GVBl. 957, 419, 116).

Nur die Pflicht zum Volksschulbesuch, nicht diejenige zum Besuch einer Fortbildungs- oder ähnlichen Schule kommt in Betracht. Die Pflicht zum Schulbesuch wird nicht durch Beurlaubung, wohl aber durch vorzeitige Entlassung aufgehoben.

Bezügl. der Schulpflicht von Ausländern vgl. Schwarz in Stengleins Strafrechtl. Nebengesetzen 5. Aufl. 1931 S. 673 A. 5.

§ 3

Eigene, fremde Kinder

Im Sinne dieses Gesetzes gelten als eigene Kinder:

1. Kinder, die mit demjenigen, welcher sie beschäftigt, oder mit dessen Ehegatten bis zum dritten Grade verwandt sind[1]),

2. Kinder, die von demjenigen, welcher sie beschäftigt, oder dessen Ehegatten an Kindes Statt angenommen oder bevormundet[2]) sind,

3. Kinder, die demjenigen, welcher sie zugleich mit Kindern der unter 1 oder 2 bezeichneten Art beschäftigt, zur gesetzlichen Zwangserziehung (Fürsorgeerziehung) überwiesen sind[3]),

sofern die Kinder zu dem Hausstande[4]) desjenigen gehören, welcher sie beschäftigt.

Kinder, welche hiernach nicht als eigene Kinder anzusehen sind, gelten als fremde Kinder.

Die Vorschriften über die Beschäftigung eigener Kinder gelten auch für die Beschäftigung von Kindern, welche in der Wohnung oder Werkstätte einer Person, zu der sie in einem der im Abs. 1 bezeichneten Verhältnisse stehen und zu deren Hausstande sie gehören, für Dritte beschäftigt werden[5]).

1. **Verwandte** u. Verschwägerte in gerader u. in der Seitenlinie bis einschl. zum 3. Grade. Ueber die Berechnung vgl. BGB. §§ 1589, 1590.

2. **Bevormundet,** d. h. unter Vormundschaft (BGB. §§ 1773 ff.) stehend. Auch das Mündel der Ehefrau gilt hiernach als eigenes Kind des Ehemannes.

3. Zur **gesetzlichen Zwangserziehung** überwiesen ist das Kind nur, wenn ein entsprechender gerichtlicher Beschluß (Jugendwohlfahrtsgesetz

v. 9. 7. 22 — R. I 633 — §§ 5, 63) ergangen und daraufhin das Kind vom Jugendamt der betr. Familie zur Fürsorgeerziehung überwiesen ist (aaO. § 3 Nr. 4 u. § 62). Nicht also, wenn das Kind der Familie nur auf Grund des § 1666 BGB. zur Erziehung überwiesen als sog. Zieh- oder Pflegekind.

Voraussetzung f. d. Anwendung d. Nr. 3 ist, daß außer dem Fürsorgekind noch mindestens ein eigenes Kind des Arbeitgebers im Sinne d. Nr. 1 oder 2 in dessen Betrieb beschäftigt wird. Denn das Gesetz will die gleiche Behandlung dieser Kinder aus pädagogischen Gründen ermöglichen.

4. **Hausstand** ist nur ein Familienhaushalt, nicht etwa ein Anstaltshaushalt; ebenso Schwarz aaO. S. 674 A. 7.

5. Absatz 3 denkt an Kinder, die im Hause der Eltern, aber für Dritte, arbeiten. Vgl. auch die Einschränkungen im § 13 Abs. 2.

II. Beschäftigung fremder Kinder

§ 4

Verbotene Beschäftigungsarten.

Bei Bauten[2]) aller Art, im Betriebe[3]) derjenigen Ziegeleien und über Tage betriebenen Brüche und Gruben, auf welche die Bestimmungen der §§ 134 bis 139 b der Gewerbeordnung[4]) keine Anwendung finden, und der in dem anliegenden Verzeichnis[5]) aufgeführten Werkstätten, sowie beim Steinklopfen, im Schornsteinfegergewerbe, in dem mit dem Speditionsgeschäfte verbundenen Fuhrwerksbetriebe, beim Mischen und Mahlen von Farben, beim Arbeiten in Kellereien dürfen Kinder nicht beschäftigt werden.

Der Bundesrat[6]) ist ermächtigt, weitere ungeeignete Beschäftigungen zu untersagen und das Verzeichnis abzuändern[7]). Die beschlossenen Abänderungen sind durch das Reichs-Gesetzblatt zu veröffentlichen und dem Reichstage sofort oder, wenn derselbe nicht versammelt ist, bei seinem nächsten Zusammentritte zur Kenntnisnahme vorzulegen.

Zu Absatz 1:

1. **Verbotene Beschäftigungsarten** für fremde Kinder. Für eigene Kinder vgl. § 12. Ausnahmen zu beiden f. Botengänge u. a. in §§ 8, 17.

Ueber den Begriff der „Beschäftigung" vgl. § 1 A. 1.

2. **Bauten aller Art,** z. B. außer Hochbauten auch Reparatur-, Tief-, Wege- und Eisenbahnbauten sowie die entspr. Instandhaltungsarbeiten. Vgl. amtl. Begr. z. Gesetz S. 16 u. auch RGStr. 25 S. 91 u. Bd. 29 S. 71.

3. **Im Betriebe** erfolgt jede zu dem Gewerbebetrieb gehörige Tätigkeit, also nicht nur örtlich: RGStr. 40 S. 246.

4. Bestimmungen der §§ 134 bis 139b GWO. abgedr. S. 81 ff.

5. Verzeichnis abgedr. am Schluß des Gesetzes; vgl. dazu die Bekanntmachung vom 17. 12. 03 (R. I 312).

Zu Absatz 2:

6. An Stelle des Bundesrats ist jetzt die Reichsregierung zuständig, die aber der Zustimmung des Reichsrats bedarf: Reichsverfassung Art. 77, 179 vb. m. Gesetz v. 10. 2. u. 4. 3. 19 (R. 169, 285). Federführend ist RArbMin.; vgl. dazu RG. 112 S. 10.

7. Vgl. Bek. des Reichskanzlers betr. die Beschäftigung von Kindern bei der Reinigung von Dampfkesseln v. 1. 7. 07 (R. 404) u. Bek. des Reichskanzlers betr. Bestimmungen über Hausarbeit in der Tabakindustrie v. 17. 11. 13 (R. 751) § 6.

§ 5[1])[2])

Beschäftigung im Betriebe von Werkstätten, im Handelsgewerbe und in Verkehrsgewerben.

Im Betriebe von Werkstätten (§ 18), in denen die Beschäftigung von Kindern nicht nach § 4 verboten ist, im Handelsgewerbe[3]) (§ 105 b Abs. 2, 3 der Gewerbeordnung) und in Verkehrsgewerben (§ 105 i Abs. 1 a. a. O.) dürfen Kinder unter zwölf Jahren nicht beschäftigt[4]) werden.

Die Beschäftigung von Kindern über zwölf Jahre darf nicht in der Zeit zwischen acht Uhr abends und acht Uhr morgens und nicht vor dem Vormittagsunterrichte stattfinden. Sie darf nicht länger als drei Stunden und während der von der zuständigen Behörde bestimmten Schulferien nicht länger als vier Stunden täglich dauern. Um Mittag ist den Kindern eine mindestens zweistündige Pause zu gewähren[5]). Am Nachmittage darf die Beschäftigung erst eine Stunde nach beendetem Unterrichte beginnen.

1. Die §§ 5—7 sind Schutzgesetze i. S. des § 823 Abs. 2 BGB., so daß ihre Verletzung zum Schadensersatz verpflichtet: RG. 105 S. 337.

2. Vgl. auch Hausarbeitsgesetz § 6 Abs. 1 Nr. 2, Abs. 2.

3. Zum Handelsgewerbe gehört insbesondere der Betrieb offener Verkaufsstellen, auch in Konsumvereinen; ebenso auch der ambulante Gewerbebetrieb und der genossenschaftl. Molkereibetrieb; vgl. auch RGStr. 22 S. 288.

4. Im Betrieb beschäftigt ist jeder, der eine zu dem Betriebe gehörige Tätigkeit ausübt; amtl. Begr. S. 16, 17 — RGStr. 41 S. 244.

5. Mußvorschrift; Verzicht auf die Pause ist unzulässig: RGStr. 27 S. 139.

§ 6

Beschäftigung bei öffentlichen theatralischen Vorstellungen und anderen öffentlichen Schaustellungen[4]).

Bei öffentlichen theatralischen Vorstellungen und anderen öffentlichen Schaustellungen dürfen Kinder[1]) nicht beschäftigt werden[2]).

Bei solchen Vorstellungen und Schaustellungen[3]), bei denen ein höheres Interesse[5]) der Kunst oder Wissenschaft obwaltet, kann die untere Verwaltungsbehörde nach Anhörung der Schulaufsichtsbehörde Ausnahmen zulassen[6])

Preuß. AusfAnw. v. 3. 5. 26 (HMBl. 125) Ziff. 7.

1) „Kinder" im Sinne des § 2.

2) Gleiche Vorschrift für eigene Kinder im § 15.

3) Das Verbot gilt nur für gewerbliche (§ 1) Vor- und Schaustellungen; bezügl. nichtgewerblicher Veranstaltungen kann aber durch PolVrdg. Aehnliches bestimmt werden (OVG. 50 S. 277; KGJ. 33 S. 65).

4) Nur öffentl. Schaustellungen (einschl. Film- u. Varieté-vorführungen) sind betroffen.

5) Höheres Interesse der Kunst oder Wissenschaft: Der Begriff ist hier der gleiche wie im § 33a GWO., so daß also auch hier Akrobaten-, Artisten- u. ä. Zirkusvorführungen nicht darunter fallen. Vgl. Pr. AusfErl. Ziff. 7.

§ 6 a*)

Beschäftigung bei öffentlichen und nichtöffentlichen Lichtspielaufnahmen.

Zu Lichtspielaufnahmen[1]) dürfen Kinder nicht herangezogen[2]) werden.

Die untere Verwaltungsbehörde kann bei Kindern über drei Jahre im Einzelfall Ausnahmen zulassen, wenn weder durch den Gegenstand der Aufnahme, noch durch die Tätigkeit des Kindes oder die Verhältnisse, unter denen die Aufnahme stattfindet, Schädigungen des Kindes in sittlicher, geistiger oder gesundheitlicher Hinsicht oder eine Ueberreizung seiner Phantasie zu besorgen sind. Vor Erteilung der Erlaubnis soll die untere Verwaltungsbehörde das Jugendamt und, soweit es sich um schulpflichtige Kinder handelt, die Schulaufsichtsbehörde oder die von dieser bezeichnete Stelle anhören. Die Erlaubnis ist an Bedingungen zum Schutze der Gesundheit, der Sittlichkeit und, soweit es sich um schulpflichtige Kinder handelt, des unterrichtlichen Erfolges zu knüpfen.

Bei Kindern bis zu drei Jahren sind Ausnahmen nur zulässig, wenn ein Interesse der Kunst oder Wissenschaft sie erforderlich macht und nachweislich besondere Vorkehrungen zum Schutze der Gesundheit und für fachkundige Pflege und Beaufsichtigung des Kindes getroffen sind.

---

*) Der § 6 a ist eingefügt durch Gesetz vom 31. 7. 25 (R. I 162).

**) Zu Abs. 2 u. 3 vgl. Preuß. Ausf.Anw. v. 3. 5. 26 (HMBl. 125) Ziff. 8—8 c.

1) Nur Lichtspielaufnahmen, nicht Lichtspielvorführungen fallen unter die Vorschrift; bezügl. der letzteren vgl. § 6.

2) Der Begriff der „Heranziehung" ist weiter als der der Beschäftigung, so daß z. B. auch die (zu gewerblichen Zwecken i. S. des § 1 erfolgende) Aufnahme von Kindern, die etwa auf der Straße spielen, unter die Vorschrift fällt.

3) Ausnahmen sollen nur erfolgen, wenn eine geistige, sittliche oder gesundheitliche Schädigung des Kindes nicht zu besorgen ist. Vgl. auch d. Erl. d. Pr. Min. f. H. u. G. v. 3. 5. 26 (HMBl. 125) zu Nr. 8—8 c

§ 7

Beschäftigung im Betriebe von Gast- und von Schankwirtschaften.

Im Betriebe von Gast- und von Schankwirtschaften dürfen Kinder unter zwölf Jahren überhaupt nicht und Mädchen (§ 2) nicht bei der Bedienung der Gäste beschäftigt werden. Im übrigen finden auf die Beschäftigung von Kindern über zwölf Jahre die Bestimmungen des § 5 Abs. 2 Anwendung.

---

[1]) Vgl. die Bek. des Reichskanzlers über die Beschäftigung von Gehilfen und Lehrlingen in Gast- und Schankwirtschaften v. 23. 1. 02 (R. 33) u. betr. den Begriff der Gast- u. Schankwirtschaft den § 33 GWO.

[2]) Die Beschäftigung von Kegeljungen fällt auch dann unter das Gesetz, wenn der Gastwirt die Kegeljungen nicht selbst annimmt, sondern ihre Beschäftigung nur duldet: RGStr. 37 S. 213 im Anschluß an die amtliche Begründung S. 20.

[3]) Strafvorschrift: § 23.

§ 8

Beschäftigung beim Austragen von Waren und bei sonstigen Botengängen.

Auf die Beschäftigung von Kindern beim Austragen von Waren[1]) und bei sonstigen Botengängen in den in §§ 4 bis 7 bezeichneten und in anderen gewerblichen Betrieben[2]) finden die Bestimmungen des § 5 entsprechende Anwendung.

Für die ersten zwei Jahre nach dem Inkrafttreten dieses Gesetzes kann die untere Verwaltungsbehörde nach Anhörung der Schulaufsichtsbehörde für ihren Bezirk oder Teile desselben allgemein oder für einzelne Gewerbszweige gestatten, daß die Beschäftigung von Kindern über zwölf Jahre bereits von sechseinhalb Uhr morgens an und vor dem Vormittagsunterrichte stattfindet; jedoch darf sie vor dem Vormittagsunterrichte nicht länger als eine Stunde dauern.

---

1. Betr. das Austragen von Waren und Botengänge vgl. GWO. § 135 (Verbot für Kinder unter 13 Jahre; im übrigen zeitlich beschränkt).

Der Begriff des „Austragens u. von sonstigen Botengängen" ist in weitem Sinne zu verstehen; er umfaßt alle Tätigkeiten als Laufbursche, Laufmädchen, Zeitungsaustragen u. ä. Vgl. auch KG. v. 8. 10. 08 in GewArch. 8 S. 165.

2. Fabriken gehören nicht zu den gewerblichen Betrieben im Sinne des § 8: Erl. v. 14. 6. 07 (HMBl. S. 219).

3. Strafvorschrift: § 23.

§ 9

Sonntagsruhe.

An Sonn- und Festtagen (§ 105 a Abs. 2 der Gewerbeordnung) dürfen Kinder, vorbehaltlich der Bestimmungen in Abs. 2, 3, nicht beschäftigt werden.

Für die öffentlichen theatralischen Vorstellungen und sonstigen öffentlichen Schaustellungen bewendet es auch an Sonn- und Festtagen bei den Bestimmungen des § 6.

Für das Austragen von Waren sowie für sonstige Botengänge bewendet es bei den Bestimmungen des § 8. Jedoch darf an Sonn- und Festtagen die Beschäftigung die Dauer von zwei Stunden nicht überschreiten und sich nicht über ein Uhr nachmittags erstrecken; auch darf sie nicht in der letzten halben Stunde vor Beginn des Hauptgottesdienstes und nicht während desselben stattfinden.

Preuß. AusfAnw. v. 3. 5. 26 (HMBl. 125) Ziff. 7.

1) § 9 enthält eine besondere Regelung, die den allgemeinen Vorschriften in GWO. §§ 105 c bis f, 105 i vorgeht, so daß Ausnahmebewilligungen hier, abgesehen von den im § 9 Abs. 2 besonders geregelten Fall, nicht erfolgen können.

2) Strafvorschrift: § 24.

§ 10

Anzeige.

Sollen Kinder beschäftigt werden, so hat der Arbeitgeber vor dem Beginne der Beschäftigung der Ortspolizeibehörde eine schriftliche Anzeige zu machen. In der Anzeige sind die Betriebsstätte des Arbeitgebers sowie die Art des Betriebs anzugeben.

Die Bestimmung des Abs. 1 findet keine Anwendung auf eine bloß gelegentliche Beschäftigung mit einzelnen Dienstleistungen.

Betr. Anzeigepflicht und Arbeitskarte für fremde Kinder vgl. AusfAnw. Nr. 13 bis 20, 26 u. Erl. v. 3. 9. 06 (HMBl. S. 312); betr. die Entziehung der Arbeitskarte vgl. § 20 des Gesetzes.

Preuß. AusfAnw. v. 3. 5. 26 (HMBl. 125) Ziff. 9 u. 10.

1) Vor Beschäftigung eines fremden Kindes muß sowohl die schriftl. Anzeige nach § 10 wie auch die Ausstellung der Arbeitskarte (§ 10) erfolgt sein.

2) Strafvorschrift: § 26.

§ 11

Arbeitskarte.

Die Beschäftigung eines Kindes ist nicht gestattet, wenn dem Arbeitgeber nicht zuvor für dasselbe eine Arbeitskarte eingehändigt ist. Diese Bestimmung findet keine Anwendung auf eine bloß gelegentliche Beschäftigung mit einzelnen Dienstleistungen.

Die Arbeitskarten werden auf Antrag oder mit Zustimmung des gesetzlichen Vertreters durch die Ortspolizeibehörde desjenigen Ortes, an welchem das Kind zuletzt seinen dauernden Aufenthaltsort gehabt hat, kosten- und stempelfrei ausgestellt; ist die Erklärung des gesetzlichen Vertreters nicht zu beschaffen, so kann die Gemeindebehörde die Zustimmung ergänzen. Die Karten haben den Namen, Tag und Jahr der Geburt des Kindes sowie den Namen, Stand und letzten Wohnort des gesetzlichen Vertreters zu enthalten.

Der Arbeitgeber hat die Arbeitskarte zu verwahren, auf amtliches Verlangen vorzulegen und nach rechtmäßiger Lösung des Arbeitsverhältnisses dem gesetzlichen Vertreter wieder auszuhändigen. Ist die Wohnung des gesetzlichen Vertreters nicht zu ermitteln, so erfolgt die Aushändigung der Arbeitskarte an die im Abs. 2 bezeichnete Ortspolizeibehörde.

Die Bestimmungen des § 4 des Gewerbegerichtsgesetzes vom 29. September 1901 (Reichs-Gesetzbl. S. 353) über die Zuständigkeit der Gewerbegerichte für Streitigkeiten hinsichtlich der Arbeitsbücher finden entsprechende Anwendung.

Preuß. AusfAnw. v. 3. 5. 26 (HMBl. 125) Ziff. 11—21.

[1]) Betr. Form der Arbeitskarte vgl. f. Preußen Erl. d. Min. f. H. u. G. v. 3. 5. 26 (HMBl. 125) Ziff. 12; f. Bayern Vollzugs-Bek. v. 20. 12. 03 (GVBl. 681) nach Vollzugs-Anw. v. 6. 9. 26 (GVBl. 495) Ziff. 12; f. Sachsen Vrdg. v. 30. 11. 03 (GVBl. 572) § 3.

[2]) An die Stelle der in § 11 Abs. 4 in bezug genommenen Bestimmungen des Gewerbegerichtsgesetzes sind inzwischen die Bestimmungen des Arbeitsgerichtsgesetzes getreten. Für Streitigkeiten hinsichtlich der Arbeitsbücher sind danach jetzt die Arbeitsgerichte zuständig (AGG. § 2). Vgl. auch A. zu § 10.

[3]) Strafvorschrift: § 27.

III. Beschäftigung eigener Kinder

§ 12

Verbotene Beschäftigungsarten.

In Betrieben, in denen gemäß den Bestimmungen des § 4[1]) fremde Kinder nicht beschäftigt werden dürfen, sowie in Werkstätten, in welchen durch elementare Kraft[2]) (Dampf, Wind, Wasser, Gas, Luft, Elektrizität usw.) bewegte Triebwerke nicht bloß vorübergehend zur Verwendung kommen, ist auch die Beschäftigung eigener Kinder untersagt.

1. Vgl. betr. d. Begriff d. eigenen Kindes die §§ 2, 3; betr. der verbotenen Beschäftigungsarten d. § 4 m. Anm.

2. Beschäftigung in sog. Motorwerkstätten ist f. fremde Kinder nicht durch § 4, sondern durch GWO. § 254 Abs. 3 verboten.

3. Bezügl. d. Hausarbeit von eigenen Kindern sind auch die Vorschriften im HausarbGes. § 6 Abs. 1 Nr. 2 u. Abs. 2 zu beachten.

Strafvorschrift: § 25.

§ 13

Beschäftigung im Betriebe von Werkstätten, im Handelsgewerbe und in Verkehrsgewerben.

Im Betriebe von Werkstätten, in denen die Beschäftigung von Kindern nicht nach § 12 verboten ist, im Handelsgewerbe und in Verkehrsgewerben dürfen eigene Kinder unter zehn Jahren[1]) überhaupt nicht, eigene Kinder über zehn Jahre nicht in der Zeit zwischen

acht Uhr abends und acht Uhr morgens und nicht vor dem Vormittagsunterrichte beschäftigt werden. Um Mittag ist den Kindern eine mindestens zweistündige Pause zu gewähren. Am Nachmittage darf die Beschäftigung erst eine halbe Stunde nach beendetem Unterrichte beginnen.

Eigene Kinder unter zwölf Jahren dürfen in der Wohnung oder Werkstätte einer Person, zu der sie in einem der im § 3 Abs. 1 bezeichneten Verhältnisse stehen, für Dritte nicht beschäftigt werden[2]).

An Sonn- und Festtagen dürfen auch eigene Kinder im Betriebe von Werkstätten und im Handelsgewerbe sowie im Verkehrsgewerbe nicht beschäftigt werden.

Zu Absatz 1:

1. Betr. die Beschäftigung der eigenen Kinder unter zehn Jahren vgl. Bek. v. 20. 12. 05 (N. 775).

Zu Absatz 2:

2. Vgl. auch die Ermächtigung im § 6 Hausarbeitsgesetz, nach welcher aus Gründen von Gesundheit und Sittlichkeit die Beschäftigung der Kinder von einem höheren Lebensalter abhängig gemacht oder auch ganz verboten werden kann.

§ 14

Besondere Befugnisse des Bundesrats.

Der Bundesrat[1]) ist ermächtigt, für die ersten zwei Jahre nach dem Inkrafttreten dieses Gesetzes für einzelne Arten der im § 12 bezeichneten Werkstätten, in denen durch elementare Kraft bewegte Triebwerke nicht bloß vorübergehend zur Verwendung kommen, und der im § 13 Abs. 1 bezeichneten Werkstätten Ausnahmen von den daselbst vorgesehenen Bestimmungen zuzulassen.

Nach Ablauf dieser Zeit kann der Bundesrat für einzelne Arten der im § 12 bezeichneten Werkstätten mit Motorbetrieb die Beschäftigung eigener Kinder nach Maßgabe der Bestimmungen im § 13 Abs. 1 unter der Bedingung gestatten, daß die Kinder nicht an den durch die Triebkraft bewegten Maschinen beschäftigt werden dürfen. Auch kann der Bundesrat für einzelne Arten der im § 13 Abs. 1 bezeichneten Werkstätten Ausnahmen von dem Verbote der Beschäftigung von Kindern unter zehn Jahren zulassen, sofern die Kinder mit besonders leichten und ihrem Alter angemessenen Arbeiten beschäftigt werden; die Beschäftigung darf nicht in der Zeit zwischen acht Uhr abends und acht Uhr morgens stattfinden; um Mittag ist den Kindern eine mindestens zweistündige Pause zu gewähren; am Nachmittage darf die Beschäftigung erst eine Stunde nach beendetem Unterrichte beginnen. Die Ausnahmebestimmungen können allgemein oder für einzelne Bezirke erlassen werden.

Zu Absatz 1:

1. An die Stelle des Bundesrats ist die Reichsregierung getreten, welche der Zustimmung des Reichsrats bedarf: RV. Art. 77, 179 vb. m. Gesetz v. 10. 2. und 4. 3. 19 (N. 169, 285).

§ 15

Beschäftigung bei öffentlichen theatralischen Vorstellungen und anderen öffentlichen Schaustellungen.

Auf die Beschäftigung eigener Kinder bei öffentlichen theatralischen Vorstellungen und anderen öffentlichen Schaustellungen finden die Bestimmungen des § 6 Anwendung.

§ 15 a

Beschäftigung bei öffentlichen und nichtöffentlichen Lichtspielaufnahmen.

Auf die Heranziehung eigener Kinder zu Lichtspielaufnahmen finden die Bestimmungen des § 6 a Anwendung.

Preuß. AusfAnw. v. 3. 5. 26 (HMBl. 125) Ziff. 22.

[1]) § 15 a ist nachträglich eingefügt durch d. Gesetz v. 31. 7. 25 (R. I 162).

[2]) Vgl. Preuß. AusfAnw. v. 3. 5. 26 (HMBl. 125) Ziff. 8—8c.

§ 16

Beschäftigung im Betriebe von Gast- und von Schankwirtschaften.

Im Betriebe von Gast- und von Schankwirtschaften dürfen Kinder unter zwölf Jahren überhaupt nicht, und Mädchen (§ 2) nicht bei der Bedienung der Gäste beschäftigt werden. Die untere Verwaltungsbehörde ist befugt, nach Anhörung der Schulaufsichtsbehörde in Orten, welche nach der jeweilig letzten Volkszählung weniger als zwanzigtausend Einwohner haben, für Betriebe, in welchen in der Regel ausschließlich zur Familie des Arbeitgebers gehörige Personen beschäftigt werden, Ausnahmen zuzulassen. Im übrigen finden auf die Beschäftigung von eigenen Kindern die Bestimmungen des § 13 Abs. 1 Anwendung.

§ 17

Beschäftigung beim Austragen von Waren und bei sonstigen Botengängen.

Auf die Beschäftigung beim Austragen von Zeitungen, Milch und Backwaren finden die Bestimmungen im § 8, § 9 Abs. 3 dann Anwendung, wenn die Kinder für Dritte beschäftigt werden.

Im übrigen ist die Beschäftigung von eigenen Kindern beim Austragen von Waren und bei sonstigen Botengängen gestattet. Durch Polizeiverordnungen der zum Erlasse solcher berechtigten Behörden kann die Beschäftigung beschränkt werden.

Vgl. die Anm. zu § 8.

IV. Gemeinsame Bestimmungen

§ 18

Werkstätten im Sinne dieses Gesetzes.

Als Werkstätten gelten neben den Werkstätten im Sinne des § 105b Abs. 1 der Gewerbeordnung auch Räume, die zum Schlafen,

Wohnen oder Kochen dienen, wenn darin gewerbliche Arbeit verrichtet wird, sowie im Freien gelegene gewerbliche Arbeitsstellen.

Unter den Begriff der „Werkstätte" fallen auch Barbierstuben, Badeanstalten u. dgl. Vgl. RG. v. 22. 4. 04 (GewArch. 4 S. 149).

§ 19

Abweichungen von der gesetzlichen Zeit.

Beträgt der Unterschied zwischen der gesetzlichen Zeit und der Ortszeit mehr als eine Viertelstunde, so kann die höhere Verwaltungsbehörde bezüglich der in diesem Gesetze vorgesehenen Bestimmungen über Anfang und Ende der zulässigen täglichen Arbeitszeit für ihren Bezirk oder einzelne Teile desselben Abweichungen von der Vorschrift über die gesetzliche Zeit in Deutschland (Gesetz vom 12. März 1893, Reichs-Gesetzbl. S. 93) zulassen. Die Abweichungen dürfen nicht mehr als eine halbe Stunde betragen. Die gesetzlichen Bestimmungen über die zulässige Dauer der Beschäftigung bleiben unberührt.

§ 20

Besondere polizeiliche Befugnisse.

Die zuständigen Polizeibehörden[1]) können im Wege der Verfügung eine nach den vorstehenden Bestimmungen zulässige Beschäftigung, sofern dabei erhebliche Mißstände zutage getreten sind, auf Antrag oder nach Anhörung der Schulaufsichtsbehörde[2]) für einzelne Kinder einschränken oder untersagen sowie, wenn für das Kind eine Arbeitskarte erteilt ist (§ 11), diese entziehen und die Erteilung einer neuen Arbeitskarte verweigern.

Die zuständigen Polizeibehörden sind ferner befugt, zur Beseitigung erheblicher, die Sittlichkeit gefährdender Mißstände im Wege der Verfügung für einzelne Gast- oder Schankwirtschaften die Beschäftigung von Kindern weiter einzuschränken oder zu untersagen.

Preuß. AusfAnw. v. 3. 5. 26 (HMBl. 125) Ziff. 23—25.

[1]) Zuständig sind in Preußen u. Bayern die Ortspolizeibehörden, in Sachsen der Stadtrat oder der Amtshauptmann.

[2]) Ueber Mitwirkung der Lehrer bei schulpflichtigen Kindern vgl. für Preußen Erl. v. 5. 8. 10 (Zentr.-Bl. d. Unterrichtsverw. S. 778).

§ 21

Aufsicht.

Insoweit nicht durch Bundesratsbeschluß[1]) oder durch die Landesregierung[2]) die Aufsicht anderweitig geregelt ist, finden die Bestimmungen des § 139 b der Gewerbeordnung Anwendung.

In Privatwohnungen, in denen ausschließlich eigene Kinder beschäftigt werden, dürfen Revisionen während der Nachtzeit nur stattfinden, wenn Tatsachen vorliegen, welche den Verdacht der Nachtbeschäftigung dieser Kinder begründen.

1. Betr. Bundesrat vgl. A. zu § 14.

2. Für Preußen vgl. MinErl. v. 3. 5. 26 (HMBl. S. 125) Ziff. 26, u. betr. Mitwirkung der Lehrer Erl. v. 12. 8. 07; 5. 8. 10; 7. 7. 11 (ZBl. S. 787, 778, 504) u. 23. 12. 22 (GewArch. 22 S. 588).

§ 22

Zuständige Behörden.

Welche Behörden in jedem Bundesstaat unter der Bezeichnung: höhere Verwaltungsbehörde, untere Verwaltungsbehörde, Schulaufsichtsbehörde, Gemeindebehörde, Polizeibehörde, Ortspolizeibehörde zu verstehen sind, wird von der Zentralbehörde des Bundesstaats bekannt gemacht.

Vgl. f. Preußen: MinErl. v. 3. 5. 26 (HMBl. 125) zu A.; AusfAnw. v. 30. 11. 03/3. 9. 06 (HMBl. S. 368/312); Bayern: Vollzugs-Bek. v. 20. 12. 03 (GVBl. 681) u. Vollzugs-Anw. v. 6. 9. 26 (GVBl. 495); Sachsen: Vrdg. v. 30. 11. 03 (GVBl. 572); Württemberg: MinVerf. v. 10. 12. 03/12. 11. 05 (RegBl. 570/224).

V. Strafbestimmungen

§ 23

Mit Geldstrafe bis zu zweitausend Mark[1]) wird bestraft, wer[2]) den §§ 4 bis 8 zuwiderhandelt[3]).

Im Falle gewohnheitsmäßiger Zuwiderhandlung[4]) kann auf Gefängnisstrafe bis zu sechs Monaten erkannt werden.

Der § 75 des Gerichtsverfassungsgesetzes findet Anwendung[5]).

1. Strafrahmen: jetzt von 3 bis 10 000 RM. gemäß StGB. §§ 27 ff. i. d. Fassung der Vrdg. über Vermögensstrafen und Bußen v. 6. 2. 24 (R. I 44), des § 1 des Reichsmünzgesetzes vom 30. 8. 24 (R. I 254) und der §§ 1 und 2 der zweiten DurchfVrdg. v. 12. 12. 24 (R. I 775). Eine nicht beitreibbare Geldstrafe ist in Gefängnis von 1 Tag bis zu 6 Monaten umzuwandeln (StGB. § 29). Ueber ersatzweise Zulässigkeit von Haft vgl. KG. v. 14. 10. 10 (GewArch. 9 S. 530).

2. Nur der Betriebsunternehmer kann als Täter bestraft werden, nicht aber der Angestellte, der ein Kind dem Verbot zuwider zu einer Arbeit im Betriebe heranzieht: RGStr. 42 S. 318. Ueber die in Strafsachen zu machenden Mitteilungen vgl. für Preußen die AV. des JM. v. 12. 12. 27 (JMBl. 395) § 52.

3. Verjährung bei Abs. 1 in drei Jahren, bei Abs. 2 in fünf Jahren (StGB. § 67 Abs. 2); bei Dauerdelikt aber erst beginnend mit der letzten Zuwiderhandlung: RGStr. 59 S. 7.

4. Zu Abs. 2.: Ueber den Begriff der gewohnheitsmäßigen Zuwiderhandlung vgl. RGStr. 32 S. 397 u. Bd. 58 S. 24.

5. § 75 GVG. ist aufgehoben. Zuständig zur Entscheidung ist jetzt der Amtsrichter: Vrdg. über Gerichtsverfassung und Strafrechtspflege v. 4. 1. 24 (R. I 15) §§ 6, 8.

§ 24

Mit Geldstrafe bis zu sechshundert Mark wird bestraft:

1. **wer dem § 9 zuwider Kindern an Sonn- und Festtagen Beschäftigung gibt;**
2. **wer den auf Grund des § 20 hinsichtlich der Beschäftigung fremder Kinder endgültig ergangenen Verfügungen zuwiderhandelt.**

Im Falle gewohnheitsmäßiger Zuwiderhandlung kann auf Haft erkannt werden.

§ 25

Mit Geldstrafe bis zu einhundertfünfzig Mark[1]) wird bestraft:

1. **wer den §§ 12 bis 16, § 17 Abs. 1 zuwiderhandelt;**
2. **wer den auf Grund des § 20 hinsichtlich der Beschäftigung eigener Kinder endgültig ergangenen Verfügungen oder den auf Grund des § 17 Abs. 2 erlassenen Vorschriften zuwiderhandelt.**

Im Falle gewohnheitsmäßiger Zuwiderhandlung kann auf Haft erkannt werden.

[1]) Strafrahmen entspr. StGB. § 27 Abs. 1 Nr. 2. Ersatzstrafe i. Haft von 1 Tag bis z. 6 Wochen. Vgl. § 23 A. 1.

[2]) Verantwortlich sind nur die Eltern u. d. im § 3 genannten erwachsenen Personen, die „eigene Kinder" den gesetzlichen Bestimmungen zuwider beschäftigen: RGStr. 42 S. 318.

§ 26

Mit Geldstrafe bis zu dreißig Mark[1]) werden Arbeitgeber bestraft, welche es unterlassen, den durch § 10 für sie begründeten Verpflichtungen nachzukommen.

[1]) Strafrahmen jetzt allgemein 1—150 RM. u. Ersatzhaftstrafe von 1 Tag bis 6 Wochen: StGB. § 27 Abs. 1 Nr. 2 vb. m. Vrdg. v. 6. 2. 24 (R. I 44).

§ 27

Mit Geldstrafe bis zu zwanzig Mark[1]) wird bestraft:

1. **wer entgegen der Bestimmung des § 11 Abs. 1 ein Kind in Beschäftigung nimmt oder behält;**
2. **wer der Bestimmung des § 11 Abs. 3 in Ansehung der Arbeitskarten zuwiderhandelt.**

1. Jetzt: 1 bis 150 RM.

2. Als Verschulden genügt Fahrlässigkeit. Diese kann auch in mangelnder Sorgfalt bei Feststellung des Alters des Kindes gefunden werden; ebenso Schwarz in Stengleins Strafrechtl. Nebengesetzen 5. Aufl. Bd. 2 S. 692.

§ 28

Die Strafverfolgung der im § 24 bezeichneten Vergehen verjährt binnen drei Monaten.

§ 29

Die Bestimmungen des § 151 der Gewerbeordnung finden Anwendung.

Betr. die Verantwortlichkeit des Arbeitgebers, neben dem auch dessen Stellvertreter, Betriebsleiter u. a. haften können. Ueber die Frage, ob auch ein Gewerbegehilfe vgl. RGStr. 42 S. 319.

VI. Schlußbestimmungen

§ 30

Die vorstehenden Bestimmungen stehen weitergehenden landesrechtlichen Beschränkungen der Beschäftigung von Kindern in gewerblichen Betrieben nicht entgegen.

Weitergehende landesrechtl. Beschränkungen können auch in entspr. Polizeiverordnungen enthalten sein. KGJ. 19 S. 232 u. KGJ. 20 C. 5.

§ 31

Dieses Gesetz tritt mit dem 1. Januar 1904 in Kraft.

Verzeichnis derjenigen Werkstätten, in deren Betrieb, abgesehen vom Austragen von Waren und von sonstigen Botengängen, Kinder nicht beschäftigt werden dürfen.

Gruppe der Gewerbe-statistik	Bezeichnung der Werkstätten
VI.	Werkstätten zur Anfertigung von Schieferwaren, Schiefertafeln und Griffeln, mit Ausnahme von Werkstätten, in denen lediglich das Färben, Bemalen und Bekleben sowie die Verpackung von Griffeln und das Färben, Liniieren und Einrahmen von Schiefertafeln erfolgt.
	Werkstätten der Steinmetzen, Steinhauer.
	Werkstätten der Steinbohrer, -schleifer oder -polierer.
	Kalkbrennereien, Gipsbrennereien.
	Werkstätten der Töpfer.
	Werkstätten der Glasbläser, -ätzer, -schleifer oder -mattierer, mit Ausnahme der Werkstätten der Glasbläser, in denen ausschließlich vor der Lampe geblasen wird.
	Spiegelbelegereien.
V	Werkstätten, in denen Gegenstände auf galvanischem Wege durch Vergolden, Versilbern, Vernickeln und dergleichen mit Metallüberzügen versehen werden oder in denen Gegenstände auf galvanoplastischem Wege hergestellt werden.
	Werkstätten, in denen Blei- und Zinnspielwaren bemalt werden.
	Werkstätten*), in denen Blei, Kupfer, Zink oder Legierungen dieser Metalle bearbeitet oder verarbeitet werden, mit Ausnahme von Werkstätten, in denen ausschließlich eigene Kinder und diese lediglich mit Sortieren und Zusammensetzen von Uhrenbestandteilen beschäftigt werden.
	Werkstätten der Gürtler und Bronzeure.
	Werkstätten, in denen Blei, Kupfer, Zink oder Legierungen dieser Metalle bearbeitet oder verarbeitet werden.
	Metallschleifereien und -poliereien.
	Feilenhauereien.
VI.	Harnischmachereien, Bleianknüpfereien.
	Werkstätten, in denen Quecksilber verwandt wird.
VII.	Werkstätten zur Herstellung von Explosivstoffen, Feuerwerkskörpern, Zündhölzern und sonstigen Zündwaren.
	Abdeckereien.
IX.	Werkstätten, in denen Gespinste, Gewebe und dergleichen mittels chemischer Agentien gebleicht werden.
	Färbereien.
	Lumpensortierereien.
XI.	Felleinsalzereien, Gerbereien.
	Werkstätten zur Verfertigung von Gummi-, Guttapercha- und Kautschukwaren.
	Werkstätten zur Verfertigung von Polsterwaren.
	Roßhaarspinnereien.
XII.	Werkstätten der Perlmutterverarbeitung.
	Haar- und Borstenzurichtereien. Bürsten- und Pinselmachereien, sofern mit ausländischem tierischen Materiale gearbeitet wird.
XIII.	Fleischereien.
XIV.	Hasenhaarschneidereien.
	Bettfedernreinigungsanstalten.
	Chemische Waschanstalten.
XV.	Werkstätten der Maler und Anstreicher.

*) Die Anführung unter V alinea. 5 des Verzeichnisses ist geändert gemäß Bek. v. 17. 12. 03 (R. 312).

a. Gewerbeordnung für das Deutsche Reich v. 21. 6. 69

i. d. F. der Bek. v. 27. 6. 00 (R. 871).

— Die §§ 41a ff., 105e ff. sind abgedruckt oben S. 27 ff. —

§ 42b

Durch die höhere Verwaltungsbehörde nach Anhörung der Gemeindebehörde oder durch Beschluß der Gemeindebehörde mit Genehmigung der höheren Verwaltungsbehörde kann für einzelne Gemeinden bestimmt werden, daß Personen, welche in dem Gemeindebezirk einen Wohnsitz oder eine gewerbliche Niederlassung besitzen und welche innerhalb des Gemeindebezirkes auf öffentlichen Wegen, Straßen, Plätzen oder an anderen öffentlichen Orten oder ohne vorgängige Bestellung von Haus zu Haus

1. Waren feilbieten oder
2. Waren bei anderen Personen als bei Kaufleuten oder solchen Personen, welche die Waren produzieren, oder an anderen Orten als in offenen Verkaufsstellen zum Wiederverkauf ankaufen, oder Warenbestellungen bei Personen, in deren Gewerbebetriebe Waren der angebotenen Art keine Verwendung finden, aufsuchen, oder
3. gewerbliche Leistungen, hinsichtlich deren dies nicht Landesgebrauch ist, anbieten wollen,

der Erlaubnis bedürfen. Diese Bestimmung kann auf einzelne Teile des Gemeindebezirkes sowie auf gewisse Gattungen von Waren und Leistungen beschränkt werden.

Auf die Erteilung, Versagung und Zurücknahme der Erlaubnis finden die Vorschriften der §§ 57 bis 58 und 63 Abs. 1 und auf die Ausübung des Gewerbebetriebs die Vorschriften der §§ 60b, 60c, des § 60d Abs. 1, 2 und des § 63 Abs. 2 entsprechende Anwendung.

In betreff der im § 59 Ziffer 1 und 2 bezeichneten Erzeugnisse und Waren, auch wenn dieselben nicht zu den selbstgewonnenen oder selbstverfertigten gehören, ferner in betreff der Druckschriften, anderen Schriften und Bildwerke, insoweit der Gewerbebetrieb hiermit von Haus zu Haus stattfindet, sowie in betreff der vom Bundesrat in Gemäßheit des § 44 Abs. 2 gestatteten Ausnahmen darf der betreffende Gewerbebetrieb in dem Gemeindebezirke des Wohnsitzes oder der gewerblichen Niederlassung von einer Erlaubnis nicht abhängig gemacht werden. In betreff der im § 59 Ziffer 1 und 2 bezeichneten Erzeugnisse und Waren kann jedoch der Gewerbebetrieb unter den im § 57 Ziffer 1 bis 4 erwähnten Voraussetzungen untersagt sowie nach Maßgabe des § 60b Abs. 2 und des § 60c Abs. 2 beschränkt und gemäß § 60b Abs. 3 verboten werden. Auf die Untersagung dieses Gewerbebetriebs finden die Vorschriften des § 63 Abs. 1, auf die Beschränkung desselben die Vorschriften des § 63 Abs. 2 entsprechende Anwendung.

Die höhere Verwaltungsbehörde ist befugt, die vom Bundesrate gemäß § 56d getroffenen Bestimmungen auf diejenigen Ausländer entsprechend anzuwenden, welche innerhalb des Gemeindebezirkes ihres Wohnorts oder ihrer gewerblichen Niederlassung auf öffentlichen Wegen, Straßen, Plätzen oder an anderen öffentlichen Orten oder ohne vorgängige Bestellung von Haus zu Haus eins der unter Ziffer 1 bis 3 bezeichneten Gewerbe betreiben wollen.

Kinder unter vierzehn Jahren dürfen, auch wenn eine Bestimmung nach Abs. 1 nicht getroffen ist, auf öffentlichen Wegen, Straßen, Plätzen oder an öffentlichen Orten oder ohne vorgängige Bestellung von Haus zu Haus Gegenstände nicht feilbieten. In Orten, wo ein derartiges Feilbieten durch Kinder herkömmlich ist, darf die Ortspolizeibehörde ein solches für bestimmte Zeitabschnitte, welche in einem Kalenderjahre zusammen vier Wochen nicht überschreiten dürfen, gestatten.

§ 55

Wer außerhalb des Gemeindebezirkes seines Wohnorts oder der durch besondere Anordnung der höheren Verwaltungsbehörde dem Gemeindebezirke des Wohnorts gleichgestellten nächsten Umgebung desselben ohne Begründung einer gewerblichen Niederlassung und ohne vorgängige Bestellung in eigener Person

1. Waren feilbieten,
2. Warenbestellungen aufsuchen oder Waren bei anderen Personen als bei Kaufleuten oder an anderen Orten als in offenen Verkaufsstellen zum Wiederverkauf ankaufen,
3. gewerbliche Leistungen anbieten,
4. Musikaufführungen, Schaustellungen, theatralische Vorstellungen oder sonstige Lustbarkeiten, ohne daß ein höheres Interesse der Kunst oder der Wissenschaft dabei obwaltet, darbieten will,

bedarf eines Wandergewerbescheins, soweit nicht für die in Ziffer 2 bezeichneten Fälle in Gemäßheit des § 44a eine Legitimationskarte genügt.

In dem Falle der Ziffer 4 ist auch für den Marktverkehr (§ 64) ein Wandergewerbeschein erforderlich.

§ 57a

Der Wandergewerbeschein ist in der Regel zu versagen:

1. wenn der Nachsuchende das fünfundzwanzigste Lebensjahr noch nicht vollendet hat.

   Im Falle der Ziffer 1 ist dem Nachsuchenden der Wandergewerbeschein zu erteilen, wenn er der Ernährer einer Familie ist und bereits vier Jahre im Wandergewerbe tätig gewesen ist;
2. wenn er blind, taub oder stumm ist oder an Geistesschwäche leidet.

§ 57b

Der Wandergewerbeschein darf außerdem nur dann versagt werden:

1. wenn der Nachsuchende im Inland einen festen Wohnsitz nicht hat;
2. wenn er wegen strafbarer Handlungen aus Gewinnsucht, gegen das Eigentum, gegen die Sittlichkeit, wegen vorsätzlicher Angriffe auf das Leben und die Gesundheit der Menschen, wegen

Hausfriedensbruchs, wegen Widerstandes gegen die Staatsgewalt, wegen vorsätzlicher Brandstiftung, wegen Zuwiderhandlungen gegen Verbote oder Sicherungsmaßregeln, betreffend Einführung oder Verbreitung ansteckender Krankheiten oder Viehseuchen, zu einer Freiheitsstrafe von mindestens einer Woche verurteilt ist und seit der Verbüßung der Strafe fünf Jahre noch nicht verflossen sind;

3. wenn er wegen Verletzung der auf den Gewerbebetrieb im Umherziehen bezüglichen Vorschriften im Laufe der letzten drei Jahre wiederholt vorbestraft ist;
4. wenn er ein oder mehrere Kinder besitzt, für deren Unterhalt und, sofern sie im schulpflichtigen Alter stehen, für deren Unterricht nicht genügend gesorgt ist.

§ 58

Der Wandergewerbeschein kann zurückgenommen werden, wenn sich ergibt, daß eine der im § 57 Ziffer 1 bis 4, § 57a oder § 57b bezeichneten Voraussetzungen entweder zur Zeit der Erteilung desselben bereits vorhanden gewesen, der Behörde aber unbekannt geblieben, oder erst nach Erteilung des Scheines eingetreten ist.

§ 60b

Minderjährigen Personen kann in dem Wandergewerbescheine die Beschränkung auferlegt werden, daß sie das Gewerbe nicht nach Sonnenuntergang, und minderjährigen Personen weiblichen Geschlechts kann außerdem die Beschränkung auferlegt werden, daß sie dasselbe nur auf öffentlichen Wegen, Straßen und Plätzen, nicht aber von Haus zu Haus betreiben dürfen.

Desgleichen kann von der Ortspolizeibehörde minderjährigen Personen verboten werden, daß sie innerhalb des Polizeibezirkes die im § 59 Ziffer 1 und 2 aufgeführten Gegenstände nach Sonnenuntergang, und minderjährigen Personen weiblichen Geschlechts, daß sie dieselben Gegenstände von Haus zu Haus feilbieten.

Das Feilbieten der im § 59 Ziffer 1 und 2 bezeichneten Gegenstände durch Kinder unter vierzehn Jahren kann von der Ortspolizeibehörde verboten werden.

§ 62

Wer beim Gewerbebetrieb im Umherziehen andere Personen von Ort zu Ort mit sich führen will, bedarf der Erlaubnis derjenigen Behörde, welche den Wandergewerbeschein erteilt hat oder in deren Bezirke sich der Nachsuchende befindet. Die Erlaubnis wird in dem Wandergewerbeschein unter näherer Bezeichnung dieser Personen vermerkt.

Die Erlaubnis ist zu versagen, soweit bei ihnen eine der im § 57 bezeichneten Voraussetzungen zutrifft oder wenn für sie die nach der Reichsversicherungsordnung erforderlichen Krankenkassenbeiträge nicht entrichtet oder gestundet sind; außerdem darf dieselbe nur dann versagt werden, soweit eine der in den §§ 57a, 57b bezeichneten Voraussetzungen vorliegt. Die Erlaubnis wird nach Maßgabe des § 58 durch eine für Erteilung zuständige Behörde zurückgenommen.

Die Mitführung von Kindern unter vierzehn Jahren zu gewerblichen Zwecken ist verboten.

Die Erlaubnis zur Mitführung von Kindern, welche schulpflichtig sind, ist zu versagen und die bereits erteilte Erlaubnis zurückzunehmen, wenn nicht für einen ausreichenden Unterricht der Kinder gesorgt ist.

Die Erlaubnis zur Mitführung von Kindern unter vierzehn Jahren kann versagt und von der für die Erteilung derselben zuständigen Behörde zurückgenommen werden. Dasselbe gilt von der Erlaubnis zur Mitführung von Personen anderen Geschlechts mit Ausnahme der Ehegatten und der über vierzehn Jahre alten eigenen Kinder und Enkel.

§ 81

Diejenigen, welche ein Gewerbe selbständig betreiben, können zur Förderung der gemeinsamen gewerblichen Interessen zu einer Innung zusammentreten.

§ 81a

Aufgabe der Innungen ist:

1. die Pflege des Gemeingeistes sowie die Aufrechterhaltung und Stärkung der Standesehre unter den Innungsmitgliedern;
2. die Förderung eines gedeihlichen Verhältnisses zwischen Meistern und Gesellen (Gehilfen) sowie die Fürsorge für das Herbergswesen;
3. die nähere Regelung des Lehrlingswesens und die Fürsorge für die technische, gewerbliche und sittliche Ausbildung der Lehrlinge, vorbehaltlich der Bestimmungen der §§ 103e, 126 bis 132a;
4. die Entscheidung von Streitigkeiten zwischen den Innungsmitgliedern und ihren Lehrlingen.

§ 106

Gewerbetreibende, welchen die bürgerlichen Ehrenrechte aberkannt sind, dürfen, solange ihnen diese Rechte entzogen bleiben, mit der Anleitung von Arbeitern unter achtzehn Jahren sich nicht befassen.

Die Entlassung der dem vorstehenden Verbote zuwider beschäftigten Arbeiter kann polizeilich erzwungen werden.

§ 107

Minderjährige Personen dürfen, soweit reichsgesetzlich nicht ein anderes zugelassen ist, als Arbeiter nur beschäftigt werden, wenn sie mit einem Arbeitsbuche versehen sind. Bei der Annahme solcher Arbeiter hat der Arbeitgeber das Arbeitsbuch einzufordern. Er ist verpflichtet, dasselbe zu verwahren, auf amtliches Verlangen vorzulegen und nach rechtmäßiger Lösung des Arbeitsverhältnisses wieder auszuhändigen. Die Aushändigung erfolgt an den gesetzlichen Vertreter, sofern dieser es verlangt oder der Arbeiter das sechzehnte Lebensjahr noch nicht vollendet hat, anderenfalls an den Arbeiter selbst. Mit Genehmigung der Gemeindebehörde des im § 108 bezeichneten Ortes kann die Aushändigung des Arbeitsbuchs auch an die zur gesetzlichen Vertretung nicht berechtigte Mutter oder einen sonstigen Angehörigen oder unmittelbar an den Arbeiter erfolgen.

Auf Kinder, welche zum Besuche der Volksschule verpflichtet sind, finden vorstehende Bestimmungen keine Anwendung.

§ 108

Das Arbeitsbuch wird dem Arbeiter durch die Polizeibehörde desjenigen Ortes, an welchem er zuletzt seinen dauernden Aufenthalt gehabt hat, wenn aber ein solcher im Gebiete des Deutschen Reichs nicht stattgefunden hat, von der Polizeibehörde des von ihm zuerst erwählten deutschen Arbeitsorts kosten- und stempelfrei ausgestellt. Die Ausstellung erfolgt auf Antrag oder mit Zustimmung des gesetzlichen Vertreters. Ist die Erklärung des gesetzlichen Vertreters nicht zu beschaffen oder verweigert dieser die Zustimmung ohne genügenden Grund nud zum Nachteile des Arbeiters, so kann die Gemeindebehörde die Zustimmung ergänzen. Vor der Ausstellung ist nachzuweisen, daß der Arbeiter zum Besuche der Volksschule nicht mehr verpflichtet ist, und glaubhaft zu machen, daß bisher ein Arbeitsbuch für ihn noch nicht ausgestellt war.

§ 109

Wenn das Arbeitsbuch vollständig ausgefüllt oder nicht mehr brauchbar oder wenn es verlorengegangen oder vernichtet ist, so wird an Stelle desselben ein neues Arbeitsbuch ausgestellt. Die Ausstellung erfolgt durch die Polizeibehörde desjenigen Ortes, an welchem der Inhaber des Arbeitsbuchs zuletzt seinen dauernden Aufenthalt gehabt hat. Das ausgefüllte oder nicht mehr brauchbare Arbeitsbuch ist durch einen amtlichen Vermerk zu schließen.

Wird das neue Arbeitsbuch an Stelle eines nicht mehr brauchbaren, eines verlorengegangen oder vernichteten Arbeitsbuchs ausgestellt, so ist dies darin zu vermerken. Für die Ausstellung kann in diesem Falle eine Gebühr bis zu fünfzig Pfennig erhoben werden.

§ 110

Das Arbeitsbuch (§ 108) muß den Namen des Arbeiters, Ort, Jahr und Tag seiner Geburt, Namen und letzten Wohnort seines gesetzlichen Vertreters und die Unterschrift des Arbeiters enthalten. Die Ausstellung erfolgt unter dem Siegel und der Unterschrift der Behörde. Letztere hat über die von ihr ausgestellten Arbeitsbücher ein Verzeichnis zu führen.

Die Einrichtung der Arbeitsbücher wird durch den Reichskanzler bestimmt.

§ 111

Bei dem Eintritte des Arbeiters in das Arbeitsverhältnis hat der Arbeitgeber an der dafür bestimmten Stelle des Arbeitsbuchs die Zeit des Eintritts und die Art der Beschäftigung, am Ende des Arbeitsverhältnisses die Zeit des Austritts und, wenn die Beschäftigung Aenderungen erfahren hat, die Art der letzten Beschäftigung des Arbeiters einzutragen.

Die Eintragungen sind mit Tinte zu bewirken und von dem Arbeitgeber oder dem dazu bevollmächtigten Betriebsleiter zu unterzeichnen.

Die Eintragungen dürfen nicht mit einem Merkmale versehen sein, welches den Inhaber des Arbeitsbuchs günstig oder nachteilig zu kennzeichnen bezweckt.

Die Eintragung eines Urteils über die Führung oder die Leistungen des Arbeiters und sonstige durch dieses Gesetz nicht vorgesehene Eintragungen oder Vermerke in oder an dem Arbeitsbuche sind unzulässig.

§ 112

Ist das Arbeitsbuch bei dem Arbeitgeber unbrauchbar geworden, verlorengegangen oder vernichtet oder sind von dem Arbeitgeber unzulässige Merkmale, Eintragungen oder Vermerke in oder an dem Arbeitsbuche gemacht, oder wird von dem Arbeitgeber ohne rechtmäßigen Grund die Aushändigung des Arbeitsbuchs verweigert, so kann die Ausstellung eines neuen Arbeitsbuchs auf Kosten des Arbeitgebers beansprucht werden.

Ein Arbeitgeber, welcher das Arbeitsbuch seiner gesetzlichen Verpflichtung zuwider nicht rechtzeitig ausgehändigt oder die vorschriftsmäßigen Eintragungen zu machen unterlassen oder unzulässige Merkmale, Eintragungen oder Vermerke gemacht hat, ist dem Arbeiter entschädigungspflichtig. Der Anspruch auf Entschädigung erlischt, wenn er nicht innerhalb vier Wochen nach seiner Entstehung im Wege der Klage oder Einrede geltend gemacht ist.

§ 113

Beim Abgange können die Arbeiter ein Zeugnis über die Art und Dauer ihrer Beschäftigung fordern.

Dieses Zeugnis ist auf Verlangen der Arbeiter auch auf ihre Führung und ihre Leistungen auszudehnen.

Den Arbeitgebern ist untersagt, die Zeugnisse mit Merkmalen zu versehen, welche den Zweck haben, den Arbeiter in einer aus dem Wortlaute des Zeugnisses nicht ersichtlichen Weise zu kennzeichnen.

Ist der Arbeiter minderjährig, so kann das Zeugnis von dem gesetzlichen Vertreter gefordert werden. Dieser kann verlangen, daß das Zeugnis an ihn, nicht an den Minderjährigen ausgehändigt werde. Mit Genehmigung der Gemeindebehörde des im § 108 bezeichneten Ortes kann auch gegen den Willen des gesetzlichen Vertreters die Aushändigung unmittelbar an den Arbeiter erfolgen.

§ 119a

Lohneinbehaltungen, welche von Gewerbeunternehmern zur Sicherung des Ersatzes eines ihnen aus der widerrechtlichen Auflösung des Arbeitsverhältnisses erwachsenden Schadens oder einer für diesen Fall verabredeten Strafe ausbedungen werden, dürfen bei den einzelnen Lohnzahlungen ein Viertel des fälligen Lohnes, im Gesamtbetrage den Betrag eines durchschnittlichen Wochenlohnes nicht übersteigen.

Durch statutarische Bestimmung einer Gemeinde oder eines weiteren Kommunalverbandes (§ 142) kann für alle Gewerbebetriebe oder gewisse Arten derselben festgesetzt werden:

1. daß Lohn- und Abschlagszahlungen in festen Fristen erfolgen müssen, welche nicht länger als einen Monat und nicht kürzer als eine Woche sein dürfen;

2. daß der von minderjährigen Arbeitern verdiente Lohn an die Eltern oder Vormünder und nur mit deren schriftlicher

Zustimmung oder nach deren Bescheinigung über den Empfang der letzten Lohnzahlung unmittelbar an die Minderjährigen gezahlt wird;

3. daß die Gewerbetreibenden den Eltern oder Vormündern innerhalb gewisser Fristen Mitteilung von den an minderjährige Arbeiter gezahlten Lohnbeträgen zu machen haben.

§ 120

Die Gewerbeunternehmer sind verpflichtet, ihren Arbeitern unter achtzehn Jahren, welche eine von der Gemeindebehörde oder vom Staate als Fortbildungsschule anerkannte Unterrichtsanstalt besuchen, hierzu die erforderlichenfalls von der zuständigen Behörde festzusetzende Zeit zu gewähren. Am Sonntage darf der Unterricht nur stattfinden, wenn die Unterrichtsstunden so gelegt werden, daß die Schüler nicht gehindert werden, den Hauptgottesdienst oder einen mit Genehmigung der kirchlichen Behörden für sie eingerichteten besonderen Gottesdienst ihrer Konfession zu besuchen. Ausnahmen von dieser Bestimmung kann die Zentralbehörde für bestehende Fortbildungsschulen, zu deren Besuche keine Verpflichtung besteht, bis zum 1. Oktober 1894 gestatten.

Als Fortbildungsschulen im Sinne dieser Bestimmung gelten auch Anstalten, in welchen Unterricht in weiblichen Hand- und Hausarbeiten erteilt wird.

Die Pflicht zum Besuch einer Fortbildungsschule kann, soweit sie nicht nach Landesgesetz besteht, durch statutarische Bestimmung einer Gemeinde oder eines weiteren Kommunalverbandes (§ 142) für die im Abs. 1 bezeichneten Arbeiter eingeführt werden. Diese Pflicht besteht dann auch für die Zeit ihrer Arbeitslosigkeit. Auf demselben Wege können die zur Durchführung dieser Verpflichtung erforderlichen Bestimmungen getroffen werden. Insbesondere können durch statutarische Bestimmung die zur Sicherung eines regelmäßigen Schulbesuchs den Schulpflichtigen sowie deren Eltern, Vormündern und Arbeitgebern obliegenden Verpflichtungen bestimmt und diejenigen Vorschriften erlassen werden, durch welche die Ordnung in der Fortbildungsschule und ein gebührliches Verhalten der Schüler gesichert wird. Von der durch statutarische Bestimmung begründeten Verpflichtung zum Besuch einer Fortbildungsschule sind diejenigen befreit, welche eine Innungs- oder andere Fortbildungs- oder Fachschule besuchen, sofern der Unterricht dieser Schule von der höheren Verwaltungsbehörde als ein ausreichender Ersatz des allgemeinen Fortbildungsschulunterrichts anerkannt wird.

Die im Abs. 3 Satz 1 ausgesprochene Pflicht kann für eine Gemeinde oder einen weiteren Kommunalverband durch Anordnung der höheren Verwaltungsbehörde eingeführt werden, wenn ungeachtet einer von ihr auf Antrag beteiligter Arbeitgeber oder Arbeiter an die Gemeinde oder den weiteren Kommunalverband erlassenen Aufforderung innerhalb der gesetzten Frist das Statut nicht erlassen worden ist. Die im Abs. 3 vorgesehenen Bestimmungen werden in diesem Falle von der höheren Verwaltungsbehörde getroffen. Gegen die Aufforderung und die Anordnungen der höheren Verwaltungsbehörde ist Beschwerde an die Landeszentralbehörde zulässig.

Die Unterrichtszeiten werden von der hierfür nach Landesrecht zuständigen Behörde festgesetzt und bekanntgemacht.

§§ 120a bis 120g abgedruckt S. 35 ff.

III. Lehrlingsverhältnisse

A. Allgemeine Bestimmungen

§ 126

Die Befugnis zum Halten oder zur Anleitung von Lehrlingen steht Personen, welche sich nicht im Besitze der bürgerlichen Ehrenrechte befinden, nicht zu.

§ 126a

Die Befugnis zum Halten und zur Anleitung von Lehrlingen kann solchen Personen ganz oder auf Zeit entzogen werden, welche sich wiederholt grober Pflichtverletzungen gegen die ihnen anvertrauten Lehrlinge schuldig gemacht haben oder gegen welche Tatsachen vorliegen, die sie in sittlicher Beziehung zum Halten oder zur Anleitung von Lehrlingen ungeeignet erscheinen lassen.

Die Befugnis zur Anleitung von Lehrlingen kann ferner solchen Personen entzogen werden, welche wegen geistiger oder körperlicher Gebrechen zur sachgemäßen Anleitung eines Lehrlings nicht geeignet sind.

Die Entziehung erfolgt durch Verfügung der unteren Verwaltungsbehörde; gegen die Verfügung findet der Rekurs statt. Wegen des Verfahrens und der Behörden gelten die Vorschriften der §§ 20 und 21, soweit nicht landesgesetzlich das Verfahren in streitigen Verwaltungssachen Platz greift.

Durch die höhere Verwaltungsbehörde kann die entzogene Befugnis nach Ablauf eines Jahres wieder eingeräumt werden.

§ 126b

Der Lehrvertrag ist binnen vier Wochen nach Beginn der Lehre schriftlich abzuschließen. Derselbe muß enthalten:

1. die Bezeichnung des Gewerbes oder des Zweiges der gewerblichen Tätigkeit, in welchem die Ausbildung erfolgen soll;
2. die Angabe der Dauer der Lehrzeit;
3. die Angabe der gegenseitigen Leistungen;
4. die gesetzlichen und sonstigen Voraussetzungen, unter welchen die einseitige Auflösung des Vertrags zulässig ist.

Der Lehrvertrag ist von dem Gewerbetreibenden oder seinem Stellvertreter, dem Lehrling und dem gesetzlichen Stellvertreter des Lehrlinges zu unterschreiben und in einem Exemplare dem gesetzlichen Vertreter des Lehrlinges auszuhändigen. Der Lehrherr ist verpflichtet, der Ortspolizeibehörde auf Erfordern den Lehrvertrag einzureichen.

Auf Lehrlinge in staatlich anerkannten Lehrwerkstätten finden diese Bestimmungen keine Anwendung. Das gleiche gilt für Lehrverhältnisse zwischen Eltern und Kindern, falls der Handwerkskammer das Bestehen des Lehrverhältnisses, der Tag seines Beginns, das Gewerbe oder der Zweig der gewerblichen Tätigkeit, in welchem die Ausbildung erfolgen soll, und die Dauer der Lehrzeit schriftlich angezeigt wird.

Der Lehrvertrag ist kosten- und stempelfrei.

§ 127

Der Lehrherr ist verpflichtet, den Lehrling in den bei seinem Betriebe vorkommenden Arbeiten des Gewerbes dem Zwecke der Ausbildung entsprechend zu unterweisen, ihn zum Besuche der Fortbildungs- oder Fachschule anzuhalten und den Schulbesuch zu überwachen. Er muß entweder selbst oder durch einen geeigneten, ausdrücklich dazu bestimmten Vertreter die Ausbildung des Lehrlinges leiten, den Lehrling zur Arbeitsamkeit und zu guten Sitten anhalten und vor Ausschweifungen bewahren, er hat ihn gegen Mißhandlungen seitens der Arbeits- und Hausgenossen zu schützen und dafür Sorge zu tragen, daß dem Lehrlinge nicht Arbeitsverrichtungen zugewiesen werden, welche seinen körperlichen Kräften nicht angemessen sind.

Er darf dem Lehrlinge die zu seiner Ausbildung und zum Besuche des Gottesdienstes an Sonn- und Festtagen erforderliche Zeit und Gelegenheit nicht entziehen. Zu häuslichen Dienstleistungen dürfen Lehrlinge, welche im Hause des Lehrherrn weder Kost noch Wohnung erhalten, nicht herangezogen werden.

§ 127a

Der Lehrling ist der väterlichen Zucht des Lehrherrn unterworfen und dem Lehrherrn sowie demjenigen, welcher an Stelle des Lehrherrn die Ausbildung zu leiten hat, zur Folgsamkeit und Treue, zu Fleiß und anständigem Betragen verpflichtet.

Uebermäßige und unanständige Züchtigungen sowie jede die Gesundheit des Lehrlinges gefährdende Behandlung sind verboten.

§ 127b

Das Lehrverhältnis kann, wenn eine längere Frist nicht vereinbart ist, während der ersten vier Wochen nach Beginn der Lehrzeit durch einseitigen Rücktritt aufgelöst werden. Eine Vereinbarung, wonach diese Probezeit mehr als drei Monate betragen soll, ist nichtig.

Nach Ablauf der Probezeit kann der Lehrling vor Beendigung der verabredeten Lehrzeit entlassen werden, wenn einer der im § 123 vorgesehenen Fälle auf ihn Anwendung findet oder wenn er die ihm im § 127a auferlegten Pflichten wiederholt verletzt oder den Besuch der Fortbildungs- oder Fachschule vernachlässigt.

Von seiten des Lehrlinges kann das Lehrverhältnis nach Ablauf der Probezeit aufgelöst werden, wenn:

1. einer der im § 124 unter Ziffer 1, 3 bis 5 vorgesehenen Fälle vorliegt;
2. der Lehrherr seine gesetzlichen Verpflichtungen gegen den Lehrling in einer die Gesundheit, die Sittlichkeit oder die Ausbildung des Lehrlinges gefährdenden Weise vernachlässigt oder das Recht der väterlichen Zucht mißbraucht oder zur Erfüllung der ihm vertragsmäßig obliegenden Verpflichtungen unfähig wird.

Der Lehrvertrag wird durch den Tod des Lehrlings aufgehoben. Durch den Tod des Lehrherrn gilt der Lehrvertrag als aufgehoben, sofern die Aufhebung binnen vier Wochen geltend gemacht wird.

§ 127c

Bei Beendigung des Lehrverhältnisses hat der Lehrherr dem Lehrling unter Angabe des Gewerbes, in welchem der Lehrling unterwiesen worden ist, über die Dauer der Lehrzeit und die während derselben erworbenen Kenntnisse und Fertigkeiten sowie über sein Betragen ein Zeugnis auszustellen, welches von der Gemeindebehörde kosten- und stempelfrei zu beglaubigen ist.

An Stelle dieser Zeugnisse treten, wo Innungen oder andere Vertretungen der Gewerbetreibenden bestehen, die von diesen ausgestellten Lehrbriefe.

§ 127d

Verläßt der Lehrling in einem durch dies Gesetz nicht vorgesehenen Falle ohne Zustimmung des Lehrherrn die Lehre, so kann letzterer den Anspruch auf Rückkehr des Lehrlinges nur geltend machen, wenn der Lehrvertrag schriftlich geschlossen ist. Die Polizeibehörde kann in diesem Falle auf Antrag des Lehrherrn den Lehrling anhalten, so lange in der Lehre zu verbleiben, als durch gerichtliches Urteil das Lehrverhältnis nicht für aufgelöst erklärt ist oder dem Lehrlinge durch einstweilige Verfügung eines Gerichts gestattet ist, der Lehre fernzubleiben. Der Antrag ist nur zulässig, wenn er binnen einer Woche nach dem Austritte des Lehrlings gestellt ist. Im Falle unbegründeter Weigerung der Rückkehr hat die Polizeibehörde den Lehrling zwangsweise zurückführen zu lassen oder durch Androhung von Geldstrafe bis zu fünfzig Mark oder Haft bis zu fünf Tagen zur Rückkehr anzuhalten.

§ 127e

Wird von dem gesetzlichen Vertreter für den Lehrling oder, sofern der letztere volljährig ist, von ihm selbst dem Lehrherrn die schriftliche Erklärung abgegeben, daß der Lehrling zu einem anderen Gewerbe oder anderen Beruf übergehen werde, so gilt das Lehrverhältnis, wenn der Lehrling nicht früher entlassen wird, nach Ablauf von vier Wochen als aufgelöst. Den Grund der Auflösung hat der Lehrherr in dem Arbeitsbuche zu vermerken.

Binnen neun Monaten nach der Auflösung darf der Lehrling in demselben Gewerbe von einem anderen Arbeitgeber ohne Zustimmung des früheren Lehrherrn nicht beschäftigt werden.

§ 127f

Erreicht das Lehrverhältnis vor Ablauf der verabredeten Lehrzeit sein Ende, so kann von dem Lehrherrn oder von dem Lehrling ein Anspruch auf Entschädigung nur geltend gemacht werden, wenn der Lehrvertrag schriftlich geschlossen ist. In den Fällen des § 127b Abs. 1, 4 kann der Anspruch nur geltend gemacht werden, wenn dieses in dem Lehrvertrag unter Festsetzung der Art und Höhe der Entschädigung vereinbart ist.

Der Anspruch der Entschädigung erlischt, wenn er nicht innerhalb vier Wochen nach Auflösung des Lehrverhältnisses im Wege der Klage oder Einrede geltend gemacht ist.

§ 127g

Ist von dem Lehrherrn das Lehrverhältnis aufgelöst worden, weil der Lehrling die Lehre unbefugt verlassen hat, so ist die von dem Lehrherrn beanspruchte Entschädigung, wenn in dem Lehrvertrage nicht ein geringerer Betrag ausbedungen ist, auf einen Betrag festzusetzen, welcher für jeden auf den Tag des Vertragsbruchs folgenden Tag der Lehrzeit, höchstens aber für sechs Monate, bis auf die Hälfte des in dem Gewerbe des Lehrherrn den Gesellen oder Gehilfen ortsüblich gezahlten Lohnes sich belaufen darf.

Für die Zahlung der Entschädigung sind als Selbstschuldner mitverhaftet der Vater des Lehrlings, sofern er die Sorge für die Person des Lehrlings hat, sowie derjenige Arbeitgeber, welcher den Lehrling zum Verlassen der Lehre verleitet oder welcher ihn in Arbeit genommen hat, obwohl er wußte, daß der Lehrling zur Fortsetzung eines Lehrverhältnisses noch verpflichtet war. Hat der Entschädigungsberechtigte erst nach Auflösung des Lehrverhältnisses von der Person des Arbeitgebers, welcher den Lehrling verleitet oder in Arbeit genommen hat, Kenntnis erhalten, so erlischt gegen diese der Entschädigungsanspruch erst, wenn derselbe nicht innerhalb vier Wochen nach erhaltener Kenntnis geltend gemacht ist.

§ 128

Wenn der Lehrherr eine im Mißverhältnisse zu dem Umfang oder der Art seines Gewerbebetriebs stehende Zahl von Lehrlingen hält und dadurch die Ausbildung der Lehrlinge gefährdet erscheint, so kann dem Lehrherrn von der unteren Verwaltungsbehörde die Entlassung eines entsprechenden Teiles der Lehrlinge auferlegt und die Annahme von Lehrlingen über eine bestimmte Zahl hinaus untersagt werden. Die Bestimmungen des § 126a Abs. 3 finden hierbei entsprechende Anwendung.

Unbeschadet der vorstehenden Bestimmung können durch Beschluß des Bundesrats[1]) für einzelne Gewerbezweige Vorschriften über die höchste Zahl der Lehrlinge erlassen werden, welche in Betrieben dieser Gewerbszweige gehalten werden darf. Soweit solche Vorschriften nicht erlassen sind, können sie durch Anordnung der Landeszentralbehörde erlassen werden.

1. Jetzt: der Reichsregierung unter Zustimmung des Reichsrats.

B. Besondere Bestimmungen für Handwerker

§ 129

In Handwerksbetrieben steht die Befugnis zur Anleitung von Lehrlingen nur denjenigen zu, welche das vierundzwanzigste Lebensjahr vollendet und eine Meisterprüfung (§ 133) bestanden haben. Haben solche Personen die Meisterprüfung nicht für dasjenige Gewerbe oder denjenigen Zweig des Gewerbes bestanden, in welchem die Anleitung der Lehrlinge erfolgen soll, so haben sie die Befugnis dann, wenn sie in diesem Gewerbe oder Gewerbezweige

entweder die Lehrzeit (§ 130a) zurückgelegt und die Gesellenprüfung bestanden haben,

oder fünf Jahre hindurch persönlich das Handwerk selbständig ausgeübt haben oder während einer gleich langen Zeit als Werkmeister oder in einer ähnlichen Stellung tätig gewesen sind.

Die höhere Verwaltungsbehörde kann Personen, welche diesen Anforderungen nicht entsprechen, die Befugnis zur Anleitung von Lehrlingen widerruflich erteilen. Vor der Entscheidung über die Erteilung der Befugnis oder den Widerruf ist die Handwerkskammer und, wenn die Person einer Innung angehört oder an ihrem Wohnorte für ihren Gewerbszweig eine Innung besteht, außerdem die Innung zu hören.

In Handwerksbetrieben, welche nach dem Tode des Gewerbetreibenden für Rechnung der Witwe oder minderjähriger Erben fortgesetzt werden, sind bis zum Ablauf eines Jahres nach dem Tode des Lehrherrn als Vertreter (§ 127 Abs. 1) zur Anleitung von Lehrlingen auch Personen befugt, welche eine Meisterprüfung nicht bestanden haben, sofern sie im übrigen den Anforderungen des Abs. 1 Satz 2 entsprechen. Die untere Verwaltungsbehörde kann solchen Personen als Vertretern des Lehrherrn auch in anderen Fällen bis zur Dauer eines Jahres die Befugnis zur Anleitung von Lehrlingen erteilen. Die hiernach zulässige Dauer der Vertretung kann von der höheren Verwaltungsbehörde nach Anhörung der Handwerkskammer entsprechend dem Bedürfnisse des einzelnen Falles verlängert werden.

Die Unterweisung des Lehrlings in einzelnen technischen Handgriffen und Fertigkeiten durch einen Gesellen fällt nicht unter die im Absatz 1 vorgesehenen Bestimmungen.

Die Zurücklegung der Lehrzeit kann auch in einem dem Gewerbe angehörenden Großbetrieb erfolgen und durch den Besuch einer staatlichen, staatlich unterstützten oder vom Staate anerkannten Lehrwerkstätte oder sonstigen gewerblichen Unterrichtsanstalt ersetzt werden. Vor der Anerkennung einer sonstigen gewerblichen Unterrichtsanstalt soll der zuständigen Handwerkskammer Gelegenheit gegeben werden, sich gutachtlich zu äußern.

Die Landeszentralbehörden können den Prüfungszeugnissen von Lehrwerkstätten, gewerblichen Unterrichtsanstalten oder von Prüfungsbehörden, welche vom Staate für einzelne Gewerbe oder zum Nachweise der Befähigung zur Anstellung in staatlichen Betrieben eingesetzt sind, die Wirkung der im Absatz 1 bezeichneten Befugnis für bestimmte Gewerbszweige beilegen. Der Eintritt dieser Wirkung ist davon abhängig zu machen, daß der Besitzer des Prüfungszeugnisses in dem Gewerbe oder in dem Zweige des Gewerbes, in welchem die Anleitung der Lehrlinge erfolgen soll, eine bestimmte, auf nicht mehr als drei Jahre festzusetzende Zeit hindurch tätig gewesen ist.

Der Bundesrat[1]) ist befugt, für einzelne Gewerbe nach Anhörung der Handwerkskammern Ausnahmen von den Bestimmungen im Absatz 1 zuzulassen.

---

1. Jetzt: die Reichsregierung mit Zustimmung des Reichsrats.

§ 129a

Wer für einen gesondert betriebenen Zweig eines Gewerbes den Voraussetzungen des § 129 entspricht, ist berechtigt, auch in den übrigen Zweigen des Gewerbes Lehrlinge anzuleiten.

Wer für ein Gewerbe den Voraussetzungen des § 129 entspricht, ist berechtigt, auch in den diesen verwandten Gewerben Lehrlinge anzuleiten. Welche Gewerbe als verwandte Gewerbe im Sinne dieser Bestimmung anzusehen sind, bestimmt die Handwerkskammer.

Dem Unternehmer eines Betriebs, in welchem mehrere Gewerbe vereinigt sind, kann die untere Verwaltungsbehörde nach Anhörung der Handwerkskammer die Befugnis erteilen, in allen zu dem Betriebe vereinigten Gewerben oder in mehreren dieser Gewerbe Lehrlinge anzuleiten, wenn er für eines der Gewerbe den Voraussetzungen des § 129 entspricht. Zu Arbeiten in denjenigen Gewerben seines Betriebes, für welche er zur Anleitung von Lehrlingen nicht befugt ist, darf er die Lehrlinge nur insoweit heranziehen, als es dem Zwecke der Ausbildung in ihrem Gewerbe nicht widerspricht.

§ 129b

Gehört der Lehrherr einer Innung an, so ist er verpflichtet, eine Abschrift des Lehrvertrags binnen vierzehn Tagen nach Abschluß desselben der Innung einzureichen; er kann hierzu durch die Ortspolizeibehörde angehalten werden.

Die Innungen können bestimmen, daß der Abschluß des Lehrvertrags vor der Innung erfolgen soll. In diesem Falle ist dem Lehrherrn und dem Vater oder Vormunde des Lehrlings eine Abschrift des Lehrvertrags auszuhändigen.

§ 130

Soweit durch den Bundesrat[1]) oder die Landeszentralbehörde auf Grund des § 128 Abs. 2 Vorschriften über die zulässige Zahl von Lehrlingen nicht erlassen sind, ist die Handwerkskammer und die Innung zum Erlasse solcher Vorschriften befugt.

1. Jetzt: die Reichsregierung mit Zustimmung des Reichsrats.

§ 130a

Die Lehrzeit soll in der Regel drei Jahre dauern, sie darf den Zeitraum von vier Jahren nicht übersteigen.

Von der Handwerkskammer kann mit Genehmigung der höheren Verwaltungsbehörde die Dauer der Lehrzeit für die einzelnen Gewerbe oder Gewerbszweige nach Anhörung der beteiligten Innungen und der im § 103a Abs. 3 Ziffer 2 bezeichneten Vereinigungen festgesetzt werden.

Die Handwerkskammer ist befugt, Lehrlinge in Einzelfällen von der Innehaltung der festgesetzten Lehrzeit zu entbinden.

§ 131

Den Lehrlingen ist Gelegenheit zu geben, sich nach Ablauf der Lehrzeit der Gesellenprüfung (§ 129 Abs. 1) zu unterziehen.

Die Landeszentralbehörden können den Prüfungszeugnissen von Lehrwerkstätten, gewerblichen Unterrichtsanstalten oder von Prüfungsbehörden, welche vom Staate für einzelne Gewerbe oder zum Nachweise der Befähigung zur Anstellung in staatlichen Betrieben eingesetzt sind, die Wirkung der Zeugnisse über das Bestehen der Gesellenprüfung beilegen.

Die Abnahme der Gesellenprüfung (Abs. 1) erfolgt durch Prüfungsausschüsse. Bei jeder Zwangsinnung wird ein Prüfungsausschuß gebildet, bei anderen Innungen nur dann, wenn ihnen die Ermächtigung zur Abnahme der Prüfungen von der Handwerkskammer erteilt ist. Soweit für die Abnahme der Prüfungen für die einzelnen Gewerbe nicht durch Prüfungsausschüsse der Innungen und die im Absatz 2 bezeichneten Lehrwerkstätten, gewerblichen Unterrichtsanstalten und Prüfungsbehörden gesorgt ist, hat die Handwerkskammer die erforderlichen Prüfungsausschüsse zu errichten.

§ 131a

Die Prüfungsausschüsse bestehen aus einem Vorsitzenden und mindestens zwei Beisitzern.

Der Vorsitzende des Prüfungsausschusses wird von der Handwerkskammer bestellt. Von den Beisitzern wird bei dem Prüfungsausschuß einer Innung die Hälfte durch diese, die andere Hälfte aus der Zahl der Gesellen, welche eine Gesellenprüfung bestanden haben, durch den Gesellenausschuß bestellt. Bei den von der Handwerkskammer errichteten Prüfungsausschüssen werden auch die Beisitzer von der Handwerkskammer bestellt; die Hälfte der Beisitzer muß aus Gesellen bestehen.

Die Bestellung der Mitglieder der Prüfungsausschüsse erfolgt in der Regel auf drei Jahre.

Während der ersten sechs Jahre nach dem Inkrafttreten dieser Bestimmungen können auch Gesellen (Gehilfen), welche die Gesellenprüfung nicht abgelegt haben, gewählt werden, wenn sie eine Lehrzeit von mindestens zwei Jahren zurückgelegt haben.

§ 131b

Die Prüfung hat den Nachweis zu erbringen, daß der Lehrling die in seinem Gewerbe gebräuchlichen Handgriffe und Fertigkeiten mit genügender Sicherheit ausübt und sowohl über den Wert, die Beschaffung, Aufbewahrung und Behandlung der zu verarbeitenden Rohmaterialien als auch über die Kennzeichen ihrer guten oder schlechten Beschaffenheit unterrichtet ist.

Im übrigen werden das Verfahren vor dem Prüfungsausschusse, der Gang der Prüfung und die Höhe der Prüfungsgebühren durch eine Prüfungsordnung geregelt, welche von der höheren Verwaltungsbehörde im Einvernehmen mit der Handwerkskammer erlassen wird. Kommt ein Einvernehmen nicht zustande, so entscheidet die Landeszentralbehörde.

Durch die Prüfungsordnung kann bestimmt werden, daß die Prüfung auch in der Buch- und Rechnungsführung zu erfolgen hat. In diesem Falle ist der Prüfungsausschuß befugt, einen besonderen Sachverständigen zuzuziehen, welcher an der Prüfung mit vollem Stimmrechte teilnimmt. Bei Stimmengleichheit gibt die Stimme des Vorsitzenden den Ausschlag.

Die Kosten der Prüfung werden, sofern diese von dem Prüfungsausschuß einer Innung abgehalten wird, von letzterer, im übrigen von der Handwerkskammer getragen. Diesen fließen die Prüfungsgebühren zu.

§ 131c

Der Lehrling soll sich nach Ablauf der Lehrzeit der Gesellenprüfung unterziehen. Die Innung und der Lehrherr sollen ihn dazu anhalten.

Das Gesuch um Zulassung zur Prüfung hat der Lehrling an den Prüfungsausschuß zu richten. Dem Gesuche sind das Lehrzeugnis (§ 127c) und, sofern der Prüfling während der Lehrzeit zum Besuch einer Fortbildungs- oder Fachschule verpflichtet war, die Zeugnisse über den Schulbesuch beizufügen.

Der Prüfungsausschuß hat das Ergebnis der Prüfung auf dem Lehrzeugnis oder Lehrbriefe zu beurkunden. Wird die Prüfung nicht bestanden, so hat der Prüfungsausschuß den Zeitraum zu bestimmen, vor dessen Ablaufe die Prüfung nicht wiederholt werden darf.

Die Prüfungszeugnisse sind kosten- und stempelfrei.

§ 132

Der Vorsitzende ist berechtigt, Beschlüsse des Prüfungsausschusses mit aufschiebender Wirkung zu beanstanden. Ueber die Beanstandung entscheidet die Handwerkskammer (§ 103e Ziffer 6).

§ 132a

Die Landeszentralbehörden sind befugt, die Bestellung der Prüfungsausschüsse, das Verfahren bei der Prüfung, die Gegenstände der Prüfung sowie die Prüfungsgebühren abweichend von den Vorschriften der §§ 131 bis 132 zu regeln, dabei darf jedoch hinsichtlich der bei der Prüfung zu stellenden Anforderungen nicht unter das im § 131b Absatz 1 bestimmte Maß herabgegangen werden.

B. Bestimmungen für alle Betriebe, in denen in der Regel mindestens zehn Arbeiter beschäftigt werden

§ 134l

Auf Betriebe, in denen in der Regel mindestens zehn Arbeiter beschäftigt werden, finden, unbeschadet des § 133h, die nachfolgenden Bestimmungen der §§ 135 bis 139aa Anwendung. Dies gilt für Betriebe, in denen regelmäßig zu gewissen Zeiten des Jahres ein vermehrtes Arbeitsbedürfnis eintritt, schon dann, wenn zu diesen Zeiten mindestens zehn Arbeiter beschäftigt werden.

§ 135

Kinder unter dreizehn Jahren dürfen nicht beschäftigt werden. Kinder über dreizehn Jahre dürfen nur beschäftigt werden, wenn sie nicht mehr zum Besuche der Volksschule verpflichtet sind.

Die Beschäftigung von Kindern unter vierzehn Jahren darf die Dauer von sechs Stunden täglich nicht überschreiten.

Junge Leute zwischen vierzehn und sechzehn Jahren dürfen nicht länger als zehn Stunden täglich beschäftigt werden.

§ 136

Die Arbeitsstunden der jugendlichen Arbeiter (§ 135) dürfen nicht vor sechs Uhr morgens beginnen und nicht über acht Uhr abends dauern. Zwischen den Arbeitsstunden müssen an jedem Arbeitstage regelmäßige Pausen gewährt werden. Für jugendliche Arbeiter, welche nur sechs Stunden täglich beschäftigt werden, muß die Pause mindestens eine halbe Stunde betragen. Den übrigen jugendlichen Arbeitern muß mindestens mittags eine einstündige sowie vormittags und nachmittags je eine halbstündige Pause gewährt werden. Eine Vor- und Nachmittagspause braucht nicht gewährt zu werden, sofern jugendliche Arbeiter täglich nicht länger als acht Stunden beschäftigt werden, und die Dauer ihrer durch eine Pause nicht unterbrochenen Arbeitszeit am Vor- und Nachmittage je vier Stunden nicht übersteigt.

Während der Pausen darf den jugendlichen Arbeitern eine Beschäftigung im Betrieb überhaupt nicht und der Aufenthalt in den Arbeitsräumen nur dann gestattet werden, wenn in denselben diejenigen Teile des Betriebs, in welchen jugendliche Arbeiter beschäftigt sind, für die Zeit der Pausen völlig eingestellt werden oder wenn der Aufenthalt im Freien nicht tunlich und andere geeignete Aufenthaltsräume ohne unverhältnismäßige Schwierigkeiten nicht beschafft werden können.

Nach Beendigung der täglichen Arbeitszeit ist den jugendlichen Arbeitern eine ununterbrochene Ruhezeit von mindestens elf Stunden zu gewähren.

An Sonn- und Festtagen sowie während der von dem ordentlichen Seelsorger für den Katechumenen- und Konfirmanden-, Beicht- und Kommunionunterricht bestimmten Stunden dürfen jugendliche Arbeiter nicht beschäftigt werden.

§§ 137 bis 139a

— abgedruckt oben S. 81 ff. —

§ 139aa

Auf die Arbeiter in den unter Abschnitt IV fallenden Betrieben finden im übrigen die Bestimmungen der §§ 121 bis 125 oder, wenn sie als Lehrlinge anzusehen sind, die Bestimmungen der §§ 126 bis 128 Anwendung.

§ 139c

— abgedruckt oben S. 40 ff. —

§ 139l

Die durch § 76 Abs. 4 des Handelsgesetzbuchs[1]) sowie durch § 120 Abs. 1[2]) begründete Verpflichtung des Geschäftsinhabers findet an Orten, wo eine vom Staate oder der Gemeindebehörde anerkannte Fachschule besteht, hinsichtlich des Besuchs dieser Schule entsprechende Anwendung.

Der Geschäftsinhaber hat die Gehilfen und Lehrlinge unter achtzehn Jahren zum Besuche der Fortbildungs- und Fachschule anzuhalten und den Schulbesuch zu überwachen.

1. Siehe unten S. 145.
2. Siehe oben S. 125.

§ 139k

Für jede offene Verkaufsstelle, in welcher in der Regel mindestens zwanzig Gehilfen und Lehrlinge beschäftigt werden, ist innerhalb vier Wochen nach Inkrafttreten dieses Gesetzes oder nach der Eröffnung des Betriebs eine Arbeitsordnung zu erlassen.

Auf die Arbeitsordnung finden die Vorschriften der §§ 134a, 134b Abs. 1 Ziffer 1 bis 4, Abs. 2, Abs. 3 Satz 1, des § 134c Abs. 1, Abs. 2 Satz 2 und 3, des § 134d Abs. 1 und der §§ 134e, 134f entsprechende Anwendung.

Andere als die in der Arbeitsordnung oder in den §§ 71 und 72 des Handelsgesetzbuchs vorgesehenen Gründe der Entlassung und des Austritts aus der Arbeit dürfen im Arbeitsvertrage nicht vereinbart werden.

Die verhängten Geldstrafen sind in ein Verzeichnis einzutragen, welches den Namen des Bestraften, den Tag der Bestrafung sowie den Grund und die Höhe der Strafe ergeben und auf Erfordern der Ortspolizeibehörde jederzeit zur Einsicht vorgelegt werden muß.

Auf Arbeitsordnungen, welche vor dem Inkrafttreten dieses Gesetzes erlassen worden sind, finden die Bestimmungen der §§ 134a, 134b Abs. 1 Ziffer 1 bis 4, Abs. 2, Abs. 3 Satz 1, des § 134c Abs. 1, Abs. 2 Satz 2 und 3, des § 134e Abs. 2 und des § 134f entsprechende Anwendung. Dieselben sind binnen vier Wochen der unteren Verwaltungsbehörde in zwei Ausfertigungen einzureichen. Auf spätere Abänderungen dieser Arbeitsordnungen und auf die seit dem 1. Oktober 1899 erstmalig erlassenen Arbeitsordnungen finden der § 134c Abs. 1 und der § 134e Abs. 1 entsprechende Anwendung.

§ 139l

Auf das Halten von Lehrlingen in offenen Verkaufsstellen sowie in anderen Betrieben des Handelsgewerbes findet die Bestimmung des § 128 Anwendung.

§§ 144a, 148, 149, 150 bis 152

— abgedruckt oben S, 44 ff. —

§§ 154, 154a

— abgedruckt oben S. 86, 87 —

---

b. Hausarbeitsgesetz v. 20. 12. 11

(R. I 976)

§ 6

Soweit sich in einzelnen Gewerbezweigen aus der Art der Beschäftigung Gefahren für Leben, Gesundheit oder Sittlichkeit ergeben, kann auf Antrag des Gewerbeaufsichtsbeamten die zuständige Polizeibehörde durch Verfügung für einzelne Werkstätten diejenigen Maßnahmen anordnen, welche zur Durchführung der folgenden Grundsätze erforderlich sind:

1. Die Werkstätten einschließlich der Betriebsvorrichtungen, Maschinen und Gerätschaften sind so einzurichten und zu unterhalten, daß die Hausarbeiter gegen Gefahren für Leben und Gesundheit so weit geschützt sind, wie es die Natur des Betriebs gestattet.

Insbesondere ist für genügendes Licht, ausreichenden Luftraum und Luftwechsel, Beseitigung des bei dem Betrieb entstehenden Staubes, der dabei entwickelten Dünste und Gase sowie der dabei entstehenden Abfälle zu sorgen.

Zum Schutze gegen gefährliche Berührungen mit Maschinen oder Maschinenteilen sowie gegen andere in der Natur der Betriebsstätte oder des Betriebs liegende Gefahren sind die erforderlichen Vorrichtungen herzustellen.

2. Auf Gesundheit und Sittlichkeit der männlichen Hausarbeiter unter achtzehn Jahren und der Hausarbeiterinnen sind diejenigen besonderen Rücksichten zu nehmen, welche durch Alter und Geschlecht dieser Arbeiter geboten sind.

3. Arbeiten, bei denen dies zur Verhütung von Gefahren für Leben oder Gesundheit erforderlich ist, dürfen nur in solchen Räumen verrichtet werden, welche ausschließlich hierfür benutzt werden.

Zur Durchführung der Nr. 2 kann über die Vorschriften im § 5 Abs. 1, § 13 Abs. 1, 2 des Gesetzes betr. Kinderarbeit in gewerblichen Betrieben vom 30. März 1903 (Reichsgesetzbl. S. 113) hinaus die Beschäftigung von eigenen oder fremden Kindern im Sinne jenes Gesetzes von der Vollendung eines höheren Lebensalters abhängig gemacht oder ganz verboten werden. Für andere Hausarbeiter unter 16 Jahren kann Beginn und Ende der zulässigen täglichen Arbeitszeit sowie Dauer und Lage der Pausen vorgeschrieben werden. Ferner kann die Beschäftigung an Sonn- und Festtagen sowie während der von dem ordentlichen Seelsorger für den Katechumenen-, Konfirmanden-, Beicht- und Kommunionunterricht bestimmten Stunden verboten werden.

§ 49[1])

Wer den zur Durchführung des § 6 Abs. 2 Satz 1 endgültig erlassenen Verfügungen oder gemäß § 10 Abs. 1, 3 getroffenen Bestimmungen zuwiderhandelt, wird bestraft,

1. wenn es sich um fremde Kinder handelt, mit Geldstrafe,
2. wenn es sich um eigene Kinder handelt, mit Geldstrafe bis zu dreihunderttausend Mark.

Bei gewohnheitsmäßiger Zuwiderhandlung kann im Falle der Nr. 1 auf Gefängnisstrafe bis zu sechs Monaten, im Falle der Nr. 2 auf Haft erkannt werden.

Im Falle der Nr. 1 gilt § 75 des Gerichtsverfassungsgesetzes[2]).

1. Vgl. StGB. §§ 27 ff. i. d. F. der Vrdg. über Vermögensstrafen und Bußen v. 6. 2. 24 (R. I 44), des § 1 des Reichsgesetzes v. 30. 8. 24 (R. I 254) und der §§ 1 und 2 der zweiten Vrdg. zur Durchführung des Münzgesetzes v. 12. 12. 24 (R. I 775).

2. § 75 GVG. ist aufgehoben. Zuständig zur Entscheidung ist der Amtsrichter gemäß der Vrdg. über Gerichtsverfassung und Strafrechtspflege v. 4. 1. 24 (R. I 15) §§ 6, 8.

c. Reichsgesetz für Jugendwohlfahrt

v. 9. 7. 22 (R. 633).

§ 3

Aufgaben des Jugendamts sind:
Ziffer 1—5 (interessieren hier nicht);
Ziffer 6: Die Mitwirkung bei der Beaufsichtigung der Arbeit von Kindern und jugendlichen Arbeitern nach näherer landesrechtlicher Vorschrift.

---

d. Gesetz

betreffend die Internationalen Uebereinkommen über das Mindestalter für die Zulassung von Kindern zur Arbeit auf See, über das Mindestalter für die Zulassung von Jugendlichen zur Beschäftigung als Kohlenzieher (Trimmer) oder Heizer und über die pflichtmäßige ärztliche Untersuchung der in der Seeschiffahrt beschäftigten Kinder und Jugendlichen

v. 30. 5. 29 (R. II 383).

§ 1

Die Seemannsordnung vom 2. Juni 1902 wird wie folgt abgeändert:

Der § 7 Abs. 2 erhält folgende Fassung:

Personen, die das vierzehnte Lebensjahr noch nicht vollendet haben, dürfen im Schiffsdienst nicht beschäftigt werden. Minderjährige über vierzehn Jahre dürfen nur beschäftigt werden, wenn die Ermächtigung des gesetzlichen Vertreters vorliegt. Der Genehmigung des Vormundschaftsgerichts bedarf es nicht.

§ 2

Dem Internationalen Uebereinkommen von Genua über das Mindestalter für die Zulassung von Kindern zur Arbeit auf See vom 9. Juli 1920 sowie den Internationalen Uebereinkommen von Genf über das Mindestalter für die Zulassung von Jugendlichen zur Beschäftigung als Kohlenzieher (Trimmer) oder Heizer und über die pflichtmäßige ärztliche Untersuchung der in der Seeschiffahrt beschäftigten Kinder und Jugendlichen vom 11. November 1921 wird zugestimmt. Für die Durchführung der Uebereinkommen ist die Seemannsordnung maßgebend.

Die Uebereinkommen werden in deutscher Fassung nachstehend veröffentlicht.

§ 3

Dieses Gesetz tritt mit dem auf die Verkündung folgenden Tage in Kraft.

Der Zeitpunkt, an dem die Uebereinkommen gemäß den darin enthaltenen Vorschriften für das Deutsche Reich in Kraft treten, ist im Reichsgesetzblatt bekanntzumachen.

Uebereinkommen

über das Mindestalter für die Zulassung von Kindern zur Arbeit auf See

Artikel 1

Im Sinne dieses Uebereinkommens umfaßt der Ausdruck „Schiff" Schiffe und Boote aller Art, die bei der Seeschiffahrt verwendet werden, gleichviel, ob sie in öffentlichem oder privatem Eigentume stehen. Kriegsschiffe gehören nicht dazu.

Artikel 2

Kinder unter vierzehn Jahren dürfen nicht zur Arbeit an Bord von Schiffen verwendet werden. Dies gilt nicht für Schiffe, auf denen ausschließlich Mitglieder derselben Familie beschäftigt sind.

Artikel 3

Die Bestimmungen des Artikel 2 finden keine Anwendung auf die Arbeit von Kindern auf Schulschiffen, sofern diese Arbeit behördlich zugelassen und überwacht wird.

Artikel 4

Zur zuverlässigen Durchführung der Bestimmungen dieses Uebereinkommens werden die Schiffsführer verpflichtet, ein Verzeichnis aller an Bord des Schiffes beschäftigten Personen unter sechzehn Jahren zu führen oder sie in der Musterrolle besonders zu verzeichnen, in beiden Fällen unter Angabe des Geburtsdatums.

Artikel 5—12

— betr. Ratifikation u. Kündigung u. ä. —

Uebereinkommen

über das Mindestalter für die Zulassung von Jugendlichen zur Beschäftigung als Kohlenzieher (Trimmer) oder Heizer

Artikel 1

Im Sinne dieses Uebereinkommens umfaßt der Ausdruck „Schiff" Schiffe und Boote aller Art, die bei der Seeschiffahrt verwendet werden, gleichviel, ob sie in öffentlichem oder privatem Eigentume stehen. Kriegsschiffe gehören nicht dazu.

Artikel 2

Jugendliche unter achtzehn Jahren dürfen an Bord von Schiffen nicht als Kohlenzieher (Trimmer) oder Heizer beschäftigt werden.

Artikel 3

Die Bestimmungen des Artikel 2 finden keine Anwendung auf:

a) die Arbeit von Jugendlichen auf Schulschiffen, sofern diese Arbeit behördlich zugelassen und überwacht wird;
b) die Arbeit von Jugendlichen auf Schiffen, die vorwiegend durch eine andere Triebkraft als Dampf bewegt werden;
c) die Arbeit von Jugendlichen im Alter von mindestens sechzehn Jahren, die durch ärztliche Untersuchung körperlich tauglich befunden wurden und als Kohlenzieher (Trimmer) oder Heizer auf solchen Schiffen beschäftigt werden, die ausschließlich die Küstenfahrt von Indien und Japan betreiben. Dabei sind die Vorschriften zu beachten, die nach Anhörung der maßgebenden Berufsverbände der Arbeitgeber und der Arbeitnehmer jener Länder zu erlassen sind.

Artikel 4

Wird ein Kohlenzieher (Trimmer) oder Heizer in einem Hafen benötigt, wo nur Jugendliche unter achtzehn Jahren zur Verfügung stehen, so können solche jugendlichen Personen beschäftigt werden, sofern sie mindestens sechzehn Jahre alt sind. Jedoch müssen für den zu besetzenden Kohlenzieher- (Trimmer-) oder Heizerposten zwei Jugendliche eingestellt werden.

Artikel 5

Zur zuverlässigen Durchführung der Bestimmungen dieses Uebereinkommens werden die Schiffsführer verpflichtet, ein Verzeichnis aller an Bord des Schiffes beschäftigten Personen unter achtzehn Jahren zu führen oder sie in der Musterrolle besonders zu verzeichnen, in beiden Fällen unter Angabe des Geburtsdatums.

Artikel 6

Die Musterrolle muß einen Auszug aus den Bestimmungen dieses Uebereinkommens enthalten.

Artikel 7—12

— betreffen Ratifikation u. ä. —

Uebereinkommen

über die pflichtmäßige ärztliche Untersuchung der in der Seeschiffahrt beschäftigten Kinder und Jugendlichen

Artikel 1

Im Sinne dieses Uebereinkommens umfaßt der Ausdruck „Schiff" Schiffe und Boote aller Art, die bei der Seeschiffahrt verwendet werden, gleichviel, ob sie in öffentlichem oder privatem Eigentume stehen. Kriegsschiffe gehören nicht dazu.

Artikel 2

Kinder und Jugendliche unter achtzehn Jahren dürfen an Bord von Schiffen nur dann beschäftigt werden, wenn sie über ihre Eignung zu solcher Arbeit ein ärztliches Zeugnis vorgelegt haben, das durch einen von der zuständigen Behörde anerkannten Arzt unterzeichnet ist. Dies gilt nicht für Schiffe, auf denen lediglich Mitglieder derselben Familie beschäftigt sind.

Artikel 3

Die Beschäftigung der Kinder und Jugendlichen auf See darf nur fortgesetzt werden, wenn die ärztliche Untersuchung wenigstens einmal im Jahre wiederholt und nach jeder neuen Untersuchung ein ärztliches Zeugnis über die Eignung zur Arbeit auf See vorgelegt wird. Würde danach die Gültigkeitsdauer eines ärztlichen Zeugnisses während einer Reise ablaufen, so bleibt es bis zum Ende der Reise in Kraft.

Artikel 4

In dringenden Fällen kann die zuständige Behörde Jugendlichen unter achtzehn Jahren gestatten, ohne die in Artikel 2 und 3 dieses Uebereinkommens vorgesehene Untersuchung an Bord zu gehen, sofern die Untersuchung in dem ersten Hafen, den das Schiff anläuft, nachgeholt wird.

Artikel 5—12

— betreffen Ratifikation u. ä. —

Zweite Verordnung

über die Untersuchung von Schiffsleuten auf Tauglichkeit zum Schiffsdienst

Vom 8. Mai 1929.

Auf Grund des § 7 Abs. 4 der Seemannsordnung vom 2. Juni 1902 (Reichsgesetzbl. S. 175) wird nach Zustimmung des Reichsrats hiermit verordnet:

§ 1

Die Bekanntmachung, betreffend die Untersuchung von Schiffsleuten auf Tauglichkeit zum Schiffsdienst, vom 1. Juli 1905 (Reichsgesetzbl. Nr. 29 S. 561) wird wie folgt geändert:

I

Im § 5 Abs. 3 wird der letzte Satz gestrichen.

II

Als neuer § 6a wird zwischen § 6 und § 7 eingeschaltet:

Für Reisen in allen Fahrten gelten die folgenden Vorschriften:

„Jugendliche, die das achtzehnte Lebensjahr noch nicht vollendet haben, dürfen nur angemustert werden, wenn ihre Gesundheit und körperliche Entwicklung durch den zu übernehmenden Dienst nach dem schriftlichen Zeugnis eines vom Seemannsamt anerkannten Arztes nicht gefährdet wird. Das Zeugnis gilt für ein Jahr und, falls das Jahr während einer Reise des Schiffes, auf dem der Jugendliche angemustert ist, abläuft, weiter bis zum Ende der Reise. Wenn die zur Herbeiführung des ärztlichen Zeugnisses erforderliche Untersuchung ohne Verzögerung der Reise des Schiffes unausführbar ist, darf das Seemannsamt Jugendliche unter achtzehn Jahren ohne voraufgegangene ärztliche Untersuchung anmustern. In diesem Falle ist die Untersuchung im ersten Hafen, den das Schiff zum Löschen oder Laden anläuft, nachzuholen und der Jugendliche abzumustern, wenn das Zeugnis ergibt, daß der Jugendliche durch den übernommenen Dienst in seiner Gesundheit und körperlichen Entwicklung gefährdet wird. Die Vorschriften dieses Absatzes finden keine Anwendung auf Fischereifahrzeuge und Schiffe, auf denen nur Mitglieder einer und derselben Familie beschäftigt sind.

Jugendliche, die das achtzehnte Lebensjahr noch nicht vollendet haben, dürfen zum Dienste als Kohlenzieher (Trimmer) oder Heizer nicht angemustert werden. Falls aber Kohlenzieher (Trimmer) oder Heizer in einem Hafen benötigt werden, wo nur Jugendliche unter achtzehn Jahren zur Verfügung stehen, so dürfen diese angemustert werden, sofern sie mindestens das sechzehnte Lebensjahr vollendet haben und sofern für jeden fehlenden Kohlenzieher (Trimmer) oder Heizer zwei solcher Jugendlicher eingestellt werden.

Die Vorschriften des vorstehenden Absatzes gelten nicht

für Fischereifahrzeuge,

für Schulschiffe, sofern die Tätigkeit der Jugendlichen auf diesen von der Behörde gestattet ist und von ihr überwacht wird,

für Schiffe, die vorwiegend durch eine andere Triebkraft als Dampf bewegt werden,

für Schiffe, die ausschließlich die Küstenfahrt von Indien und Japan betreiben, sofern die Jugendlichen das sechzehnte Lebensjahr vollendet haben und durch ärztliche Untersuchung für den zu übernehmenden Dienst für geeignet befunden worden sind."

§ 2

Die Verordnung tritt gleichzeitig mit dem Gesetz über die Genfer Internationalen Uebereinkommen, betreffend das Mindestalter für die Zulassung der Kinder zur Arbeit auf See, betreffend die pflichtmäßige ärztliche Untersuchung der in der Seeschiffahrt beschäftigten Kinder und Jugendlichen und betreffend das Mindestalter für die Zulassung von Jugendlichen zur Beschäftigung als Kohlenzieher (Trimmer) oder Heizer, in Kraft.

---

e. Abkommen

zwischen dem Deutschen Reiche und anderen Staaten über Verwaltungsmaßregeln zur Gewährung wirksamen Schutzes gegen den Mädchenhandel.

Vom 18. 5. 1904 (R. 05 695).

Artikel 1

Jede der vertragschließenden Regierungen verpflichtet sich, eine Behörde zu errichten oder zu bestellen, der es obliegt, alle Nachrichten über Anwerbung von Frauen und Mädchen zu Zwecken der Unzucht im Ausland an einer Stelle zu sammeln; diese Behörde soll das Recht haben, mit der in jedem der anderen vertragschließenden Staaten errichteten gleichartigen Verwaltung unmittelbar zu verkehren.

Artikel 2

Jede der Regierungen verpflichtet sich, Ueberwachung ausüben zu lassen, um, insbesondere auf den Bahnhöfen, in den Einschiffungshäfen und während der Fahrt, die Begleiter von Frauen und Mädchen, welche der Unzucht zugeführt werden sollen, ausfindig zu machen. Zu diesem Zwecke sollen an die Beamten oder alle sonst dazu berufenen Personen Weisungen erlassen werden, um innerhalb der gesetzlichen Grenzen alle Nachrichten zu beschaffen, die geeignet sind, auf die Spur eines verbrecherischen Geschäftstreibens zu führen.

Die Ankunft von Personen, welche offenbar Veranstalter, Gehilfen oder Opfer eines solchen Geschäftstreibens zu sein scheinen, soll gegebenenfalls den Behörden des Bestimmungsorts, den beteiligten diplomatischen oder konsularischen Agenten oder jeder sonst zuständigen Behörde gemeldet werden.

Artikel 3

Die Regierungen verpflichten sich, gegebenenfalls innerhalb der gesetzlichen Grenzen die Aussagen der Frauen und Mädchen fremder Staatsangehörigkeit, die sich der Unzucht hingeben, aufnehmen zu lassen, um ihre Identität und ihren Personenstand festzustellen und zu ermitteln, wer sie zum Verlassen ihrer Heimat bestimmt hat. Die eingezogenen Nachrichten sollen den Behörden des Heimatlandes der besagten Frauen und Mädchen behufs ihrer etwaigen Heimschaffung mitgeteilt werden.

Die Regierungen verpflichten sich, innerhalb der gesetzlichen Grenzen und soweit es geschehen kann, die Opfer eines verbrecherischen Geschäftstreibens, wenn sie von Mitteln entblößt sind, öffentlichen oder privaten Unterstützungsanstalten oder Privatpersonen, welche die erforderlichen Sicherheiten bieten, im Hinblick auf etwaige Heimschaffung vorläufig anzuvertrauen.

Die Regierungen verpflichten sich auch, innerhalb der gesetzlichen Grenzen nach Möglichkeit diejenigen unter diesen Frauen und Mädchen nach ihrem Heimatlande zurückzusenden, welche ihre Heimschaffung nachsuchen oder welche von Personen, unter deren Gewalt sie stehen, beansprucht werden sollten. Die Heimschaffung soll erst ausgeführt werden nach Verständigung über die Identität und die Staatsangehörigkeit sowie über den Ort und den Zeitpunkt der Ankunft an den Grenzen. — Jedes der vertragschließenden Länder soll den Durchgang durch sein Gebiet erleichtern.

Der Schriftwechsel über die Heimschaffungen soll soviel als möglich auf unmittelbarem Wege erfolgen.

Artikel 4

Falls die heimzuschaffende Frauensperson (Frau oder Mädchen) die Kosten ihrer Beförderung nicht selbst zurückerstatten kann und weder Ehemann, Eltern noch Vormund hat, die für sie zahlen würden, so sollen die Kosten der Heimschaffung dem Lande, auf dessen Gebiete sie sich aufhält, bis zu der Grenze oder dem Einschiffungshafen, die in der Richtung nach dem Heimatlande die nächsten sind, zur Last fallen und im übrigen das Heimatland belasten.

Artikel 5

Durch die Bestimmungen der obigen Artikel 3 und 4 werden besondere Vereinbarungen nicht berührt, die etwa zwischen den vertragschließenden Regierungen bestehen möchten.

Artikel 6

Die vertragschließenden Regierungen verpflichten sich, innerhalb der gesetzlichen Grenzen nach Möglichkeit eine Ueberwachung der Büros und Agenturen auszuüben, die sich damit befassen, Frauen und Mädchen Stellen im Auslande zu vermitteln.

g. Internationale Uebereinkunft zur Unterdrückung des Frauen- und Kinderhandels v. 30.9.21 (R. II 1924 S. 181), ratifiziert am 24.7.1924 (R. II 202)

Artikel 1.

Die Vertragsteilnehmer verpflichten sich, soweit sie noch nicht an dem Abkommen vom 18. Mai 1904[1]) und dem Uebereinkommen vom 4. Mai 1910[2]) beteiligt sind, ihre Ratifikationsurkunden oder ihre Beitrittserklärungen zu diesen Verträgen möglichst bald in der von dem Abkommen und dem Uebereinkommen vorgesehenen Form zu übermitteln.

1. Abgedr. S. 140.
2. Abgedr. S. 73 ff.

Artikel 2.

Die Vertragsteilnehmer verpflichten sich, alles zu tun, um die Personen zu ermitteln und zur Bestrafung zu bringen, die Handel mit Kindern, gleichgültig welchen Geschlechts, treiben. Unter solchem Handel sind strafbare Handlungen der im Artikel 1 des Uebereinkommens vom 4. Mai 1910 bezeichneten Art zu verstehen.

Artikel 3.

Die Vertragsteilnehmer verpflichten sich, alles zu tun, um den Versuch der in Artikel 1 und 2 des Uebereinkommens vom 4. Mai 1910 bezeichneten strafbaren Handlungen und innerhalb der gesetzlichen Grenzen auch die Vorbereitungshandlungen zu bestrafen.

Artikel 4.

Die Vertragsteilnehmer verpflichten sich, soweit keine Auslieferungsverträge zwischen ihnen bestehen, alle ihnen möglichen Maßnahmen zu treffen, um die Personen auszuliefern, die wegen der in Artikel 1 und 2 des Uebereinkommens vom 4. Mai 1910 bezeichneten strafbaren Handlungen verfolgt werden oder verurteilt worden sind.

Artikel 5.

Im Abschnitt B des Schlußprotokolls zum Uebereinkommen von 1910 werden die Worte „vollendetes zwanzigstes Lebensjahr" ersetzt durch die Worte „vollendetes einundzwanzigstes Lebensjahr".

Artikel 6.

Die Vertragsteilnehmer verpflichten sich, soweit sie noch keine gesetzlichen oder Verwaltungsmaßnahmen wegen Zulassung und Ueberwachung der Betriebe und Geschäfte der Stellenvermittler getroffen haben, hierüber Bestimmungen zu erlassen, um den Schutz von Frauen und Kindern sicherzustellen, die in einem anderen Lande Arbeit suchen.

Artikel 7.

Die Vertragsteilnehmer verpflichten sich, im Ein- und Auswanderungsdienst Verwaltungs- und gesetzliche Maßnahmen zur Bekämpfung des Frauen- und Kinderhandels zu treffen. Insbesondere werden sie Bestimmungen erlassen, um die auf Auswandererschiffen reisenden Frauen und Kinder nicht nur bei der Abfahrt und Ankunft, sondern auch während der Ueberfahrt zu schützen; ferner werden sie dafür sorgen, daß auf den Bahnhöfen und in den Häfen Bekanntmachungen angebracht werden, die Frauen und Kinder vor den Gefahren des Frauen- und Kinderhandels warnen und zugleich die Stellen angeben, wo sie Unterkunft, Hilfe und Beistand finden können.

Artikel 8.

Diese Uebereinkunft, deren französischer und englischer Wortlaut in gleicher Weise maßgebend ist, erhält die heutige Tagesangabe und kann bis zum 31. März 1922 unterzeichnet werden.

Artikel 9—14

— betreffen Ratifikation u. ä. —

h. Handelsgesetzbuch für das Deutsche Reich vom 10. 5. 97 (R. 219)

§ 76

Die Vorschriften der §§ 60 bis 63, 75f gelten auch für Handlungslehrlinge. Vereinbarungen, durch die diese für die Zeit nach der Beendigung des Lehr- oder Dienstverhältnisses in ihrer gewerblichen Tätigkeit beschränkt werden, sind nichtig.

Der Lehrherr ist verpflichtet, dafür zu sorgen, daß der Lehrling in den bei dem Betriebe des Geschäfts vorkommenden kaufmännischen Arbeiten unterwiesen wird; er hat die Ausbildung des Lehrlings entweder selbst oder durch einen geeigneten, ausdrücklich dazu bestimmten Vertreter zu leiten. Die Unterweisung hat in der durch den Zweck der Ausbildung gebotenen Reihenfolge und Ausdehnung zu geschehen.

Der Lehrherr darf dem Lehrlinge die zu seiner Ausbildung erforderliche Zeit und Gelegenheit durch Verwendung zu anderen Dienstleistungen nicht entziehen; auch hat er ihm die zum Besuche des Gottesdienstes an Sonntagen und Festtagen erforderliche Zeit und Gelegenheit zu gewähren. Er hat den Lehrling zur Arbeitsamkeit und zu guten Sitten anzuhalten.

In betreff der Verpflichtung des Lehrherrn, dem Lehrlinge die zum Besuch einer Fortbildungsschule erforderliche Zeit zu gewähren, bewendet es bei den Vorschriften des § 120 der Gewerbeordnung.

§ 77

Die Dauer der Lehrzeit bestimmt sich nach dem Lehrvertrag, in Ermangelung vertragsmäßiger Festsetzung nach den örtlichen Verordnungen oder dem Ortsgebrauche.

Das Lehrverhältnis kann, sofern nicht eine längere Probezeit vereinbart ist, während des ersten Monats nach dem Beginne der Lehrzeit ohne Einhaltung einer Kündigungsfrist gekündigt werden. Eine Vereinbarung, nach der die Probezeit mehr als drei Monate betragen soll, ist nichtig.

Nach dem Ablaufe der Probezeit finden auf die Kündigung des Lehrverhältnisses die Vorschriften der §§ 70 bis 72 Anwendung. Als ein wichtiger Grund zur Kündigung durch den Lehrling ist es insbesondere auch anzusehen, wenn der Lehrherr seine Verpflichtungen gegen den Lehrling in einer dessen Gesundheit, Sittlichkeit und Ausbildung gefährdenden Weise vernachlässigt.

Im Falle des Todes des Lehrherrn kann das Lehrverhältnis innerhalb eines Monats ohne Einhaltung einer Kündigungsfrist gekündigt werden.

§ 78

Wird von dem gesetzlichen Vertreter des Lehrlings oder, sofern dieser volljährig ist, von ihm selbst dem Lehrherrn die schriftliche Erkläung abgegeben, daß der Lehrling zu einem anderen Gewerbe oder zu einem anderen Beruf übergehen werde, so endigt, wenn nicht der Lehrling früher entlassen wird, das Lehrverhältnis nach dem Ablauf eines Monats.

Tritt der Lehrling der abgegebenen Erklärung zuwider vor dem Ablaufe von neun Monaten nach der Beendigung des Lehrverhältnisses in ein anderes Geschäft als Handlungslehrling oder als Handlungsgehilfe ein, so ist er dem Lehrherrn zum Ersatze des diesem durch die Beendigung des Lehrverhältnisses entstandenen Schadens verpflichtet. Mit ihm haftet als Gesamtschuldner der neue Lehrherr oder Prinzipal, sofern er von dem Sachverhalte Kenntnis hatte.

§ 79

Ansprüche wegen unbefugten Austritts aus der Lehre kann der Lehrherr gegen den Lehrling nur geltend machen, wenn der Lehrvertrag schriftlich geschlossen ist.

§ 80

Bei der Beendigung des Lehrverhältnisses hat der Lehrherr dem Lehrling ein schriftliches Zeugnis über die Dauer der Lehrzeit und die während dieser erworbenen Kenntnisse und Fähigkeiten sowie über sein Betragen auszustellen.

Auf Antrag des Lehrlings hat die Ortspolizeibehörde das Zeugnis kosten- und stempelfrei zu beglaubigen.

§ 81

Personen, die nicht im Besitze der bürgerlichen Ehrenrechte sind, dürfen Handlungslehrlinge weder halten noch sich mit der Anleitung von Handlungslehrlingen befassen. Der Lehrherr darf solche Personen zur Anleitung von Handlungslehrlingen nicht verwenden.

Die Entlassung von Handlungslehrlingen, welche diesem Verbote zuwider beschäftigt werden, kann von der Polizeibehörde erzwungen werden.

§ 82

Wer die ihm nach § 62 Abs. 1, 2 oder nach § 76 Abs. 2, 3 dem Lehrlinge gegenüber obliegenden Pflichten in einer dessen Gesundheit, Sittlichkeit oder Ausbildung gefährdenden Weise verletzt, wird mit Geldstrafe bis zu einhundertfünfzig Mark bestraft.

Die gleiche Strafe trifft denjenigen welcher entgegen der Vorschrift des § 81 Handlungslehrlinge hält, ausbildet oder ausbilden läßt.

§ 82a

Auf Wettbewerbverbote gegenüber Personen, die, ohne als Lehrlinge angenommen zu sein, zum Zwecke ihrer Ausbildung unentgeltlich mit kaufmännischen Diensten beschäftigt werden (Volontäre), finden die für Handlungsgehilfen geltenden Vorschriften insoweit Anwendung, als sie nicht auf das dem Gehilfen zustehende Entgelt Bezug nehmen.

---

i. Seemannsordnung

vom 2. 6. 02 (R. I 175) unter Berücksichtigung der durch die G. v. 23. 3. 03 (R. I 57) und v. 30. 5. 29 (R. II 383) eingetretenen Abänderungen

§ 7

Niemand darf im Reichsgebiet als Schiffsmann in Dienst treten, bevor er sich über Namen, Geburtsort und Alter vor einem Seemannsamt ausgewiesen und von demselben ein Seefahrtsbuch ausgefertigt erhalten hat.

Personen, die das vierzehnte Lebensjahr noch nicht vollendet haben, dürfen im Schiffsdienst nicht beschäftigt werden. Minderjährige über vierzehn Jahre dürfen nur beschäftigt werden, wenn die Ermächtigung des gesetzlichen Vertreters vorliegt. Der Genehmigung des Vormundschaftsgerichts bedarf es nicht.

Mit dem Seefahrtsbuch ist dem Schiffsmanne zugleich ein Abdruck der Seemannsordnung, des Gesetzes betreffend die Verpflichtung der Kauffahrteischiffe zur Mitnahme heimzuschaffender Seeleute, des Gesetzes betreffend die Stellenvermittlung für Schiffsleute und einer amtlichen Zusammenstellung der Bestimmungen über die Militärverhältnisse der seemännischen und halbseemännischen Bevölkerung auszuhändigen.

Der Bundesrat bestimmt, inwieweit als Schiffsleute nur solche Personen angemustert werden dürfen, welche nach Untersuchung ihres körperlichen Zustandes für den zu übernehmenden Dienst geeignet sind.

§ 52

In allen Fällen, in welchen ein Schiff mehr als zwei Jahre auswärts verweilt, tritt für den seit zwei Jahren im Dienste befindlichen Schiffsmann eine Erhöhung der Heuer ein, wenn diese nach Zeit bedungen ist.

Diese Erhöhung wird wie folgt bestimmt:

1. der Schiffsjunge tritt mit Beginn des dritten Jahres in die in der Musterrolle bestimmte oder aus derselben als Durchschnittsbetrag sich ergebende Heuer der Leichtmatrosen und mit Beginn des vierten Jahres in die in der Musterrolle bestimmte Heuer der Vollmatrosen ein;
2. der Leichtmatrose erhält mit Beginn des dritten Jahres die in der Musterrolle bestimmte Heuer der Vollmatrosen und mit Beginn des vierten Jahres ein Fünftel derselben mehr an Heuer;
3. für die übrige Schiffsmannschaft steigt die in der Musterrolle angegebene Heuer mit Beginn des dritten Jahres um ein Fünftel und mit Beginn des vierten Jahres um ein ferneres Fünftel ihres ursprünglichen Betrags.

In den Fällen des Abs. 2 Nr. 1, 2 tritt der Schiffsmann mit der Erhöhung der Heuer zugleich in die entsprechende Rangklasse ein.

---

k. Allgemeines Berggesetz

für die Preußischen Staaten vom 24. 6. 65 (GSS. 75) mit zahlreichen Abänderungen, insbesondere unter Berücksichtigung des Gesetzes vom 24. 6. 92 (GSS. 131).

§ 85a

Minderjährige Arbeiter können beim Abgange ein Zeugnis über die Art und Dauer ihrer Beschäftigung fordern, dessen Unterschrift die Ortspolizeibehörde kosten- und stempelfrei zu beglaubigen hat.

Dieses Zeugnis ist auf Verlangen der Arbeiter auch auf ihre Führung und ihre Leistungen auszudehnen.

Auf die Ausstellung dieses Zeugnisses finden die Absätze 2, 3 und 4 des § 84 entsprechende Anwendung.

Der Vater oder Vormund des Minderjährigen kann die Ausstellung des Zeugnisses fordern, auch verlangen, daß dasselbe nicht an den Minderjährigen, sondern an ihn ausgehändigt werde. Mit Genehmigung der Gemeindebehörde des Arbeitsortes kann auch gegen den Willen des Vaters oder Vormundes die Aushändigung unmittelbar an den Arbeiter erfolgen.

§ 85b

Minderjährige Personen dürfen auf den den Bestimmungen dieses Gesetzes unterworfenen Anlagen als Arbeiter nur beschäftigt werden, wenn sie mit einem Arbeitsbuche versehen sind. Bei der Annahme solcher Arbeiter hat der Bergwerksbesitzer das Arbeitsbuch einzufordern. Er ist verpflichtet, dasselbe zu verwahren, auf amtliches Verlangen vorzulegen und nach rechtmäßiger Lösung des Arbeitsverhältnisses wieder auszuhändigen. Die Aushändigung erfolgt an den Vater oder Vormund, sofern diese es verlangen oder der Arbeiter das sechzehnte Lebensjahr noch nicht vollendet hat, anderenfalls an den Arbeiter selbst. Mit Genehmigung der Gemeindebehörde des im § 85c bezeichneten Ortes kann die Aushändigung des Arbeitsbuches auch an die Mutter oder einen sonstigen Angehörigen oder unmittelbar an den Arbeiter erfolgen.

§ 85c

Das Arbeitsbuch wird dem Arbeiter durch die Polizeibehörde desjenigen Ortes, an welchem er zuletzt seinen dauernden Aufenthalt gehabt hat, wenn aber ein solcher innerhalb des Staatsgebietes nicht stattgefunden hat, von der Polizeibehörde des von ihm zuerst erwählten Arbeitsortes kosten- und stempelfrei ausgestellt. Die Ausstellung erfolgt auf Antrag oder mit Zustimmung des Vaters oder Vormundes; ist die Erklärung des Vaters nicht zu beschaffen oder verweigert der Vater die Zustimmung ohne genügenden Grund und zum Nachteile des Arbeiters, so kann die Gemeindebehörde die Zustimmung desselben ergänzen. Vor der Ausstellung ist nachzuweisen, daß der Arbeiter zum Besuche der Volksschule nicht mehr verpflichtet ist, und glaubhaft zu machen, daß bisher ein Arbeitsbuch für ihn noch nicht ausgestellt war.

§ 85d

Wenn das Arbeitsbuch vollständig ausgefüllt oder nicht mehr brauchbar oder wenn es verlorengegangen oder vernichtet ist, so wird an Stelle desselben ein neues Arbeitsbuch ausgestellt. Die Ausstellung erfolgt durch die Polizeibehörde desjenigen Ortes, an welchem der Inhaber des Arbeitsbuches zuletzt seinen dauernden Aufenthalt gehabt hat. Das ausgefüllte oder nicht mehr brauchbare Arbeitsbuch ist durch einen amtlichen Vermerk zu schließen.

Wird das neue Arbeitsbuch an Stelle eines nicht mehr brauchbaren, eines verlorengegangenen oder vernichteten Arbeitsbuches ausgestellt, so ist dies darin zu vermerken. Für die Ausstellung kann in diesem Falle eine Gebühr bis zu fünfzig Pfennig erhoben werden.

§ 85e

Das Arbeitsbuch (§ 85b) muß den Namen des Arbeiters, Ort, Jahr und Tag seiner Geburt, Namen und letzten Wohnort seines Vaters oder Vormunds und die Unterschrift des Arbeiters enthalten. Die Ausstellung erfolgt unter dem Siegel und der Unterschrift der Behörde. Letztere hat über die von ihr ausgestellten Arbeitsbücher ein Verzeichnis zu führen.

Die Einrichtung der Arbeitsbücher wird durch den Minister für Handel und Gewerbe bestimmt.

§ 85f

Bei dem Eintritt des Arbeiters in das Arbeitsverhältnis hat der Bergwerksbesitzer an der dafür bestimmten Stelle des Arbeitsbuches die Zeit des Eintritts und die Art der Beschäftigung, am Ende des Arbeitsverhältnisses die Zeit des Austritts und, wenn die Beschäftigung Aenderungen erfahren hat, die Art der letzten Beschäftigung des Arbeiters einzutragen.

Die Eintragungen sind mit Tinte zu bewirken und von dem Bergwerksbesitzer oder dem dazu bevollmächtigten Betriebsleiter zu unterzeichnen.

Die Eintragungen dürfen nicht mit einem Merkmal versehen sein, welches den Inhaber des Arbeitsbuches günstig oder nachteilig zu kennzeichnen bezweckt.

Die Eintragung eines Urteils über die Führung oder die Leistungen des Arbeiters und sonstige durch dieses Gesetz nicht vorgesehene Eintragungen oder Vermerke in oder an dem Arbeitsbuche sind unzulässig.

§ 85g

Ist das Arbeitsbuch bei dem Bergwerksbesitzer unbrauchbar geworden, verlorengegangen oder vernichtet, oder sind von dem Bergwerksbesitzer unzulässige Merkmale, Eintragungen oder Vermerke in oder an dem Arbeitsbuche gemacht, oder wird von dem Bergwerksbesitzer ohne rechtmäßigen Grund die Aushändigung des Arbeitsbuches verweigert, so kann die Ausstellung eines neuen Arbeitsbuches auf Kosten des Bergwerksbesitzers beansprucht werden. Ein Bergwerksbesitzer, welcher das Arbeitsbuch seiner gesetzlichen Verpflichtung zuwider nicht rechtzeitig ausgehändigt oder die vorschriftsmäßigen Eintragungen zu machen unterlassen oder unzulässige Merkmale, Eintragungen oder Vermerke gemacht hat, ist dem Arbeiter entschädigungspflichtig. Der Anspruch auf Entschädigung erlischt, wenn er nicht innerhalb vier Wochen nach seiner Entstehung im Wege der Klage oder Einredung geltend gemacht ist.

§ 85h

Auf Antrag des Minderjährigen, seines Vaters oder Vormundes hat die Ortspolizeibehörde die Eintragung in das Arbeitsbuch kosten- und stempelfrei zu beglaubigen.

§ 87

Die Bergwerksbesitzer sind verpflichtet, ihren Arbeitern unter achtzehn Jahren, welche eine von der Gemeindebehörde oder vom Staate als Fortbildungsschule anerkannte Unterrichtsanstalt besuchen, hierzu die erforderlichenfalls von der Bergbehörde festzusetzende Zeit zu gewähren. Am Sonntage darf der Unterricht nur stattfinden, wenn die Unterrichtsstunden so gelegt werden, daß die Schüler nicht gehindert werden, den Hauptgottesdienst oder einen mit Genehmigung der kirchlichen Behörden für sie eingerichteten besonderen Gottesdienst ihrer Konfession zu besuchen. Ausnahmen von dieser Bestimmung kann der Minister für Handel und Gewerbe für bestehende Fortbildungsschulen, zu deren Besuch keine Verpflichtung besteht, bis zum 1. Oktober 1894 gestatten.

Als Fortbildungsschulen im Sinne dieser Bestimmungen gelten auch Anstalten, in welchen Unterricht in weiblichen Hand- und Hausarbeiten erteilt wird.

Durch statutarische Bestimmung einer Gemeinde oder eines weiteren Kommunalverbandes, welche nach Maßgabe des § 142 der Gewerbeordnung erlassen wird, kann mit Zustimmung des Oberbergamts für männliche Arbeiter unter achtzehn Jahren die Verpflichtung zum Besuche einer Fortbildungsschule begründet werden. Auf demselben Wege können die zur Durchführung dieser Verpflichtung erforderlichen Bestimmungen getroffen werden. Insbesondere können durch statutarische Bestimmung die zur Sicherung eines regelmäßigen Schulbesuchs den Schulpflichtigen sowie deren Eltern, Vormündern und Arbeitgebern obliegenden Verpflichtungen bestimmt und diejenigen Vorschriften erlassen werden, durch welche die Ordnung in der Fortbildungsschule und ein gebührliches Verhalten der Schüler gesichert wird. Von der durch statutarische Bestimmung begründeten Verpflichtung zum Besuch einer Fortbildungsschule sind diejenigen befreit, welche eine andere Fortbildungs- oder Fachschule (Steigerschule, Bergvorschule, Bergschule) besuchen, sofern der Unterricht dieser Schule von dem Oberbergamt als ausreichender Ersatz des durch statutarische Bestimmung geregelten Fortbildungsschulunterrichts anerkannt wird.

§ 207a

Mit Geldstrafe bis zu zweitausend Mark und im Unvermögensfalle mit Gefängnis bis zu sechs Monaten werden Bergwerksbesitzer bestraft, welche den §§ 84 Abs. 4 und 85f Abs. 3 zuwiderhandeln.

§ 207c

Mit Geldstrafe bis zu zwanzig Mark[1]) und im Unvermögensfalle mit Haft bis zu drei Tagen für jeden Fall der Verletzung des Gesetzes wird bestraft:

1. wer den Bestimmungen der §§ 85 und 85b bis 85g zuwider einen Arbeiter in Beschäftigung nimmt oder behält;
2. wer außer dem im § 207a vorgesehenen Falle den Bestimmungen dieses Gesetzes in Ansehung der Arbeitsbücher zuwiderhandelt;
3. wer vorsätzlich ein auf seinen Namen ausgestelltes Arbeitsbuch unbrauchbar macht oder vernichtet;
4. wer den Bestimmungen des § 87 Abs. 1 oder einer auf Grund des § 87 Abs. 3 erlassenen statutarischen Bestimmung zuwiderhandelt;

5. **wer es unterläßt, den durch § 80e Absatz 3 für ihn begründeten Verpflichtungen nachzukommen.**

1. Jetzt: Geldstrafe von 1 bis 150 RM. — StGB. § 27 Abs. 1 Nr. 2.

§ 209

Ueber die Zuwiderhandlungen gegen die vorstehenden Vorschriften (§ 207, §§ 207a bis 207e, § 208) sind von den Revierbeamten Protokolle aufzunehmen.

Diese Protokolle werden der Staatsanwaltschaft zur Verfolgung übergeben.

Die Entscheidung steht den ordentlichen Gerichten zu. Dieselben haben hierbei nicht die Notwendigkeit oder Zweckmäßigkeit, sondern nur die gesetzliche Gültigkeit der von den Bergbehörden erlassenen polizeilichen Vorschriften zu prüfen.

§ 209a

Die Strafverfolgung der in den §§ 207b und 208 mit Strafe bedrohten Handlungen verjährt innerhalb drei Monaten, von dem Tage an gerechnet, an welchem sie begangen sind.

IV.

Hausarbeit

Gesetzesübersicht

I. Gesetzestext:

Hausarbeitsgesetz v. 20. 12. 11 (R. 976),
geändert durch das Heimarbeiterlohngesetz v. 27. 6. 23 (R. I 467); neue Fassung v. 30. 6. 23 (R. I 472, 730) . . . . . S. 155 ff.

Aenderungen sind vorgesehen im Entwurf des EinfGes. z. allg. dtsch. Strafgesetzbuch Art. 117 (z. Zt. im Reichstag).

II. Ausführungsvorschriften:

Vrdg. des RArbMin. über Fachausschüsse für Hausarbeit v. 28. 3. 25 (R. I 33); wiederholt ergänzt (vgl. Anm. z. § 19).

Verzeichnis der Fachausschüsse für Hausarbeit nach dem Stande v. 1. 1. 32 (RArbBl. I 5).

RdErl. d. Pr.RAfAVAV. betr. Anerkennung der von den Fachausschüssen für Hausarbeit beschlossenen Mindestentgelte bei der Arbeitsvermittlung nach § 62 AVAVG. v. 2. 4. 29 (RArbBl. I 86).

Erlaß über Zulässigkeit der Verbindlichkeitserklärung: RArbBl. 27 S. 503.

Erlaß über Besserung der Lohnbedingungen v. 8. 11. 25 (Pr. Min.-Bl. f. Volkswohlf. S. 446).

Vrdg. über Lohnverzeichnisse und Lohnbücher in der Hausarbeit v. 6. 10. 28 (R. I 378).

RdErl. d. RArbMin. über die Anwendung des Sechsten Teils, Kapitel I der RPrNotVrdg. v. 8. 12. 31 (R. I 726) auf die Hausarbeit: v. 10. 12. 31 (RArbBl. I 302);

über Vrdg. zur Durchführung der §§ 3, 4, 10, 18, 19, 42 des Hausarbeitsgesetzes, vgl. die Anm. zu den betr. Paragraphen.

Die amtl. Bekanntmachungen über Genehmigungs- u. Festsetzungsbeschlüsse der Fachausschüsse für Hausarbeit erfolgen im RArbBl. Teil VI, während die Vrdg. über die Errichtung von Fachausschüssen im Teil I stehen.

Verzeichnis der Namen und Anschriften der Vorsitzenden der Fachausschüsse für Hausarbeit nach dem Stande vom 1. 1. 32 im RArbBl. I S. 8.

f. Preußen

Ausf.-Anweisung v. 16. 3. 12 (HMBl. S. 94) abgeändert durch Erl. v. 14. 7. 14 (HMBl. S. 435) und durch Erl. v. 27. 12. 23 (HMBl. 24 S. 25).

RdErl. d. Pr. MinfHuG. an die RegPr. betr. Zahlung der von den Fachausschüssen für Hausarbeit beschlossenen Mindestentgelte an die Hausarbeiter v. 25. 2. 29 (RArbBl. I 86).

Allg. Verf. d. Preuß. JustMin. über die Zusammenarbeit zwischen den Arbeitsgerichtsbehörden u. den Fachausschüssen f. Hausarbeit v. 28. 2. 31 (JustMinBl. S. 88 = RArbBl. I 110).

f. Bayern

Entschl. v. 3. 4. 12 (ArbBl. 463); Vrdg. z. Ausf. d. HAG. v. 22. 9. 23 (GVBl. 341), Vrdg. z. Ausf. d. Vrdg. über Fachausschüsse f. HA. v. 30. 6. 25 (GVBl. 164).

III. Ergänzende Gesetze:

a) Arbeitsgerichtsgesetz v. 23. 12. 26 (R. I 507) § 5, S. 180.

b) Gewerbeordnung v. 21. 6. 69 i. d. F. der Bek. v. 26. 7. 00 (R. 871) § 3, S. 180.

c) Betriebsrätegesetz v. 4. 2. 20 (R. 147), seitdem mehrfach geändert, § 119b S. 180.

d) Verordnung zur Ausführung des Betriebsrätegesetzes v. 21. 4. 20 (R. 563) und v. 7. 7. 27 (R. I 174), S. 181 f.

e) Reichsgesetz über Arbeitsvermittlung und Arbeitslosenversicherung v. 16. 7. 27 (R. I 187), S. 182.

f) Reichsversicherungsordnung v. 11. 8. 19 (R. 1383) unter Berücksichtigung des Reichsgesetzes über die Versicherung der Hausgewerbetreibenden v. 30. 4. 22 (R. I 465), S. 182 ff.

g) Gesetz betr. das Internationale Uebereinkommen über die Einrichtung von Verfahren zur Festsetzung von Mindestlöhnen v. 10. 5. 29 (R. II 375), S. 186 f.

IV. Literatur:

a) Hausarbeitsgesetz:

Kommentare von Gaebel 1924 (Hobbing 63 S.); Rhode 1925 (Elsner 143 S.); Rohmer 1924 (Vahlen 203 S.); Schmidt 1912 mit Nachtrag 1925 (Heymann); Sell 1924 (Spaeth u. Linde); Stöhsel, Das Hausarbeitsgesetz in seiner neuen Fassung mit Vollzugsvorschriften 1930 (Brügel-Ansbach 58 S.); vgl. auch Rausnitz, Das Recht der Hausangestellten, 2. Aufl. 1925 (144 S.); Hiller-Luppe, Gewerbeordnung nebst Kinderschutz- und Hausarbeitsgesetz, 21. Aufl. 1928 (de Gruyter 931 S.).

b) Heimarbeiterlohngesetz:

Kommentar von Melsbach 1925 (Heymann 162 S.).
Trapp, Die Sicherung des Heimarbeiterlohns durch das Heimarbeiterlohngesetz (RArbBl. 1931 II 164).
Betr. Berliner Hausarbeit vgl. auch Martha Friebel i. RArbBl. 31 II 53 f.

c) Statistik u. a.:

Betr. die Wirkung der Rationalisierung auf die Heimarbeit vgl. den Bericht des Gewerkvereins der Heimarbeiterinnen im RArbBl. 1930 S. II 501 nebst den ergänzenden Bemerkungen des Büros f. Sozialpolitik im RArbBl. 1930 II S. 531.

Aufbau des Hausarbeitsgesetzes

Allgemeines §§ 1, 2, 44.

Aushang von Lohnverzeichnissen (Lohntafeln) § 3.

Ausgabe von Lohnbüchern (Arbeitszetteln) § 4.
  Der Vertrag des Heimarbeiters: § 4 A. 2.

Schutz gegen Zeitversäumnis § 5.

Schutz gegen Gefahren §§ 6—12, 15, 16.

Verzeichnis der beschäftigten Hausarbeiter §§ 13—14.

Gewerbeaufsicht § 17.

Zwischenmeister § 18.

Fachausschüsse §§ 19—43.
  Errichtung § 19.
  Aufgaben §§ 20, 21.
  Zusammensetzung §§ 22, 23.
  Beisitzer §§ 24, 46—48.
  Verfahren § 25.
  Verfahren bei Festsetzung von Mindestentgelten §§ 26—40 (§§ 31—36 Tarifvertrag; §§ 37—40 Bußverfahren).
  Schlichtungsverfahren § 41.

Lohnbeschlagnahme-Verbot § 45.

Strafvorschriften §§ 49—53.

Vorbehaltenes Landesrecht § 54.

IV.

Hausarbeitsgesetz

in der Neufassung*) v. 30. 6. 1923.
(RGBl. I 472, 730.)

§ 1[1])

Für Werkstätten[2]), in denen

1. jemand ausschließlich zu seiner Familie[3]) gehörige Personen gewerblich beschäftigt,

2. eine oder mehrere Personen gewerbliche Arbeit verrichten, ohne von einem den Werkstattbetrieb leitenden Arbeitgeber beschäftigt zu sein,

gelten neben den bestehenden reichsrechtlichen Vorschriften[4]) die Vorschriften dieses Gesetzes[5]). Ausgenommen bleiben Werkstätten, in denen ausschließlich für den persönlichen Bedarf des Bestellers oder seiner Angehörigen gearbeitet wird.

Die im Abs. 1 Nr. 1, 2 bezeichneten Personen, soweit sie nicht nach Satz 2 ausgenommen sind, gelten als Hausarbeiter im Sinne der folgenden Vorschriften[5]).

---

*) Das Hausarbeitsgesetz von 1911 beschränkte die Tätigkeit der Fachausschüsse (§§ 18—25) im wesentlichen auf eine beratende und begutachtende Tätigkeit; seine Bedeutung blieb daher gering. Erst das sog. Heimarbeiterlohngesetz v. 27. 6. 23 (R. I 467) gab den Fachausschüssen auch entscheidende Befugnisse, indem sie nunmehr nicht nur den Abschluß von Tarifverträgen „fördern", sondern solche auch gegen den Willen d. Arbeitgeber für allgemeinverbindlich erklären, Mindestentgelte festsetzen u. auch eine Schlichtungstätigkeit ausüben können.

Das Verfahren zur Festsetzung von Mindestlöhnen ist inzwischen auch international anerkannt durch d. Genfer Uebereinkommen von 1928, abgedr. unten unter g S. 186.

1. Der § 1 beschreibt den sachlichen Geltungsbereich des Gesetzes. Dieses gilt nur für gewerbliche Familienbetriebe (Abs. 1 Nr. 1) und für die Werkstattgemeinschaften des Abs. 1 Nr. 2; nicht also für die eigentlichen Gewerbebetriebe im Sinne der Gewerbeordnung (§§ 120a ff.).

Das Gesetz hat — in Rücksicht auf die Verschiedenheit der Hausarbeitverhältnisse in den einzelnen Landesteilen — vielfach nur den Charakter eines Rahmengesetzes, wobei die Ausführung dem RArbMin. u. den obersten Landesbehörden überlassen bleibt.

2. Betr. Werkstätten vgl. auch GWO. § 105b u. Kinderschutzgesetz § 18.

3. Die Familie ist im weiten Sinne zu verstehen, so daß auch Zieh- u. Pflegekinder dazu gehören. Vgl. auch d. Richtlinien d. RArbMin. v. 7. 5. 25 (RArbBl. I 218) zu I 1.

Nur der ausschließl. Familienbetrieb fällt unter d. Gesetz. Wird ein fremder Arbeiter mit beschäftigt, so ist dies nicht anwendbar. Ebenso v. Rohrscheidt HAG. § 1 A. 6.

4. Neben den bestehenden reichsgesetzlichen Vorschriften: vgl. z. B. Reichsversicherungsordnung i. d. Neufassung v. 15. 12. 24 (R. I 779) im § 165 Nr. 6 (abgedr. oben S. 88). „Für den Fall der Krankheit werden versichert... Hausgewerbetreibende soweit ihnen nicht ein jährliches Einkommen in dem nach § 165a festgesetzten Betrage (d. i. z. Z. 2700 RM.) sicher ist."

u. Vrdg. über Erwerbslosenfürsorge v. 16. 2. 24 (R. I 127) § 4, welcher die Erwerbslosenunterstützung davon abhängig macht, daß der Erwerbslose in den letzten zwölf Monaten vor Eintritt der Unterstützungsbedürftigkeit mindestens drei Monate hindurch eine Beschäftigung ausgeübt hat, in der er gegen Krankheit pflichtversichert war.

aber auch GWO., Kinderschutzgesetz, AGG. (§ 5 Satz 2), BRG. (§§ 3, 11 Abs. 2), SchwbGes. (§ 5 Abs. 2, § 6 Abs. 2); AVAVG. (§ 69 Nr. 1).

5. **Gesetzesverletzung (Schadensersatz).** Unterläßt der Arbeitgeber schuldhaft die Anmeldung eines Hausgewerbetreibenden zur Krankenkasse und erleidet dieser infolgedessen einen Ausfall an Krankengeld oder an Erwerbslosenunterstützung, so muß der Arbeitgeber für den entstandenen Schaden aufkommen. Denn die Nichterfüllung der Versicherungspflicht stellt einen Verstoß gegen ein den Schutz eines anderen bezweckendes Gesetz i. S. des § 823 Abs. 2 BGB. dar und enthält zugleich auch eine Verletzung der Verpflichtungen aus dem Arbeitsvertrage. Vgl. LAG. Jena S. 3/27 v. 23. 11. 27, in welchem dieser Grundsatz zwar nicht ausdrücklich ausgesprochen, aber doch wohl stillschweigend als gültig vorausgesetzt wird, indem die Frage des Verschuldens bei der Nichtanmeldung eingehend geprüft und schließlich unter Hinweis auf die besondere Lage des einzelnen Falles verneint wird.

Zu Absatz 2.

6. Für die Rechtsstreitigkeiten der Hausgewerbetreibenden und sonstigen arbeitnehmerähnlichen Personen aus dem Arbeitsvertrage sind die Arbeitsgerichte zuständig; ebenso auch für die Rechtsstreitigkeiten der kleinen und mittleren Zwischenmeister mit ihren Arbeitgebern: AGG. § 5.

§ 2

Im Sinne dieses Gesetzes gelten als

1. **Werkstätten neben den Werkstätten im Sinne des § 105b Abs. 1 der Gewerbeordnung Räume, die zum Schlafen, Wohnen oder Kochen dienen, wenn darin gewerbliche Arbeit verrichtet wird, sowie im Freien gelegene gewerbliche Arbeitsstellen,**
2. **gewerbliche Beschäftigung oder Arbeit jede Tätigkeit, die als gewerblich im Sinne der Gewerbeordnung anzusehen ist,**
3. **Gewerbe die Gewerbe im Sinne der Gewerbeordnung,**
4. **Gewerbeaufsichtsbeamte die Gewerbeaufsichtsbeamten im Sinne des § 139b der Gewerbeordnung.**

§ 3

In denjenigen Räumen, in welchen Arbeit für Hausarbeiter ausgegeben oder Arbeit solcher Personen abgenommen wird, muß, soweit es sich nicht um Werkstätten der im § 1 Abs. 1 Satz 2 bezeichneten Art handelt, den Hausarbeitern durch offene Auslage von

Lohnverzeichnissen oder Aushängen von Lohntafeln die Möglichkeit gegeben sein, sich über die für die einzelnen in diesen Räumen zur Ausgabe gelangenden Arbeiten jeweilig gezahlten Löhne[1]) zu unterrichten. Für das Ausarbeiten neuer Muster gilt diese Bestimmung nicht.

Der Reichsarbeitsminister kann mit Zustimmung des Reichsrats zur Ausführung dieser Bestimmung nähere Anordnungen erlassen, gegebenenfalls für einzelne Bezirke. Er kann für bestimmte Gewerbezweige oder Betriebsarten auf Antrag Beteiligter Ausnahmen[2]) gewähren.

Der Reichsarbeitsminister kann mit Zustimmung des Reichsrats vorschreiben, daß, soweit das Arbeitsentgelt in Preisen zum Ausdruck kommt, die Preise gemäß Abs. 1, 2 bekanntgegeben werden.

Die Bestimmungen des Reichsarbeitsministers werden durch das Reichsgesetzblatt veröffentlicht und dem Reichstag zur Kenntnisnahme vorgelegt[4]).

Spezialliteratur: Else Lüders, Lohnverzeichnisse und Lohnbücher in der Heimarbeit (RArbBl. 1928 II 478).

[1]) Die jeweilig gezahlten Löhne, d. h. alle tatsächlich zur Auszahlung gelangenden Lohnsätze, nicht nur die Mindestlöhne. Der Hausarbeiter soll von der Willkür des Arbeitgebers freigestellt und in die Lage versetzt werden, die Anwendung eines ihm günstigeren Lohnes herbeizuführen.

[2]) Auf Grund der Ermächtigung im § 3 Abs. 1 Satz 1 ist erlassen die Vrdg. über Lohnverzeichnisse und Lohnbücher in der Hausarbeit v. 6. 10. 28 (R. I 378). Diese ist an die Stelle der früheren Bekanntmachungen und Anordnungen des Bundesrates getreten. Vgl. dazu auch Lüders aaO.

Für Preußen: AusfAnw. v. 16. 3. 12 u. 27. 12. 23 Ziff. 4—7.

[3]) Bei Nichtbeachtung des § 3 Abs. 1 erfolgt Strafe aus § 51 Nr. 1; bei Nichtbeachtung des § 3 Abs. 2 u. 3 aus § 51 Nr. 2.

[4]) Bestimmungen v. 27. 9. 17 (R. 867) abgeändert d. Bek. v. 4. 9. 21 (R. 1267).

§ 4

Wer Arbeit für Hausarbeiter ausgibt, ist, soweit nicht die Ausgabe in Werkstätten der im § 1 Abs. 1 Satz 2 bezeichneten Art stattfindet, verpflichtet, hierbei denjenigen, welche die Arbeit entgegenehmen, auf seine Kosten Lohnbücher oder Arbeitszettel auszuhändigen, welche Art und Umfang der Arbeit sowie die dafür festgesetzten Löhne oder Preise enthalten[1]). Für das Ausarbeiten neuer Muster gilt diese Bestimmung nicht.

Für einzelne Gewerbezweige, Betriebsarten oder besondere Gruppen von Betrieben oder Hausarbeitern kann der Reichsarbeitsminister mit Zustimmung des Reichsrats auf Antrag Beteiligter Ausnahmen gewähren.

Soweit der Reichsarbeitsminister auf Grund von § 114a der Gewerbeordnung Lohnbücher[3]) oder Arbeitszettel vorgeschrieben hat, gelten die Vorschriften des Abs. 1, 2 nicht.

1. Zu Abs. 1 Satz 1 und zu Abs. 2 vgl. Vrdg. über Lohnverzeichnisse und Lohnbücher in der Hausarbeit v. 6. 10. 1928 (R. I 378) u. f. Preußen AusfAnw. Ziff. 8 u. 9.

Spezialliteratur: A. zu § 3.

2. Der Vertrag des Heimarbeiters: Wer Arbeit für Hausarbeiter ausgibt, bietet diesen hierdurch nicht einen Arbeitsvertrag, sondern einen Lieferungsvertrag an. Die Heimarbeiter unterstehen nach dem Vertrage nicht der Aufsicht und Kontrolle der Firma, sondern bestimmen den Inhalt ihrer Arbeitsleistung, insbesondere was Zeit, Reihenfolge und Umfang der Arbeit anlangt, selbst. Sie übernehmen jedenfalls über das ihnen jeweils gegebene Stück hinaus keine Verpflichtung zur Arbeitsleistung: LAG. Berlin 106 S. 1467 v. 24. 10. 28. Daraus folgt aber auch andererseits, daß die Firma nach Ablieferung eines Stückes zur Abgabe weiterer Arbeit nicht verpflichtet ist und daß es hierzu insbesondere keiner Kündigung bedarf: LAG. Berlin aaO.

Die Firma würde aber der jedem Vertrage innewohnenden Verpflichtung zur billigen Rücksichtnahme auf die Interessen des anderen Vertragsteils zuwiderhandeln und sich gemäß § 276 BGB. schadensersatzpflichtig machen, wenn sie, obwohl sie entschlossen war, dem Heimarbeiter überhaupt keine weitere Arbeit zu geben, ihn hierüber im Unklaren ließ und ihn so hinderte, sich um andere Arbeit zu bemühen: LAG. Berlin aaO.

3. Zu Abs. 3 vgl. Bek. über Lohnbücher für die Kleider- und Wäschekonfektion v. 14. 2. 13 (R. 97).

§ 5[1])

Die zuständige Polizeibehörde[2]) kann auf Antrag des Gewerbeaufsichtsbeamten durch Verfügung für einzelne Gewerbebetriebe hinsichtlich der Einrichtung der Betriebsstätte und der Regelung des Betriebs in den im § 3 Abs. 1 bezeichneten Räumen anordnen, was zur Vermeidung einer durch die Natur des Betriebs nicht gerechtfertigten Zeitversäumnis der Hausarbeiter bei der Empfangnahme oder Ablieferung von Arbeit erforderlich und nach der Natur der Anlage ausführbar erscheint. Für die Ausführung ist eine angemessene Frist zu setzen.

Für Betriebe, die bei Erlaß dieses Gesetzes bereits bestehen, sind, solange sie nicht erweitert oder wesentlich verändert werden, nur solche Anforderungen zulässig, welche ohne unverhältnismäßige Aufwendungen[3]) ausführbar sind.

Gegen die Verfügung ist binnen zwei Wochen die Beschwerde an die höhere Verwaltungsbehörde[2]) zulässig; diese entscheidet endgültig.

[1]) Nach der amtl. Begr. z. Gesetz (S. 11) können die auf Grund des § 5 zu erlassenden Vorschriften Bestimmungen enthalten z. B. über Bereithaltung genügend großer Liefertische und ausreichend zahlreicher Lieferschalter sowie über Bereithaltung ausreichenden Personals für Ausgabe und Abnahme der Arbeiten, desgl. über Zeit u. Reihenfolge der Abfertigung.

Vgl. f. Preußen AusfAnw. v. 16. 3. 12/27. 12. 23 Ziff. 10—12; f. Bayern AusfAnw. v. 3 4. 12 Ziff. 4.

[2]) Zuständige Polizeibehörde ist in Preußen der Gewerberat (AusfAnw. Ziff. 3); in Bayern i. a. die Bezirksverwaltungsbehörde (AusfVrdg. § 5).

Höhere Verwaltungsbehörde ist in Preußen d. RegPräs., in Berlin d. PolPräs. (AusfAnw. Ziff. 5). Vgl. § 44 m. A.

[3]) „Unverhältnismäßig" werden Aufwendungen nicht sein, die durch die Bereitstellung von genügendem Ausgabe- und Abnahmepersonal erwachsen, um den Hausarbeitern das stundenlange Warten auf Abfertigung zu ersparen.

§ 6[1])

Soweit sich in einzelnen Gewerbezweigen aus der Art der Beschäftigung Gefahren für Leben, Gesundheit oder Sittlichkeit ergeben, kann auf Antrag des Gewerbeaufsichtsbeamten die zuständige Polizeibehörde[2]) durch Verfügung für einzelne Werkstätten diejenigen Maßnahmen anordnen, welche zur Durchführung der folgenden Grundsätze erforderlich sind:

1. **Die Werkstätten, einschließlich der Betriebsvorrichtungen, Maschinen und Gerätschaften, sind so einzurichten und zu unterhalten, daß die Hausarbeiter gegen Gefahren für Leben und Gesundheit so weit geschützt sind, wie es die Natur des Betriebs gestattet.**

   Insbesondere ist für genügendes Licht, ausreichenden Luftraum und Luftwechsel, Beseitigung des bei dem Betrieb entstehenden Staubes, der dabei entwickelten Dünste und Gase sowie der dabei entstehenden Abfälle zu sorgen.

   Zum Schutze gegen gefährliche Berührungen mit Maschinen oder Maschinenteilen sowie gegen andere in der Natur der Betriebsstätte oder des Betriebs liegende Gefahren sind die erforderlichen Vorrichtungen herzustellen.

2. **Auf Gesundheit und Sittlichkeit der männlichen Hausarbeiter unter achtzehn Jahren und der Hausarbeiterinnen sind diejenigen besonderen Rücksichten zu nehmen, welche durch Alter und Geschlecht dieser Arbeiter geboten sind.**

3. **Arbeiten, bei denen dies zur Verhütung von Gefahren für Leben oder Gesundheit erforderlich ist, dürfen nur in solchen Räumen verrichtet werden, welche ausschließlich hierfür benutzt werden.**

Zur Durchführung der Nr. 2 kann über die Vorschriften im § 5 Abs. 1, § 13 Abs. 1, 2 des Gesetzes, betr. Kinderarbeit in gewerblichen Betrieben[3]), vom 30. März 1903 (Reichsgesetzbl. S. 113) hinaus die Beschäftigung von eigenen oder fremden Kindern im Sinne jenes Gesetzes von der Vollendung eines höheren Lebensalters abhängig gemacht oder ganz verboten werden. Für andere Hausarbeiter unter 16 Jahren kann Beginn und Ende der zulässigen täglichen Arbeitszeit sowie Dauer und Lage der Pausen vorgeschrieben werden. Ferner kann die Beschäftigung an Sonn- und Festtagen sowie während der von dem ordentlichen Seelsorger für den Katechumenen-, Konfirmanden-, Beicht- und Kommunionunterricht bestimmten Stunden verboten werden.

---

[1]) Vgl. GWO. § 120 a u. c, abgedr. oben S. 35, 36.

[2]) Betr. die zuständige Polizeibehörde vgl. § 5 A. 2, Beschwerde nach § 1 Abs. 3.

[3]) Gesetz betreffend Kinderarbeit in gewerblichen Betrieben v. 30. 3. 03 (Kinderschutzgesetz), abgedr. S. 105 ff.

[3]) Strafvorschrift im § 49 u. § 50 Abs. 1 Nr. 1.

§ 7

Soweit sich in einzelnen Gewerbezweigen, insbesondere solchen, welche der Herstellung, Verarbeitung oder Verpackung von Nahrungs- oder Genußmitteln dienen, Gefahren für die öffentliche Gesundheit ergeben, kann die zuständige Polizeibehörde[1]) durch Verfügung für einzelne Werkstätten anordnen, wie diese und die Lagerräume einschließlich der Betriebsvorrichtungen, Maschinen und Gerätschaften einzurichten und zu unterhalten sind, und wie der Betrieb zu regeln ist, um die Gefahren auszuschließen.

Außerdem kann die Polizeibehörde anordnen, daß Räume, in denen Nahrungs- oder Genußmittel hergestellt oder verarbeitet werden, zu bestimmten anderen Zwecken nicht benutzt werden dürfen.

Die Bestimmungen des Abs. 1, 2 finden auch auf die im § 1 Abs. 1 Satz 2 aufgeführten Werkstätten Anwendung.

[1]) Betr. die zuständige Polizeibehörde vgl. § 5 A. 2 Beschwerde nach § 9 Abs. 3.

§ 8

Soweit nicht die Anordnungen gemäß §§ 6, 7 die Beseitigung einer dringenden Gefahr bezwecken, ist für die Ausführung eine angemessene Frist zu lassen.

Für Betriebe, die bei Erlaß dieses Gesetzes bereits bestehen, sind, solange sie nicht erweitert oder wesentlich verändert werden, nur solche Anforderungen[1]) zulässig, welche zur Beseitigung erheblicher, Leben oder Gesundheit der Hausarbeiter oder die öffentliche Gesundheit gefährdender Mißstände erforderlich oder ohne unverhältnismäßige Aufwendungen ausführbar sind.

[1]) **Zulässige Anforderungen:**

Das Gesetz unterscheidet — wie das „oder" (nicht „und"!) deutlich erkennen läßt — zwischen den

a) Anforderungen, welche zur Beseitigung erheblicher, Leben oder Gesundheit der Hausarbeiter oder die öffentliche Gesundheit gefährdender Mißstände erforderlich sind, u. den

b) Anforderungen, welche ohne unverhältnismäßige Aufwendungen ausführbar sind.

Die ersteren sind in jedem Falle durchzuführen ohne Rücksicht auf die dem Unternehmer dadurch entstehenden Kosten, da Leben, Gesundheit u. Sittlichkeit der Heimarbeiter ungleich viel wertvollere Güter sind als wie der Vermögensvorteil des Unternehmers. Die unter b) genannten sonstigen Anforderungen aber sind nur zu stellen, wenn sie ohne unverhältnismäßige Anforderungen durchführbar sind.

§ 9

Die Verfügungen auf Grund der §§ 6, 7 sind an denjenigen zu richten, welcher das Verfügungsrecht über den als Werkstätte oder Lagerraum benutzten Raum hat.

Verfügungen zur Regelung des Betriebs auf Grund des § 7 Abs. 1 sind im Falle des § 1 Abs. 1 Nr. 2 an die Hausarbeiter zu richten.

Gegen die Verfügung ist binnen zwei Wochen die Beschwerde an die höhere Verwaltungsbehörde[1]) zulässig; diese entscheidet endgültig.

[1]) Höhere Verwaltungsbehörde ist in Preußen d. RegPräs., in Berlin d. PolPräs. (AusfAnw. Ziff. 2). Näheres in A. z. § 44.

[2]) Betr. die polizeilichen Verfügungen, vgl. Preuß. AusfAnw. Ziff. 13—29.

§ 10

Der Reichsarbeitsminister kann mit Zustimmung des Reichsrats bestimmen[1]), welchen Anforderungen in einzelnen Arten der in §§ 6, 7 bezeichneten Werkstätten oder Lagerräume zur Durchführung der dort aufgestellten Grundsätze zu genügen ist.

Er kann mit Zustimmung des Reichsrats die Verrichtung solcher Arbeiten in der Hausarbeit verbieten, welche mit erheblichen Gefahren für Leben, Gesundheit oder Sittlichkeit der Hausarbeiter oder für die öffentliche Gesundheit verbunden sind[1]).

Soweit nicht der Reichsarbeitsminister Bestimmungen erläßt, kann die oberste Landesbehörde oder nach Anhören[2]) beteiligter Gewerbetreibender und Hausarbeiter die zuständige Polizeibehörde durch Polizeiverordnung[3]) sie erlassen.

Der Reichsarbeitsminister und die oberste Landesbehörde können ihre Bestimmungen auch für einzelne Bezirke erlassen.

Die Bestimmungen des Reichsarbeitsministers werden durch das Reichsgesetzblatt veröffentlicht[1]) und dem Reichstag zur Kenntnisnahme vorgelegt.

[1]) Vgl. Bek. betr. Hausarbeit in der Tabakindustrie v. 17. 11. 13 (R. 751); Vrdg. betr. Verbot des Trennens, Schneidens und Sortierens von Hadern und Lumpen v. 21. 4. 20 (R. 563); betr. Verbot des Anfertigens und Verpackens von Präservativs, Sicherheitspessarien, Suspensorien u. dgl. v. 1. 2. 21 (R. 145); betr. Verarbeitung von Zellhorn (Zelluloid) v. 20. 10. 30 (R. I 468); betr. Verbot der Verarbeitung von Pulver v. 20. 4. 26 (R. I 201) nebst Erl. v. 18. 5. 26 (HMBl. 142); betr. Verbot der Hausarbeit in der Süß-, Back- und Teigwarenindustrie v. 29. 6. 27 (R. I 137); betr. Verbot der Hausarbeit in der Gummikonfektion v. 24. 9. 29 (R. I 149).

[2]) Die Anhörung der Beteiligten ist Gültigkeitserfordernis f. d. Polizeiverordnung: RGStr. 34 S. 368; aM. KG. J. 23 C. 3.

[3]) Betr. d. Polizeiverordnungen vgl. Preuß. AusfAnw. Ziff. 13—19.

[4]) Strafvorschrift: §§ 49, 50, 52.

§ 11

Für die Beobachtung der auf Grund der §§ 6, 7, 10 getroffenen Anordnungen ist derjenige verantwortlich[1]), welcher das Verfügungsrecht über den als Werkstätte oder Lagerraum benutzten Raum hat. Für die Beobachtung der Anordnungen zur Regelung des Betriebs auf Grund des § 7 Abs. 1, § 9 Abs. 2, § 10 sind in den Fällen des § 1 Abs. 1 Nr. 2 nur die Hausarbeiter selbst verantwortlich.

[1]) § 11 gilt sowohl für die strafrechtliche wie für die zivilrechtliche Verantwortlichkeit.

§ 12

Sollen Verrichtungen in der Hausarbeit vorgenommen werden, hinsichtlich deren auf Grund des § 10 Abs. 1, 3 Bestimmungen erlassen sind, so hat dies der nach § 11 Satz 1 Verantwortliche vor dem Beginne der Beschäftigung unter Angabe der Lage der Werkstätte schriftlich der Ortspolizeibehörde anzuzeigen[1]).

[1]) Ueber die Anzeigepflicht vgl. Preuß. AusfAnw. Ziff. 20 und 21.

§ 13

Gewerbetreibende, die außerhalb ihrer Arbeitsstätte in Werkstätten gewerbliche Arbeit verrichten lassen, sind verpflichtet,

1. **ein Verzeichnis derjenigen Personen, welchen sie Hausarbeit übertragen oder durch welche außerhalb der Arbeitsstätte des Gewerbetreibenden die Uebertragung erfolgt, unter Angabe der Betriebsstätte dieser Personen zu führen; das Verzeichnis ist auf Erfordern der Ortspolizeibehörde sowie den Gewerbeaufsichtsbeamten jederzeit zur Einsicht vorzulegen oder einzureichen,**
2. **sofern die Beschaffung eines Ausweises darüber vorgeschrieben ist, daß die Räume, in denen die Arbeit verrichtet wird, den an sie gestellten Anforderungen genügen, Hausarbeit nur für solche Werkstätten auszugeben, für welche ihnen dieser Ausweis vorgelegt wird.**

Die entsprechende Verpflichtung liegt solchen Personen ob, welche, ohne daß sie eine Arbeitsstätte besitzen, für Gewerbetreibende außerhalb deren Arbeitsstätte Arbeit an Hausarbeiter übertragen.

[1]) Zu § 13 Abs. 1 Nr. 2 u. Abs. 2 vgl. Preuß. AusfAnw. Ziff. 22 bis 24 und betr. die Listenführung Ziff. 25—29.

[2]) Für die Vorschrift fehlt leider eine Strafbestimmung im Gesetz.

§ 14

Durch Polizeiverordnung der zuständigen Polizeibehörde kann nach Anhören beteiligter Gewerbetreibender und Hausarbeiter bestimmt werden, wie die Verzeichnisse einzurichten und ob und in welchen Zwischenräumen sie in Urschrift oder in Abschrift den im § 13 Abs. 1 Nr. 1 bezeichneten Stellen einzureichen sind.

Betr. die Listenführung vgl. Preuß. AusfAnw. Ziff. 25—29.

§ 15

Für Gewerbezweige, die der Herstellung, Verarbeitung oder Verpackung von Nahrungs- oder Genußmitteln dienen, können durch Bestimmung auf Grund des § 10 Abs. 1, 3 Gewerbetreibende, die außerhalb ihrer Arbeitsstätte in Werkstätten gewerbliche Arbeit verrichten lassen, sowie die im § 13 Abs. 2 bezeichneten Personen verpflichtet werden, sich in angemessenen Zwischenräumen, mindestens halbjährlich, persönlich oder durch Beauftragte davon zu unterrichten, daß Einrichtung und Betrieb der Werkstätten den Anforderungen entsprechen.

§ 16

Sofern zur Durchführung der §§ 7, 15 Bestimmungen auf Grund des § 10 erlassen sind, können sie durch Polizeiverordnung[1]) der zuständigen Polizeibehörde auf solche Betriebe ausgedehnt werden, in

welchen Personen beschäftigt sind, die als gewerbliche Arbeiter im Sinne der Gewerbeordnung gelten.

[1]) Betr. d. Polizei Vrdg. vgl. Preuß. AusfAnw. Ziff. 13—19.

§ 17

Soweit nicht der Reichsarbeitsminister oder die Landesregierung die Aufsicht anderweit regelt, gilt § 139b der Gewerbeordnung entsprechend.

Während der Nachtzeit darf eine Revision nur stattfinden, wenn Tatsachen den Verdacht begründen, daß gegen die auf Grund der §§ 6, 7, 10 erlassenen Bestimmungen verstoßen wird.

Betr. die Aufsicht vgl. Preuß. AusfAnw. Ziff. 30—34.

§ 18

Im Sinne der §§ 19 bis 29, 31 bis 41 und 45 bis 48 werden, soweit ein Bedürfnis dazu vorhanden ist, sonstige Hausgewerbetreibende und Zwischenmeister (Faktoren, Ausgeber und sonstige Zwischenpersonen), die den überwiegenden Teil ihres Verdienstes aus ihrer eigenen Arbeit am Stücke beziehen, den Hausarbeitern gleichgestellt.

Die den Fachausschuß errichtende oder die von ihr bezeichnete Stelle entscheidet nach Anhörung der wirtschaftlichen Vereinigungen und amtlichen Berufsvertretungen der Arbeitgeber und Arbeitnehmer darüber, ob solche Hausgewerbetreibende und Zwischenmeister im allgemeinen oder im Einzelfalle den Hausarbeitern gleichzustellen sind.

Alle Zwischenmeister, die nicht nach Abs. 2 den Hausarbeitern gleichgestellt werden, stehen im Sinne der §§ 19 bis 29, 31 bis 41 und 45 bis 48 den Gewerbetreibenden gleich.

[1]) Zweck der Vorschrift ist, die Wohltaten des Hausarbeitsgesetzes, die zunächst nur den eigentlichen Hausarbeitern, d. h. nur den Familienbetrieben (§ 1 Abs. 1 Nr. 1) und Werkstattgemeinschaften (Abs. 1 Nr. 2) zustehen, im Falle des Bedürfnisses z. B. wenn auch bei ihnen die für den Hausarbeiter charakteristische Unterbezahlung der Arbeit besteht, auch andern Hausgewerbetreibenden (z. B. solchen, die noch eine fremde Arbeitskraft beschäftigen und daher nicht unter § 1 fallen) zugute kommen zu lassen. Es muß sich aber auch hier um Hausgewerbetreibende handeln, d. h. um Personen, die in eigener Betriebsstätte im Auftrage und für Rechnung anderer Gewerbetreibender gewerbliche Erzeugnisse herstellen. Ihnen werden gleichgestellt die Zwischenmeister.

[2]) Vgl. die Richtlinien zu § 18 des Hausarbeitsgesetzes und zu § 2 der Vrdg. über Fachausschüsse für Hausarbeit v. 7. 5. 25 (RArbBl. I 218).

[3]) Zu Abs. 1 und 2:
Begriff des Hausarbeiters: Richtlinien A I 1;
„ „ Hausgewerbetreibenden: Richtlinien A I 2;
„ „ Zwischenmeisters: Richtlinien A I 3.

Wegen der Rechtsstellung des sog. Zwischenmeisters vgl. auch die RVO. §§ 162, 165 u. 1226, GWO. § 119b, BRG. §§ 3, 11 u. insbesondere § 75c AVAVG. sowie auch den § 5 AGG., der auch hinsichtlich der Zuständigkeit der Arbeitsgerichte die unselbständigen Zwischenmeister den Arbeitnehmern gleichgestellt. Nach RAG. 8 S. 32 können die Lohn- u. Arbeitsbedingungen der Zwischenmeister, soweit diese nach Lage des Einzelfalls abhängige Arbeit gegen Entgelt zu leisten haben, auch durch TV. geregelt werden. Vgl. im übrigen die A. zu § 5 AGG.

Ueber eigene Arbeit am Stück (= Richtlinien A II 1) vgl. auch A. zu AGG. § 5 und betr. Vorliegen eines Bedürfnisses: Richtlinien A II 2.

[4]) Zuständig zur Entscheidung ist nach Richtlinien B I die den Fachausschuß errichtende Stelle (d. i. nach § 19 Abs. 1 der RArbMin. u. ev. subsidiär nach § 29 Abs. 2 die oberste Landesbehörde) oder die von ihr bezeichnete Stelle. Ueber das Verfahren bei der Entscheidung vgl. Richtlinien B II.

Der RArbMin. hat die Entscheidung den obersten Landesbehörden u. den von ihnen bezeichneten Stellen übertragen: Bek. v. 7. 5. 25 (RArbBl. I 219).

Zu Absatz 2:

Die entscheidende Stelle ist nach § 19 Abs. 1, 2 der Reichsarbeitsminister oder die oberste Landesbehörde, die aber die Entscheidung weiter übertragen können (Richtlinien B I); der RArbMin. hat auf seine Zuständigkeit ganz verzichtet durch Erl. v. 7. 5. 25 (RArbBl. I 219). Ueber das Verfahren bei der Entscheidung vgl. Richtlinien B II 1—3.

Für Preußen vgl. Bek. d. PolPräs. i. Berlin v. 21. 5. 29 über die Gleichstellung von Zwischenmeistern mit Hausarbeitern (RArbBl. 29 I 131); desgl. Bek. v. 19. 3. 31 (RArbBl. I 80); v. 14. 10. 31 (RArbBl. I 258) u. v. 16. 3. 32 (RArbBl. I 56).

§ 19

Der Reichsarbeitsminister kann nach Anhörung der wirtschaftlichen Vereinigungen und amtlichen Berufsvertretungen der Arbeitgeber und Arbeitnehmer mit Zustimmung des Reichsrats für bestimmte Gewerbezweige und Gebiete die Errichtung von Fachausschüssen beschließen.

Soweit der Reichsarbeitsminister die Errichtung nicht beschließt, steht die Befugnis dazu auch der obersten Landesbehörde zu.

Einem gemeinsamen Antrag von wirtschaftlichen Vereinigungen von Arbeitnehmern und Arbeitgebern auf Errichtung eines Fachausschusses soll stattgegeben werden.

Für Gebiete, in denen Hausarbeiter in verschiedenartigen Gewerbezweigen beschäftigt werden, kann die Errichtung eines gemeinschaftlichen Fachausschusses oder die Bildung von Abteilungen bei bereits für bestimmte Gewerbezweige bestehenden Fachausschüssen beschlossen werden.

In den Beschlüssen über die Errichtung sind die Gewerbezweige oder die Teile von Gewerbezweigen, für welche die Fachausschüsse errichtet werden, der Bezirk, der Sitz der Fachausschüsse und der Zeitpunkt, von dem an sie in Tätigkeit treten, zu bezeichnen.

Die Beschlüsse sind im Reichsarbeitsblatte, die des Reichsarbeitsministeriums außerdem im Reichsanzeiger zu veröffentlichen.

Vgl. Verordnung des RArbMin. über Fachausschüsse für Hausarbeit v. 28. 11. 24 (R. I 757), v. 28. 3. 25 (R. I 33) u. 14. 6. 29

(R. I 119) — §§ 1—12 = Errichtung und Zusammensetzung der Fachausschüsse; §§ 13—29 Verfahren, insbesondere §§ 25—28 Verfahren auf Festsetzung von Mindestentgelten; § 29 Verfahren bei der Tätigkeit als Schlichtungsausschuß; §§ 30—33 Aufsicht und Geschäftsführung. — Richtlinien zu § 2 v. 7. 5. 25 (RMBl. 329).

Die Errichtung von Fachausschüssen für Hausarbeit ist erfolgt durch Vrdg. des RArbMin. v. 13. 1. 19 (R. 85); v. 10. 2. u. 22. 6. 21 (R. 169, 800) v. 28. 6. u. 3. 10. 22 (R. I 564, 593); v. 20. 2. u. 19. 3. 23 (R. I 152, 210); v. 29. 2. 24 (R. I 170); v. 28. 3. u. v. 5. 11. 25 (R. I 33, 387); v. 6. 12. 26 (R. I 493); v. 26. 9. u. 7. 11. 27 (R. I 312 u. 327); v. 27. 7., v. 8. 11. u. v. 21. 12. 28 (R. I 291, 398 u. 414); v. 12. 11. 29 (RArbBl. I 280); v. 4. 5. 31 (RArbBl. I, 99), v. 23. 8. 31 (R. I 447, 448), v. 19. 11. 31 (R. I 688), v. 22. 3. 32 (R. I 161) u. Pr. MfHuG. v. 31. 7. 29 (RArbBl. I 197).

Verzeichnis der Fachausschüsse für Hausarbeit nach dem Stande v. 1. 1. 32 (RArbBl. 32 I 5) auszugsw. abgedr. i. Anhang f. Verzeichnis der Namen u. Anschriften der Vorsitzenden der Fachausschüsse im RArbBl. 1932 I 8. Verzeichnis der obersten Landesbehörden in Preußen gemäß § 19 Abs. 2 im RArbBl. 1927 I 194.

Zu Absatz 2 vgl. f. Preußen d. Erl. v. 27. 2. 25 (HMBl. 25 S. 52) u. f. Bayern d. Bek. v. 30. 6. 25 (GVBl. 25 S. 164).

§ 20

Die Fachausschüsse haben

1. **auf Ersuchen der Staats- und Gemeindebehörden in geeigneter Weise, insbesondere durch Vernehmung beteiligter Gewerbetreibender und Hausarbeiter sowie von Auskunftspersonen die Höhe des von den Hausarbeitern tatsächlich erzielten Arbeitsverdienstes zu ermitteln, dessen Angemessenheit zu begutachten und Vorschläge für die Vereinbarung angemessener Entgelte zu machen;**
2. **auch sonst den Abschluß von Lohnabkommen oder Tarifverträgen zu fördern;**
3. **falls in ihrem Bezirke den Hausarbeitern offenbar unzulängliche Entgelte gezahlt werden und eine Verständigung zur Herbeiführung zulänglicher Entgelte nicht erzielt worden ist, nach §§ 26 bis 40 die Bestimmungen eines Tarifvertrags über die Entgelte als allgemeinverbindlich zu genehmigen oder Mindestentgelte für Hausarbeiter festzusetzen;**
4. **die Aufgaben der Schlichtungsausschüsse im Sinne der §§ 20 bis 30 der Verordnung vom 23. Dezember 1918 (Reichsgesetzbl. S. 1456) bei Arbeitsstreitigkeiten zwischen Gewerbetreibenden und Hausarbeitern unter Berücksichtigung des § 41 zu erfüllen;**
5. **die Staats- und Gemeindebehörden durch tatsächliche Mitteilungen und Erstattung von Gutachten zu unterstützen. Auf Ersuchen der Staats- und Gemeindebehörden haben sie bei Erhebungen über die gewerblichen und wirtschaftlichen Verhältnisse der in ihnen vertretenen Gewerbezweige in ihrem Bezirke mitzuwirken sowie Gutachten zu erstatten, insbesondere über:**

a) die Ausführung der §§ 3, 4, 10, 14 bis 16 dieses Gesetzes,
b) die in ihrem Bezirke für die Auslegung von Verträgen und für die Erfüllung von Verbindlichkeiten zwischen Gewerbetreibenden und Hausarbeitern bestehende Verkehrssitte;

6. Wünsche und Anträge, die sich auf die gewerblichen und wirtschaftlichen Verhältnisse der in ihnen vertretenen Gewerbezweige in ihrem Bezirke beziehen, zu beraten;
7. Veranstaltungen und Maßnahmen, welche die Hebung der wirtschaftlichen Lage und der Wohlfahrt der Hausarbeiter zum Zwecke haben, anzuregen und auf Antrag der Vertreter der hierfür getroffenen Einrichtungen an deren Verwaltung mitzuwirken.

Als unzulängliche Entgelte sind Arbeitsvergütungen anzusehen, die Heimarbeitern für bestimmte Arten von Heimarbeit unter Zugrundelegung einer normalen Arbeitszeit und einer vollwertigen und eingerichteten Arbeitskraft nicht den ortsüblichen Lohn zu erreichen ermöglichen oder die hinter den in anderen Bezirken mit ähnlichen wirtschaftlichen Verhältnissen für die gleiche Arbeit bezahlten Löhnen zurückbleiben oder den in demselben Bezirk in Werkstatt und Fabriken gezahlten Löhnen für ähnliche Arbeit nachstehen.

Allgemeines:

Vgl. d. Allg. Verf. d. Pr. JustMin. über die Zusammenarbeit zwischen den Arbeitsgerichtsbehörden u. den Fachausschüssen für Hausarbeit v. 28. 2. 31 (JMBl. S. 88 = RArbBl. I 110). Den Arbeitsgerichtsbehörden wird zur Pflicht gemacht, den zuständigen Fachausschüssen Nachricht zu geben von Rechtsstreitigkeiten, die eine Prüfung der von dem Arbeitgeber gezahlten Löhne durch den Fachausschuß angezeigt erscheinen lassen. Zugleich werden sie darauf hingewiesen, daß die Vorsitzenden der Fachausschüsse für Hausarbeit auf dem Gebiete der Heimarbeit wegen ihrer besonderen Sachkunde als Sachverständige in Frage kommen.

Zu Nr. 3:

vgl. f. Preußen Erl. v. 10. 7. 25 (HMBl. 203).

Das Verfahren über die Festsetzung von Mindestentgelten nach § 20 Nr. 3 ist in den §§ 26—40 näher geregelt.

Im übrigen vgl. die Allg. Verf. d. Preuß. JustMin. über Zusammenarbeit zwischen den Arbeitsgerichtsbehörden und den Fachausschüssen für Hausarbeit v. 28. 2. 31 (JMBl. 88).

Zu Nr. 4:

Vgl. jetzt Vrdg. über das Schlichtungswesen v. 30 10. 23 (R. I 1043) und wegen der Zulässigkeit der Verbindlichkeitserklärung eines Spruches des Fachausschusses für Hausarbeit gemäß § 20 Abs. 1 Nr. 4 den Erl. d. RArbMin. v. 27. 10. 27 (RArbBl. I 503).

Die Verbindlichkeitserklärung ersetzt nur die Annahme des vom Fachausschuß vorgeschlagenen TV. durch die miteinander streitenden Arbeitgeber und Hausarbeiter (§ 6 Abs. 3 SchlO.). Soll der TV. auch für die nicht am Streit Beteiligten Geltung bekommen, so muß Allgemeinverbindlichkeitserklärung erfolgen. Vgl. dazu die §§ 30 u. 31 u. betr. des Verfahren d. Vrdg. v. 28. 11. 24 (R. I 757) § 29.

Zu Absatz 2.

Die drei Merkmale für die Unzulänglichkeit des Entgelts stehen gleichwertig nebeneinander, so daß die Unzulänglichkeit anzunehmen ist, wenn auch nur eines dieser drei Merkmale zutrifft.

§ 21

Angelegenheiten, die lediglich die Verhältnisse des einzelnen Betriebs betreffen, dürfen nicht in den Bereich der Tätigkeit der Fachausschüsse einbezogen werden.

§ 22

Die Fachausschüsse bestehen aus der gleichen Zahl von Vertretern der beteiligten Gewerbetreibenden und Hausarbeiter sowie einem Vorsitzenden und zwei Beisitzern. Der Vorsitzende und die Beisitzer müssen die erforderliche Sachkunde besitzen. Der Vorsitzende darf weder Gewerbetreibender noch Hausarbeiter sein.

Die Vertreter der Gewerbetreibenden müssen Gewerbetreibende oder Angestellte ihrer wirtschaftlichen Vereinigungen, die Vertreter der Hausarbeiter müssen Hausarbeiter oder Angestellte ihrer wirtschaftlichen Vereinigungen sein. Die Zahl der Angestellten der wirtschaftlichen Vereinigungen darf auf jeder Seite die Hälfte ihrer Vertreter nicht überschreiten.

Den Gewerbetreibenden stehen gleich Geschäftsführer und Betriebsleiter, soweit sie sebständig zur Einstellung von Arbeitnehmern in den Betrieb oder die Betriebsabteilung berechtigt sind, oder soweit ihnen Prokura, Handlungsvollmacht oder Generalvollmacht erteilt ist.

Sind im Gewerbezweige und Bezirke des Fachausschusses Zwischenmeister in größerem Umfang tätig, die unter § 18 Abs. 3 fallen, so müssen dem Fachausschusse auch Vertreter dieser Zwischenmeister angehören.

Sofern Hausarbeiterinnen in größerer Zahl beschäftigt werden, müssen sie auf Seite der Hausarbeiter angemessen vertreten sein.

Betr. Zusammensetzung der Fachausschüsse vgl. Vrdg. v. 28. 11. 24 (R. I 757) §§ 1—12.

Zu Absatz 5: Es ist nicht nötig, daß die Zahl der Hausarbeiterinnen die der männlichen Hausarbeiter übersteigt. Einen Anhalt für die Bemessung geben die Hausarbeiterlisten (§ 13).

§ 23

Die oberste Landesbehörde ernennt den Vorsitzenden und die Beisitzer und bestimmt die Zahl der Vertreter. Die Vertreter werden von ihr auf Grund von Vorschlagslisten der im Bezirke des Fachausschusses bestehenden wirtschaftlichen Vereinigungen von Arbeitgebern oder Arbeitnehmern, denen Gewerbetreibende oder Hausarbeiter des Gewerbezweigs als Mitglieder angehören, bestellt.

Gehört ein erheblicher Teil der in Betracht kommenden Gewerbetreibenden oder Hausarbeiter solchen wirtschaftlichen Vereinigungen nicht an, so ist der Bezirkswirtschaftsrat aufzufordern, Vertreter, die auf den Vorschlagslisten nicht enthalten sind, vorzuschlagen. Die oberste Landesbehörde bestellt aus den Vorgeschlagenen eine angemessene Anzahl von Vertretern. Solange Bezirkswirtschaftsräte noch

nicht bestehen, ernennt die oberste Landesbehörde die Vertreter nach Anhörung Sachkundiger.

Bei mehreren Vorschlagslisten ist die Zahl der zu bestellenden Vertreter unter billiger Berücksichtigung des Schutzes von Minderheiten auf die einzelnen Vorschagslisten zu verteilen, und zwar im Verhältnis zu der Zahl der Mitglieder der im Abs. 1 bezeichneten Art (Gewerbetreibende oder Hausarbeiter), die im Bezirke des Fachausschusses den einzelnen vorschlagenden Vereinigungen angehören. Werden nachträglich die der Verteilung zugrunde liegenden Angaben als unrichtig erwiesen, so kann die oberste Landesbehörde eine neue Bestellung der Vertreter auf Grund der berichtigten Angaben vornehmen, wenn die Berichtigung für die Verteilung von erheblicher Bedeutung ist.

Erstreckt sich der Bezirk eines Fachausschusses über mehrere Länder, so erfolgt die Ernennung des Vorsitzenden und der Beisitzer und die Bestellung der Vertreter nach Vereinbarung der beteiligten Landesregierungen.

§ 24

Die Uebernahme des Amtes als Beisitzer oder Vertreter können nur ablehnen

1. Frauen, denen wegen ihrer Inanspruchnahme als Hausfrau oder Mutter die Uebernahme nicht zugemutet werden kann,
2. wer das fünfundsechzigste Lebensjahr vollendet hat,
3. wer mehr als vier minderjährige Kinder hat; dabei werden Kinder, die ein anderer an Kindes Statt angenommen hat, nicht gerechnet,
4. wer durch Krankheit oder Gebrechen verhindert ist, das Amt ordnungsmäßig zu führen,
5. wer mehr als eine Vormundschaft oder Pflegschaft hat; die Vormundschaft oder Pflegschaft über mehrere Geschwister gilt nur als eine; zwei Gegenvormundschaften stehen einer Vormundschaft gleich,
6. wer durch eine andere ehrenamtliche Tätigkeit für die Allgemeinheit so in Anspruch genommen ist, daß ihm die Uebernahme des Amtes nicht zugemutet werden kann,
7. wer in den letzten drei Jahren vor der Ernennung oder Wahl bei einem Fachausschusse als Beisitzer oder Vertreter tätig gewesen ist.

Tritt in der Person eines Beisitzers oder Vertreters eine dieser Voraussetzungen im Laufe der Amtszeit ein; so kann er von diesem Zeitpunkt an das Amt niederlegen.

Ueber die Zulässigkeit der Ablehnung oder Niederlegung des Amtes entscheidet der Vorsitzende des Fachausschusses.

Werden von einem Beisitzer oder Vertreter Tatsachen bekannt, die eine grobe Verletzung seiner Amtspflichten darstellen, so enthebt ihn die oberste Landesbehörde seines Amtes.

§ 25

Entgeltregelungen und Gutachten gemäß § 20, Nr. 1, 3, 5 müssen unter Beteiligung der gleichen Zahl von Vertretern der Gewerbe-

treibenden und der Hausarbeiter beschlossen werden. Entsprechendes gilt, wenn der Fachausschuß nach § 20 Nr. 4 tätig wird.

Bei der Beschlußfassung über die Erstattung der Gutachten ist zunächst für die Gruppen der Vertreter der Gewerbetreibenden und der Hausarbeiter eine gesonderte Abstimmung vorzunehmen. Ergibt die Abstimmung, daß sämtliche Vertreter der Gewerbetreibenden einerseits und sämtliche Vertreter der Hausarbeiter anderseits einen entgegengesetzten Standpunkt einnehmen, so wird das Gutachten nicht erstattet. Beide Gruppen sind in diesem Falle ermächtigt, ihre Meinung und deren Begründung schriftlich niederzulegen und diese Aufzeichnung dem Vorsitzenden des Fachausschusses einzureichen. Das gleiche Recht hat in den Fällen, in denen ein gültiger Beschluß zustande gekommen ist, die Minderheit. Die Aufzeichnung ist von dem Vorsitzenden des Fachausschusses den Verhandlungen beizufügen und der beteiligten Behörde einzureichen.

§ 26

Leitet der Fachausschuß entsprechend § 20 Nr. 3 ein Verfahren auf Festsetzung von Mindestentgelten ein, so gelten die §§ 27 bis 40.

Die im Bezirke des Fachausschusses bestehenden wirtschaftlichen Vereinigungen der Arbeitgeber und Arbeitnehmer, denen eine größere Zahl Gewerbetreibende oder Hausarbeiter des Gewerbezweigs als Mitglieder angehören, sind berechtigt, an die Fachausschüsse Anträge auf Einleitung des Verfahrens zu stellen. Der Vorsitzende des Fachausschusses ist verpflichtet, diese Anträge auf die Tagesordnung einer innerhalb von vier Wochen einzuberufenden Sitzung zu setzen.

Das Verfahren auf Festsetzung von Mindestentgelten kann auch von den Arbeitsgerichtsbehörden (ArbG., LAG., RAG.) in Gang gebracht werden. Diesen ist namentlich in Preußen durch die Allg. Verf. d. JustMin. über Zusammenarbeit zwischen den Arbeitsgerichtsbehörden u. d. Fachausschüssen f. Hausarbeit v. 28. 2. 31 (JMBl. 88) besonders zur Pflicht gemacht, den zuständigen Fachausschüssen von Rechtsstreitigkeiten Nachricht zu geben, die eine Prüfung der von dem Arbeitgeber gezahlten Löhne durch den Fachausschuß angezeigt erscheinen lassen.

§ 27

Erscheint ein Verfahren auf gemeinsame Festsetzung von Mindestentgelten für mehrere Hausarbeitsgebiete oder Fachausschußbezirke nach den Umständen als erforderlich, um in der Heimarbeit eine Abwanderung aus einzelnen Gebieten zu vermeiden, so kann die Landesverwaltungsbehörde, deren Bezirk die beteiligten Hausarbeitsgebiete und Fachausschußbezirke umfaßt, sonst der Reichsarbeitsminister, anordnen, daß das Verfahren vor einem Gesamtfachausschusse stattfindet und den Bezirk des Gesamtfachausschusses bestimmen. Dieser Gesamtfachausschuß ist von Fall zu Fall zu bilden und unter entsprechender Anwendung der §§ 22, 23 und der auf Grund des § 42 erlassenen Bestimmungen gleichmäßig aus Vertretern der Gewerbetreibenden und der Hausarbeiter des Gewerbezweigs der einzelnen Hausarbeitsgebiete oder Fachausschußbezirke zusammenzusetzen. Zu Vertretern sind möglichst Mitglieder der in Frage kommenden Fachausschüsse, und zwar entsprechend der Bedeutung der

Hausarbeiter, in ihren Bezirken zu bestellen. Der Gesamtfachausschuß tritt an einem von der Landesverwaltungsbehörde oder dem Reichsarbeitsminister zu bestimmenden Orte zusammen.

Die §§ 26 und 43 gelten entsprechend.

Landesverwaltungsbehörde ist in Preußen je nach dem Umfang d. RegPräs. (i. Berlin d. PolPräs.), d. ObPräs. oder d. Min. f. H. u. G. Vgl. des weiteren AusfAnw. v. 16. 3. 12 (HMBl. 94); v. 27. 12. 23 (HMBl. 24 S. 25) Nr. 1.

§ 28

In dem Verfahren auf Festsetzung von Mindestentgelten ist zunächst auf eine tarifliche Vereinbarung über die Entgelte hinzuwirken.

Alle Hausarbeiter und die ihnen gleichgestellten Personen (§ 18 Abs. 2) gelten für die nach Abs. 1 zu erstrebenden tariflichen Vereinbarungen als Arbeitnehmer im Sinne des § 1 der Verordnung vom 23. Dezember 1918 (Reichsgesetzbl. S. 1456).

Zu Absatz 2:

Vgl. jetzt Vrdg. über Tarifverträge i. d. Fassung v. 1. 3. 28 (R. I 47).

Die Lohn- und Arbeitsbedingungen der Zwischenmeister (§ 18 Abs. 2) können, soweit diese abhängige Arbeit gegen Entgeld leisten, u. U. auch durch TV. geregelt werden: RAG. 8 S. 32 unter Betonung, daß es auf die Lage des Einzelfalls ankomme.

§ 29

Nach Möglichkeit sollen Stückentgelte vereinbart oder festgesetzt werden. Wo dies aus technischen Gründen nicht möglich ist, müssen Zeitentgelte vereinbart oder festgesetzt werden, die der Stückentgeltberechnung im Einzelfalle zugrunde zu legen sind.

Wenn für Zwischenmeister Mindestentgelte geregelt werden (§ 18 Abs. 1), so sollen sie so vereinbart oder festgesetzt werden, daß es den Zwischenmeistern möglich ist, den von ihnen beschäftigten Hausarbeitern die für diese geltenden Mindestentgelte zu bezahlen.

§ 30

Die Vertreter der Zwischenmeister (Faktoren, Ausgeber und sonstige Zwischenpersonen) wirken bei Erfüllung der Aufgaben des § 20 Nr. 3 und 4 nur insoweit mit, als es sich um Mindestentgelte handelt, die von den Zwischenmeistern oder an die Zwischenmeister zu zahlen sind. Die Zahl der Vertreter der Zwischenmeister darf je die Hälfte der Zahl der Vertreter der Gewerbetreibenden und Hausarbeiter nicht überschreiten.

§ 31

Kommt ein Tarifvertrag über die Entgelte zustande, so ist der Fachausschuß oder Gesamtfachausschuß berechtigt, die Bestimmungen des Tarifvertrags über die Entgelte als allgemeinverbindlich zu genehmigen, auch wenn der Tarifvertrag noch keine überwiegende Bedeutung erlangt hat.

Bei der Genehmigung ist zu bestimmen, mit welchem Zeitpunkt die allgemeine Verbindlichkeit beginnt.

[1]) Die Allgemeinverbindlichkeit kann hier abweichend von TVVrdg. § 2 ohne Antrag und auch ohne daß der TV. im Tarifgebiet überwiegende Bedeutung hätte, angeordnet werden. Die A. umfaßt hier aber auch nur die Arbeitsentgelte, nicht hingegen die sonstigen Tarifnormen.

Die A. hat zur Wirkung, daß der TV. nicht nur für die am Abschluß Beteiligten, sondern für alle Arbeitgeber und Hausarbeiter innerhalb des Tarifgebietes hinsichtlich der Arbeitsentgelte gilt. Die A. kann auch mit rückwirkender Kraft bis zum Abschluß des TV. erfolgen: RG. 103 S. 23.

Die A. endet spätestens mit dem ihr zugrunde liegenden TV.: RArbMin. Rdschrb. v. 12. 8. 31 (RArbBl. I 246) unter Hinweis auf RAG. 318/30 v. 6. 12. 30 (RArbBl. I 82).

Um die Zahlung der von den Fachausschüssen für Hausarbeit beschlossenen Mindestentgelte an die Hausarbeiter allgemein herbeizuführen, ist jedem Arbeitsamt innerhalb des Bezirkes eines Fachausschusses oder einer Abteilung jeweilig eine vollständige Abschrift der sich auf die §§ 31 u. 32 des Hausarbeitsgesetzes stützenden Genehmigungs- und Festsetzungsbeschlüsse durch den RegPräs. zu übersenden: Schrb. d. Pr. Min. f. Handel u. Gewerbe v. 25. 2. 29.

Den Landesarbeits- und Arbeitsämtern ist durch Erl. d. Präs. d. RA. f. AVAV. v. 2. 4. 29 (RArbBl. I 86) die Anerkennung der von den Fachausschüssen beschlossenen Mindestentgelte bei der Arbeitsvermittlung nach § 62 AVAVG. zur Pflicht gemacht.

§ 32

Kommt ein Tarifvertrag über die Entgelte nicht zustande oder sind die Bestimmungen des Tarifvertrags zur Genehmigung nicht geeignet, so kann der Fachausschuß oder der Gesamtfachausschuß Mindestentgelte für die Hausarbeiter seines Gewerbezweigs und seines Bezirks festsetzen. Bei der Festsetzung ist zu bestimmen, mit welchem Zeitpunkt sie in Kraft tritt.

1. Der Entscheid über die Festsetzung von Mindestentgelten steht für die Bestimmung des § 73 ArbGG. dem normativen Teil eines Tarifvertrages gleich: RAG. 4 S. 128.

2. Vgl. auch Anm. zu § 31.

§ 33

Vor Genehmigung eines Tarifvertrags nach § 31 und vor Festsetzung von Mindestentgelten nach § 32 hat der Fachausschuß oder Gesamtfachausschuß Vertreter der Beteiligten zu hören.

§ 34

Ist der Genehmigungsbeschluß (§ 31) oder der Festsetzungsbeschluß (§ 32) von dem Vorsitzenden und einem Beisitzer und zugleich von einer Zweidrittelmehrheit der Vertreter gefaßt, so ist er endgültig. Andernfalls bedarf er der Bestätigung durch die Behörde, die den Fachausschuß oder Gesamtfachausschuß errichtet hat, oder eine von ihr zu bezeichnende Behörde.

Bei der Bestätigung eines Genehmigungsbeschlusses kann der Zeitpunkt der allgemeinen Verbindlichkeit, bei der eines Festsetzungsbeschlusses der Zeitpunkt des Inkrafttretens hinausgeschoben werden.

Sofern bei der Entscheidung der Bestätigungsbehörde Arbeitgeber- und Arbeitnehmervertreter mitwirken, müssen sich unter den Arbeitnehmervertretern Vertreter der Hausarbeiter befinden.

Die Bestätigungsbehörde kann die Sache an den Fach- oder den Gesamtfachausschuß zurückverweisen.

[1]) Zu Absatz 1: Vgl. Erl. des RArbMin. v. 19. 3. 26 RArbBl. I 102).

[2]) Bestätigungsbehörde ist in Preußen d. RegPräs. (i. Berlin d. PolPräs.): Erl. d. Min. f. H. u. G. v. 1. 4. 26 (HMBl. 78).

§ 35

Wenn der Genehmigungsbeschluß oder der Festsetzungsbeschluß von dem Vorsitzenden und einem Beisitzer und zugleich von einer Zweidrittelmehrheit der Vertreter gefaßt worden ist, hat der Fachausschuß oder der Gesamtfachausschuß und, wenn eine Bestätigung erfolgt, die Bestätigungsbehörde eine Bekanntmachung zu erlassen.

Die Bekanntmachung muß mindestens den räumlichen und persönlichen Geltungsbereich und den Tag des Inkrafttretens der allgemeinen Verbindlichkeit der Bestimmungen des Tarifvertrags über die Entgelte oder der Entgeltfestsetzung enthalten. Sie hat ferner für den Fall, daß der übrige Inhalt des Genehmigungs- oder Festsetzungsbeschlusses nicht bekanntgemacht wird, eine Stelle zu bezeichnen, bei der der Beschluß eingesehen werden kann.

Zwischen dem Tage der Bekanntmachung und dem Tage des Inkrafttretens der Entgeltregelung soll eine angemessene Frist liegen.

Erstreckt sich der Geltungsbereich des Tarifvertrags oder der Entgeltregelung nur auf ein Land, so erfolgt die Bekanntmachung in einem ein für allemal von der obersten Landesbehörde zu bestimmenden Blatte, andernfalls im Reichsarbeitsblatte.

[1]) Vgl. die Bekanntmachungen gemäß § 35 des Hausarbeitsgesetzes v. 17. 5. 29 (RArbBl. I 141), geändert 26. 1. 32 (RArbBl. I 26); v. 25. 9. 30 (RArbBl. I 213); v. 13. 12. 30 (RArbBl. I 283) u. v. 4. 7. 31 (RArbBl. I 172).

[2]) Vgl. A. 5 zu § 36.

§ 36

Die endgültig genehmigten Bestimmungen eines Tarifvertrags über die Entgelte und die endgültig festgesetzten Bestimmungen über Mindestentgelte haben für den Bezirk des genehmigenden oder festsetzenden Fachausschusses oder Gesamtfachausschusses die Wirkung eines für allgemeinverbindlich erklärten Tarifvertrags im Sinne des § 2 der Verordnung vom 23. Dezember 1918 (Reichsgesetzbl. S. 1456).

[1]) Die endgültig genehmigten (§ 31 vb. m. § 34) oder festgesetzten (§ 32 vb. m. § 34) TV.-Bestimmungen gehen unabdingbar in die Einzelarbeitsverträge der Tarifbeteiligten und der Außenseiter über; aber nur insoweit sie die Entgelte oder Mindestentgelte regeln.

[2]) Ein Nachprüfungsrecht des Gerichts besteht nur hinsichtlich des gesetzmäßigen Zustandekommens (Mehrheit des § 34

Satz 1 u. 2), nicht aber hinsichtlich der Zweckmäßigkeit des Genehmigungs- oder Festsetzungsbeschlusses: RG. 103 S. 26 u. RAG 4 S. 128.

[3]) Arbeitsparende Hilfsmaßnahmen des Arbeitgebers können nicht dazu führen, daß er dem Heimarbeiter weniger als das für die Leistung festgesetzte Mindestentgelt bezahlt, weil die Festsetzung die Arbeitshilfe nicht in Rechnung gestellt hat: RAG. 4 S. 128.

[4]) Jetzt Vrdg. über Tarifverträge i. d. Fassg. v. 1. 3. 28 (R. I 47).

[5]) Vgl. auch RPrNotVrdg. v. 8. 12. 31 (R. I 699, 726) Teil VI Kap. I nebst RdErl. d. RArbMin. v. 10. 12. 31 (RArbBl. I 302) betr. die Nachprüfung der Genehmigungs- u. Festsetzungsbeschlüsse.

§ 37[1])[4])

Hat ein Gewerbetreibender oder ein nicht als Gewerbetreibender geltender Zwischenmeister (§ 18 Abs. 2) bei der Entlohnung des Hausarbeiters einen Betrag zugrunde gelegt, der niedriger ist als die gemäß §§ 26 bis 36 vereinbarten oder festgesetzten Sätze oder als der anderweit in einem für beide Teile verbindlichen Tarifvertrage vereinbarte Satz, so hat der Fachausschuß, sobald dies zu seiner Kenntnis kommt, den Gewerbetreibenden oder Zwischenmeister unter Androhung einer Buße[1],[2]) aufzufordern, unverzüglich den Minderbetrag[2],[3]) an den Hausarbeiter zu zahlen[3]). Wird die Zahlung[3]) innerhalb einer Frist von zwei Wochen nicht geleistet, so soll der Fachausschuß die Buße[2]) festsetzen.

Hat der Gewerbetreibende oder Zwischenmeister innerhalb der Frist dem Fachausschusse nachgewiesen, daß er die Klage auf Feststellung des Nichtbestehens einer Verpflichtung oder daß der Hausarbeiter die Klage auf Zahlung oder Feststellung der Zahlungspflicht erhoben hat, so ist die Festsetzung der Buße unzulässig[1]).

Die Buße soll außerdem festgesetzt werden, wenn der Gewerbetreibende oder ein nicht als Gewerbetreibender geltender Zwischenmeister durch gänzliche oder teilweise Unterlassung der rechtzeitigen[2]) Auszahlung[3]) des verdienten Lohnes seine Verpflichtungen vorsätzlich verletzt hat. Dies gilt auch dann, wenn kein Rechtsstreit zwischen den Parteien entstanden oder wenn er beigelegt ist[1]).

Ansprüche auf Nachzahlung des Minderbetrags (Abs. 1 Satz 1)[3]) können nur geltend gemacht werden, soweit seit der Annahme des Entgelts nicht mehr als vier Wochen verflossen sind[5]).

Die Buße darf das Fünffache des Minderbetrags nicht übersteigen. Sie darf das Zehnfache des Minderbetrags erreichen, wenn gegen den Gewerbetreibenden oder Zwischenmeister bereits zweimal eine Buße festgesetzt worden ist.

---

[1]) **Zweck des Gesetzes** ist, den Hausarbeitern, die infolge ihrer wirtschaftlichen Abhängigkeit und der steten Sorge, ihr karges Brot ganz zu verlieren, eine Lohnklage gegen den Arbeitgeber selbst nicht durchführen können, bei der Geltendmachung ihrer Lohnansprüche zu helfen.

Die Geltendmachung des Lohnanspruches soll daher hier für den Hausarbeiter durch den Fachausschuß erfolgen können, und zwar im Wege eines besonderen Bußverfahrens. Dieses besteht darin, daß der Fachausschuß den Arbeitgeber zur Nachzahlung des zuwenig bezahlten Lohnes innerhalb bestimmter Frist auffordert und nach fruchtlosem Ablauf der Frist die Buße, die bis zum Fünffachen und im zweiten Wiederholungsfalle sogar bis zum Zehnfachen des zu wenig gezahlten Lohnbetrages gehen kann, festsetzt.

Der oben skizzierte Gesetzeszweck würde natürlich in sein Gegenteil verkehrt werden, wenn eine in letzter Zeit von einzelnen wenig sozial eingestellten Arbeitgebern geübte **Umgehung** des Gesetzes allgemeine Verbreitung finden würde. Diese machten sich den Abs. 2 des § 37 zunutze, indem sie alsbald nach Empfang der Aufforderung des Fachausschusses zur Zahlung des noch rückständigen Lohnes die sämtlichen darin genannten Heimarbeiter verklagten auf Feststellung, daß ihnen irgendwelche Lohnforderungen nicht mehr zuständen. Weigerten die beklagten Heimarbeiter sich nun, das von ihnen verlangte Anerkenntnis abzugeben, so mußten sie mit sofortigem Verlust ihrer Arbeit rechnen. Erkannten sie unter dem starken wirtschaftlichen Druck, unter dem sie standen, aber an, irgendwelche Lohnansprüche nicht mehr zu haben, so erging gegen sie unter Aufbürdung auch noch der Prozeßkosten ein entsprechendes Feststellungsurteil. Sie wurden damit ihres Lohnanspruchs verlustig und hatten auch noch die Kosten zu tragen.

Die auf diese Weise aktuell gewordene Frage betr. das **Verhältnis des Bußverfahrens zu dem arbeitsgerichtlichen Verfahren** ist bestritten: Hueck (NZfAR. 32 S. 137) steht auf dem Standpunkt, daß schon die Erhebung der Klage und daß insbesondere auch das auf Anerkenntnis oder Versäumnis zuungunsten des Hausarbeiters ergehende Urteil des Arbeitsgerichts das Bußverfahren ausschließe. Die Gegenmeinung (vgl. z. B. Banik i. NZfAR. v. März 1931; Kreyssig i. Arbeitsrecht v. Dez. 1931; Potthoff i. Arbeitsrechtspraxis v. Dez. 1931; Richter i. Arbeitsrecht Nr. 1 v. 1. 2. 31 u. Margarethe Trapp i. RArbBl. v. 5. 4. 31) will dem öffentlich-rechtlichen Bußverfahren des § 37 Abs. 1 den Vorrang einräumen derart, daß nur die positive Feststellung des Arbeitsgerichts über die **tatsächliche** Zahlung des tariflichen Lohnes (§§ 26—36, § 37 Abs. 1) das Bußverfahren dauernd ausschließen soll, während bei einem anderen Ausgang des Prozesses, insbesondere durch Anerkenntnis- oder Versäumnisurteil, das nur zeitweise gehemmte Bußverfahren wieder aufgenommen und zur Durchführung gebracht werden könne; vgl. dazu auch den § 39 Abs. 3 Satz 2: „Dies gilt auch dann, wenn kein Rechtsstreit zwischen den Parteien entstanden oder wenn er beigelegt ist." Die Fachausschüsse und die gemäß § 38 des Gesetzes auf Beschwerde endgültig entscheidenden höheren Verwaltungsbehörden (in Preußen: der Regierungspräsident) haben sich ganz überwiegend der zweiten Ansicht angeschlossen. Diese dürfte auch dem Zweck des Gesetzes am meisten entsprechen. Denn dieses wollte den wirtschaftlich besonders schwachen und daher zur Leistung ernsthaften Widerstandes vor dem Arbeitsgericht regelmäßig nicht fähigen Hausarbeitern zu Hilfe kommen, indem es dem Fachausschuß die Möglichkeit gab, auf ordnungsmäßige Zahlung des dem Hausarbeiter zustehenden Lohnes im Wege des öffentlich-rechtlichen Bußverfahrens nach § 37 Abs. 1 und 3 hinzuwirken. Es wollte aber nicht diesen eigentlichen Gesetzeszweck durch den § 37 Abs. 2 (und die daraus vom Arbeitgeber hergeleitete Möglichkeit einer negativen Feststellungsklage vor dem Arbeitsgericht) wieder hinfällig machen.

Eine Klarstellung der Rechtslage durch bessere Fassung des § 37 Abs. 2 ist wünschenswert.

[2]) Die Buße nach Abs. 1 erfolgt für zu niedrige, die Buße nach Abs. 3 für unpünktliche Entlohnung des Heimarbeiters.

Die Buße stellt eine polizeiliche Strafe dar. Betr. die Höhe vgl. auch Vrdg. über Vermögensstrafen und Bußen v. 6. 2. 24 (R. I 44) Art. III, IV.

[3]) Unabhängig von der Buße besteht der Anspruch des Heimarbeiters auf Zahlung des vertragsmäßigen Entgelts u. ev. auch auf Schadenersatz wegen Verzuges (BGB. § 286). Vgl. auch § 39 Abs. 2.

[4]) Betr. die Zusammenarbeit zwischen den Arbeitsgerichtsbehörden und den Fachausschüssen für Hausarbeit vgl. Allg. Verf. d. Pr. JustMin. v. 28. 2. 31 (JMBl. 88).

[5]) Zu Absatz 4: Die 4-Wochen-Ausschlußfrist des § 37 Abs. 4 „ist gewahrt, wenn vor ihrem Ablauf der Anspruch zur Kenntnis der Gewerbetreibenden oder des Fachausschusses gebracht ist" = Amtl. Begründung zum Hausarb.-Gesetz (RTDrcks. 1920/23 Nr. 5667 Bl. 17 zu dort. § 23m Heimarbeiterlohngesetz).

§ 38

Gegen Festsetzung der Buße findet innerhalb einer Ausschlußfrist von zwei Wochen nach Zustellung des Festsetzungsbeschlusses die Beschwerde statt. Die Beschwerde hat aufschiebende Wirkung. Sie kann nur darauf gestützt werden, daß die im § 37 bezeichneten Voraussetzungen für die Festsetzung nicht vorgelegen haben. Die Beschwerde ist bei dem Fachausschusse oder bei der höheren Verwaltungsbehörde[1]) einzulegen. Ueber die Beschwerde entscheidet die höhere Verwaltungsbehörde endgültig.

Der Fachausschuß kann, auch wenn eine Beschwerde nicht oder verspätet eingelegt wird, die festgesetzte Buße aufheben oder ermäßigen, wenn sich ergibt, daß die im § 37 bezeichneten Voraussetzungen für die Festsetzung nicht vorgelegen haben oder wenn die Nichtbefolgung der Zahlungsaufforderung genügend entschuldigt wird.

---

[1]) Höhere Verwaltungsbehörde ist in Preußen d. RegPräs., in Berlin der PolPräs. (AusfAnw. Ziff. 2).

§ 39

Die Buße wird nach den reichsrechtlichen Vorschriften für die Beitreibung öffentlicher Abgaben eingezogen und an die für die beteiligten Hausarbeiter zuständige, von dem Fachausschusse zu bezeichnende allgemeine Ortskrankenkasse abgeführt. Ist eine solche nicht vorhanden, so ist die Buße einer vom Fachausschusse zu bezeichnenden gemeinnützigen Einrichtung zu überweisen.

Durch die Zahlung der Buße wird der Anspruch auf Entgelt und Schadenersatz nicht berührt.

Beitreibung jetzt nach Reichsabgabenordnung §§ 298 ff.

§ 40

Hat ein Gesamtfachausschuß die Bestimmungen eines Tarifvertrags über Entgelte genehmigt oder Mindestentgelte festgesetzt, so ist für die Festsetzung und Einziehung der Buße (§§ 37 bis 39) der Fachausschuß zuständig, in dessen Bezirk der Hausarbeiter seinen Wohnsitz hat, und wenn ein solcher Fachausschuß nicht vorhanden ist, die

untere Verwaltungsbehörde[1]) dieses Bezirks. Ueber die Beschwerde entscheidet auch in diesem Falle die höhere Verwaltungsbehörde endgültig.

[1]) Untere Verwaltungsbehörde ist in Preußen der f. d. Wohnsitz des Hausarbeiters zuständige Gewerberat (Pr. AusfAnw. Ziff. 2a).

[2]) Betr. d. höhere Verwaltungsbehörde vgl. § 38 A. 1.

§ 41

Wird der Fachausschuß nach § 20 Nr. 4 tätig, so soll im Falle von Gesamtstreitigkeiten, an denen Hausarbeiter und andere Arbeiter beteiligt sind und hinsichtlich deren ein Schlichtungsausschuß tätig ist oder wird, derjenige Ausschuß, an dessen Verfahren die kleinere Zahl von Arbeitern beteiligt ist, sein Verfahren bis zur Erledigung des Verfahrens des anderen Ausschusses aussetzen. Das gleiche gilt, wenn sich nicht ermitteln läßt, an welchem Verfahren die kleinere Zahl beteiligt ist, für den Ausschuß, der später tätig geworden ist.

Wird der Fachausschuß nach § 20 Nr. 4 tätig, so kann er, falls die Voraussetzungen des § 20 Nr. 3 sich als vorliegend erweisen, beschließen, daß das eingeleitete Verfahren als Verfahren nach §§ 26 bis 40 gilt.

§ 42

Die weiteren Bestimmungen über die Errichtung und die Zusammensetzung der Fachausschüsse sowie über das Verfahren erläßt der Reichsarbeitsminister mit Zustimmung des Reichsrats.

Vgl. Vrdg. über Fachausschüsse f. Hausarbeit v. 28. 11. 24 (R. 1 757) und A. zu § 19.

§ 43

Die Kosten der Fachausschüsse tragen die Länder, in deren Gebiete sie errichtet sind. Ist ein Fachausschuß für das Gebiet mehrerer Länder errichtet, so werden die Kosten nach Vereinbarung der beteiligten Landesregierungen verteilt. Kommt eine Einigung nicht zustande, so entscheidet der Reichsrat.

Die Landesgesetzgebung kann bestimmen, wieweit Gemeinden, Kommunalverbände oder die gesetzlichen Handelsvertretungen ihre Geschäftsräume nebst Heizung und Beleuchtung den Fachausschüssen unentgeltlich zur Verfügung stellen müssen.

§ 44

Die Landesregierungen bestimmen, welche Behörden unter der Bezeichnung oberste Landesbehörde, Landesverwaltungsbehörde, höhere Verwaltungsbehörde, untere Verwaltungsbehörde, Polizeibehörde und Ortspolizeibehörde im Sinne dieses Gesetzes zu verstehen sind.

Für Preußen vgl. Vrdg. v. 27. 12. 23 (HMBl. 24 S. 25) u. Erl. v. 27. 2. 25 (HMBl. 52). Danach ist oberste Landesbehörde i. a. der Min. f. H. u. G., ausnahmsw. d. RegPräs. (in Berlin d. PolPräs.); Landesverwaltungsbehörde je nach Größe des Bezirkes d. Min. f. H. u. G., d. OPr. oder d. RegPräs. (in Berlin d. PolPräs.); höhere Verwaltungsbehörde d. RegPräs. (in Berlin d. PolPräs.); Aufsichtsbehörde desgl.; untere Verwaltungsbehörde der

Gewerberat. Polizeibehörde i. S. des § 5 Abs. 1 u. § 6 Abs. 1 der Gewerberat; Ortspolizeibehörde der Verwalter der örtl. Polizei.

Für Bayern vgl. Vrdg. v. 22. 9. 23 (GVBl. 341), Bek. z. Ausf. d. ReichsVrdg. über Fachausschüsse f. Hausarbeit v. 30. 6. 25 (GVBl. 164). Danach ist oberste Landesbehörde das Staatsmin. f. Soziale Fürsorge; Landesverwaltungsbehörde i. a. die Regierung (Kammer des Innern); höhere Verwaltungsbehörde u. Aufsichtsbehörde die Regierung (Kammer des Innern); untere Verwaltungsbehörde i. S. des § 5 Abs. 1, § 6 Abs. 1 u. § 7 Abs. 1 u. 2 i. a. die Bezirksverwaltungsbehörde. Ortspolizeibehörde i. S. der §§ 12, 31, in München d. Polizeidirektion.

§ 45

Der den Hausarbeitern gewährte Entgelt ist Vergütung für Arbeiten oder Dienste, welche auf Grund eines Arbeits- oder Dienstverhältnisses geleistet werden, im Sinne des Gesetzes, betreffend die Beschlagnahme des Arbeits- oder Dienstlohns.

Vgl. Anm. 2 zu § 75e HGB., oben S. 53.

1. Zweck des § 45 ist, die rechtlichen Zweifel zu beheben, die dadurch entstehen können, daß der Vertrag des Hausarbeiters u. U. nicht als Dienstvertrag, sondern als Werkvertrag angesehen werden muß, auf den dann die besonderen Schutzbestimmungen des Lohnbeschlagnahmegesetzes nicht Anwendung finden würden.

2. Zum Entgelt gehört nicht nur der Barlohn, sondern auch die Vergütung für Rohmaterial u. a.

3. Liegen die Voraussetzungen des Lohnbeschlagnahmegesetzes im übrigen vor (es ist z. B. auch notwendig, daß die Erwerbstätigkeit den Hausarbeiter ganz oder überwiegend in Anspruch nimmt), so ist die Beschlagnahme des Arbeitsentgeltes innerhalb der Unpfändbarkeitsgrenze — vgl. jetzt Vrdg. v. 27. 2. 28 (R. I 45) — unzulässig.

§ 46

Wer die Uebernahme des Amts als Beisitzer oder als Vertreter der Gewerbetreibenden oder Hausarbeiter im Fachausschusse oder Gesamtfachausschusse ohne zulässigen Grund ablehnt, wird mit einer Ordnungsstrafe bis zu zehntausend Mark bestraft.

Beisitzer oder Vertreter, die sich ohne genügende Entschuldigung nicht rechtzeitig zu den Sitzungen einfinden oder sich ihren Obliegenheiten in anderer Weise entziehen, werden mit einer Ordnungsstrafe bis zu dreitausend Mark und mit Auferlegung der durch ihr Verhalten verursachten Kosten bestraft.

Zu Abs. 2 vgl. Vrdg. über Vermögensstrafen und Bußen v. 6. 2. 24 (R. I 44) Art. II und Anm. 1 zu § 146 GWO. oben S. 43.

§ 47

Die Ordnungsstrafe wird vom Vorsitzenden ausgesprochen. Erfolgt nachträglich genügende Entschuldigung, so ist die Ordnungsstrafe aufzuheben oder zu ermäßigen.

Gegen die Festsetzung der Ordnungsstrafe findet innerhalb einer Ausschlußfrist von zwei Wochen nach Zustellung des Festsetzungsbeschlusses die Beschwerde statt. Die Beschwerde hat aufschiebende

Wirkung. Sie ist beim Fachausschusse (Gesamtfachausschusse) oder bei der höheren Verwaltungsbehörde einzulegen. Ueber die Beschwerde entscheidet die höhere Verwaltungsbehörde endgültig.

§ 48

Die Ordnungsstrafe wird nach den reichsrechtlichen Vorschriften über die Beitreibung öffentlicher Abgaben eingezogen und an eine für die beteiligten Hausarbeiter zuständige, von dem Fachausschusse oder Gesamtfachausschusse zu bezeichnende allgemeine Ortskrankenkasse abgeführt. Ist eine solche nicht vorhanden, so ist die Ordnungsstrafe einer vom Fachausschusse oder Gesamtfachausschusse zu bezeichnenden gemeinnützigen Einrichtung zu überweisen.

§ 49

Wer den zur Durchführung des § 6 Abs. 2 Satz 1 endgültig erlassenen Verfügungen oder gemäß § 10 Abs. 1, 3 getroffenen Bestimmungen zuwiderhandelt, wird bestraft,

1. wenn es sich um fremde Kinder handelt, mit Geldstrafe,
2. wenn es sich um eigene Kinder handelt, mit Geldstrafe bis zu dreihunderttausend Mark.

Bei gewohnheitsmäßiger Zuwiderhandlung kann im Falle der Nr. 1 auf Gefängnisstrafe bis zu sechs Monaten, im Falle der Nr. 2 auf Haft erkannt werden.

Im Falle der Nr. 1 gilt § 75 des Gerichtsverfassungsgesetzes.

Wegen der Höhe der Geldstrafen vgl. Vrdg. über Vermögensstrafen und Bußen v. 6. 2. 24 (R. I 44) Art. I und Anm. 1 zu § 146 GWO. oben S. 43.

§ 75 GVG. ist aufgehoben. Zuständig zur Entscheidung ist der Amtsrichter: Vrdg. über Gerichtsverfassung und Strafrechtspflege v. 4. 1. 24 (R. I. 15) §§ 6, 8.

§ 50

Mit Geldstrafe bis zu dreihunderttausend Mark und im Unvermögensfalle mit Haft bis zu vier Wochen werden bestraft,

1. vorbehaltlich der Vorschrift im § 52, die im § 11 Satz 1 bezeichneten Personen, wenn sie den auf Grund des § 6 Abs. 1, Abs. 2 Satz 2, § 7 endgültig erlassenen Verfügungen oder den auf Grund des § 10 erlassenen Bestimmungen zuwiderhandeln,
2. wer außerhalb seiner Arbeitsstätte gewerbliche Arbeit in solchen Werkstätten der im § 1 bezeichneten Art verrichten läßt, von welchen er weiß oder nach den Umständen annehmen muß, daß ihre Einrichtung oder ihr Betrieb den auf Grund des § 10 erlassenen Bestimmungen nicht entspricht.

War in den Fällen der Nr. 2 der Täter zur Zeit der Begehung der Straftat bereits zweimal wegen der gleichen Uebertretung rechtskräftig verurteilt, so tritt Geldstrafe oder Haft bis zu vier Wochen ein. Die Anwendung dieser Vorschrift bleibt ausgeschlossen, wenn seit der Rechtskraft der letzten Verurteilung bis zur Begehung der neuen Straftat drei Jahre verflossen sind.

§ 51

Mit Geldstrafe bis zu dreihunderttausend Mark und im Unvermögensfalle mit Haft bis zu acht Tagen wird bestraft,

1. wer es unterläßt, den durch § 3 Abs. 1, §§ 4, 12, 13 für ihn begründeten Verpflichtungen nachzukommen,
2. wer den auf Grund des § 5 Abs. 1 endgültig erlassenen Verfügungen oder wer den auf Grund des § 3 Abs. 2 Satz 1, Abs. 3, § 14 getroffenen Bestimmungen zuwiderhandelt.

§ 52

Mit Geldstrafe bis zu dreihunderttausend Mark werden diejenigen Hausarbeiter, die ausschließlich zu ihrer Familie gehörige Personen beschäftigen (§ 1 Abs. 1 Nr. 1), und die im § 1 Abs. 1 Nr. 2 bezeichneten Hausarbeiter bestraft, die den auf Grund des § 7 Abs. 1, § 9, Abs. 2, § 10 zur Regelung des Betriebs erlassenen Bestimmungen zuwiderhandeln.

Die gleiche Strafe trifft Hausarbeiter, die ausschließlich zu ihrer Familie gehörige Personen beschäftigen (§ 1 Abs. 1 Nr. 1), falls sie dulden, daß die von ihnen beschäftigten Familienangehörigen den zur Regelung des Betriebs erlassenen Bestimmungen zuwiderhandeln.

Wegen der Höhe der Geldstrafen vgl. Vrdg. über Vermögensstrafen und Bußen v. 6. 2. 24 (R. I 44) Art. I und Anm. 1 zu § 146 GWO. oben S. 43.

§ 53

Sind bei der Ausübung des Gewerbes polizeiliche Vorschriften von Personen übertreten worden, die der Gewerbetreibende zur Leitung des Betriebs oder eines Teiles davon oder zur Beaufsichtigung bestellt hatte, so trifft sie die Strafe.

Der Gewerbetreibende ist neben ihnen strafbar, wenn die Uebertretung mit seinem Vorwissen begangen ist. Das gleiche gilt, wenn er bei der nach den Verhältnissen möglichen eigenen Beaufsichtigung des Betriebs oder bei der Auswahl oder der Beaufsichtigung der Betriebsleiter oder Aufsichtspersonen es an der erforderlichen Sorgfalt hat fehlen lassen.

§ 54

Landesrechtliche Vorschriften, wodurch die Beschaffenheit der zum Wohnen oder zu gewerblichen Zwecken bestimmten Räume geregelt oder Gefahren für Leben oder Gesundheit abgewendet werden, bleiben unberührt, soweit nicht auf Grund dieses Gesetzes weitergehende Bestimmungen getroffen sind.

§ 55

§ 23 tritt am 1. Januar 1924 in Kraft.

a. Arbeitsgerichtsgesetz

v. 23. 12. 26 (R. I 507)

§ 5

Begriff des Arbeitnehmers

Arbeitnehmer im Sinne dieses Gesetzes sind Arbeiter und Angestellte einschließlich der Lehrlinge. Den Arbeitnehmern stehen Personen gleich, die, ohne in einem Arbeitsvertragsverhältnisse zu stehen, im Auftrag und für Rechnung bestimmter anderer Personen Arbeit leisten (Hausgewerbetreibende und sonstige arbeitnehmerähnliche Personen), und zwar auch dann, wenn sie die Roh- oder Hilfsstoffe selbst beschaffen; arbeitnehmerähnliche Personen sind im Verhältnis zu ihren Auftraggebern auch Zwischenmeister, die den überwiegenden Teil ihres Verdienstes aus ihrer eigenen Arbeit am Stücke beziehen.

Keine Arbeitnehmer sind gesetzliche Vertreter von juristischen Personen und von Personengesamtheiten des öffentlichen und privaten Rechtes, ferner Personen in ihrer Eigenschaft als öffentliche Beamte sowie als Angehörige des Reichsheers und der Reichsmarine.

---

b. Gewerbeordnung für das Deutsche Reich

v. 21. 6. 69 i. d. F. der Bek. v. 26. 7. 00 (R. 871).

§ 119b

Unter den in §§ 114a bis 119a bezeichneten Arbeitern werden auch diejenigen Personen verstanden, welche für bestimmte Gewerbetreibende außerhalb der Arbeitsstätten der letzteren mit der Anfertigung gewerblicher Erzeugnisse beschäftigt sind, und zwar auch dann, wenn sie die Roh- und Hilfsstoffe selbst beschaffen.

---

c. Betriebsrätegesetz

v. 4. 2. 20 (R. 147), seitdem mehrfach abgeändert

§ 3

In Betrieben, die mindestens zwanzig Hausgewerbetreibende (§ 119b Gewerbeordnung) beschäftigen, welche in der Hauptsache für denselben Betrieb arbeiten und selbst keine Arbeitnehmer beschäftigen, muß ein besonderer Betriebsrat für die Hausgewerbetreibenden errichtet werden. Die näheren Bestimmungen trifft der Reichsarbeitsminister mit Zustimmung eines aus achtundzwanzig Mitgliedern bestehenden Ausschusses des Reichstags.

---

d. Verordnung zur Ausführung des Betriebsrätegesetzes

v. 21. 4. 20 (R. 563), abgeändert durch die Verordnung v. 7. 7. 27 (R. I 174).

§ 1

Errichtung

Auf die Errichtung des besonderen Betriebsrats für die Hausgewerbetreibenden nach § 3 des Betriebsrätegesetzes finden das Betriebsrätegesetz und die Wahlordnung zum Betriebsrätegesetz entsprechende Anwendung, soweit sich nicht aus den folgenden Bestimmungen etwas anderes ergibt.

§ 2

Erste Wahl

In Betrieben, die mindestens zwanzig Hausgewerbetreibende (§ 119b der Gewerbeordnung) beschäftigen, welche in der Hauptsache für denselben Betrieb arbeiten und selbst keine Arbeitnehmer beschäftigen, bestellt der Arbeitgeber zur Vornahme der ersten Wahl binnen vier Wochen nach Inkrafttreten dieser Verordnung einen aus den drei ältesten (Dienstalter im Betriebe) wahlberechtigten Hausgewerbetreibenden bestehenden Wahlvorstand. Die Mitglieder des Wahlvorstandes sollen möglichst in der Gemeinde des Betriebes wohnen. Der Wahlvorstand bestimmt seinen Vorsitzenden selbst.

Das gleiche gilt, wenn ein Betrieb neu errichtet wird oder wenn die für die Errichtung des besonderen Betriebsrats für die Hausgewerbetreibenden vogeschriebene Mindestzahl von Arbeitnehmern erreicht wird.

Kommt der Arbeitgeber der Verpflichtung zur Bestellung des Wahlvorstandes nicht nach, so bestellt diesen an seiner Statt der zuständige Fachausschuß und, soweit ein solcher nicht besteht, die von der obersten Landesbehörde für ihn bestimmte Stelle.

Die Wahl ist durch den Wahlvorstand unverzüglich nach seiner Bestellung einzuleiten und soll spätestens nach zwei Monaten stattfinden.

§ 3

Künftige Wahlen

Für die künftigen Wahlen bestellt der jeweilig vorhandene Betriebsrat für die Hausgewerbetreibenden sechzig Tage vor Ablauf seiner Wahlzeit mit einfacher Stimmenmehrheit einen aus drei Wahlberechtigten bestehenden Wahlvorstand und einen der Gewählten zum Vorsitzenden.

Kommt der Betriebsrat seiner Verpflichtung nicht nach, so findet § 2 Abs. 3 dieser Verordnung entsprechende Anwendung.

§ 2 Abs. 4 dieser Verordnung findet entsprechende Anwendung.

§ 4

Wahlausschreiben

Das Wahlausschreiben (§ 3 Abs. 1 der Wahlordnung) ist spätestens sechzig Tage vor dem letzten Tage der Stimmabgabe zu erlassen.

Einsprüche gegen die Wählerliste (§ 3 Abs. 2 der Wahlordnung) sind binnen zwei Wochen nach dem ersten Tage des Aushanges beim Vorsitzenden des Wahlvorstandes anzubringen.

Die Frist für die Einreichung der Vorschlagslisten (§ 3 Abs. 2 der Wahlordnung) beträgt drei Wochen, von dem ersten Tage des Aushanges an berechnet.

Für die Stimmabgabe (§ 3 Abs. 2 und Anmerkung 4 der Wahlordnung) ist ein Zeitraum von zwei Wochen vorzusehen.

§ 5

Vorschlagslisten

Die zugelassenen Vorschlagslisten sind zwei Wochen vor Beginn der für die Stimmabgabe gesetzten Frist (§ 6 Abs. 1 Satz 3 der Wahlordnung) auszulegen oder auszuhängen.

§ 6

Fehlen gültiger Vorschlagslisten

Die Nachfrist des § 8 Satz 1 der Wahlordnung beträgt eine Woche von der Bekanntmachung ab.

§ 7

Aushänge

Das Wahlausschreiben (§ 3 Abs. 3 der Wahlordnung), die Vorschlagslisten (§ 6 Abs. 1 Satz 3 der Wahlordnung) und das Wahlergebnis (§ 18 der Wahlordnung) sind an den Stellen des Betriebs, an denen die Hausgewerbetreibenden ihre Aufträge in Empfang nehmen und ihre Arbeit abgeben, auszuhängen und in lesbarem Zustand zu erhalten.

§ 8

Schlußbestimmung

Diese Verordnung tritt mit dem Tage der Verkündung in Kraft.

---

e. Reichsgesetz

über Arbeitsvermittlung und Arbeitslosenversicherung v. 16. 7. 27 (R. I 187) mit späteren Aenderungen

§ 75c

Versicherungsfrei ist die Tätigkeit von Zwischenmeistern, die nicht den überwiegenden Teil ihres Verdienstes aus ihrer eigenen Arbeit vom Stücke beziehen.

Im übrigen ist die Beschäftigung von Hausgewerbetreibenden und Heimarbeitern versicherungspflichtig, soweit der Verwaltungsrat der Reichsanstalt dies mit Zustimmung des Reichsarbeitsministers verordnet.

§ 116a

Ueber die Arbeitslosenunterstützung für

1. Personen, die unständig beschäftigt zu sein pflegen,
2. Hausgewerbetreibende und Heimarbeiter

kann der Verwaltungsrat der Reichsanstalt mit Zustimmung des Reichsarbeitsministers Vorschriften erlassen, die von denen der §§ 87 bis 116 abweichen.

---

f. Reichsversicherungsordnung

v. 11. 8. 19 (R. I 1383) unter Berücksichtigung des Reichsgesetzes über die Versicherung der Hausgewerbetreibenden v. 30. 4. 22 (R. I 465)

§ 153

Beschäftigungsort ist der Ort, an dem die Beschäftigung tatsächlich stattfindet.

Für Versicherte, die an einer festen Arbeitsstätte (Betrieb-, Dienststätte) beschäftigt werden, gilt diese als Beschäftigungsort auch, während sie bei Arbeiten, die ihr Arbeitgeber außerhalb der Betriebstätte ausführen läßt, für kürzere Zeit beschäftigt werden.

Das gleiche gilt für Versicherte, die von einer festen Arbeitsstätte aus nur mit einzelnen Arbeiten wechselnd in Bezirken verschiedener Orts- und Landkrankenkassen beschäftigt werden.

Es gilt ferner für Versicherte, die nur für einzelne Arbeiten außerhalb der festen Arbeitstätte angenommen sind, sofern diese und ihr Arbeitsort im Bezirke derselben Versicherungsanstalt liegen.

§ 154

Für Beschäftigungsverhältnisse ohne feste Betriebsstätte gilt als Beschäftigungsort der Sitz des Betriebes.

Für Hausgewerbtreibende gilt als Beschäftigungsort ohne Rücksicht auf den Betriebsitz ihrer Arbeitgeber oder Auftraggeber der Ort, an dem sie ihre eigene Betriebstätte haben.

§ 162

Als Hausgewerbtreibende im Sinne dieses Gesetzes gelten die selbständigen Gewerbtreibenden, die in eigenen Betriebstätten im Auftrag und für Rechnung anderer Gewerbtreibender gewerbliche Erzeugnisse herstellen oder bearbeiten.

Als Hausgewerbtreibende gelten ferner diejenigen, welche in gleicher Weise wie die im Abs. 1 Bezeichneten, aber mit der Maßgabe tätig sind, daß sie im Auftrag und für Rechnung öffentlicher Verbände, öffentlicher Körperschaften oder gemeinnütziger Unternehmungen arbeiten.

Die in Abs. 1, 2 Bezeichneten gelten als Hausgewerbtreibende auch dann, wenn sie die Roh- oder Hilfsstoffe selbst beschaffen, sowie für die Zeit, in der sie vorübergehend für eigene Rechnung arbeiten.

Als Arbeitgeber des Hausgewerbtreibenden gilt, wer die Arbeit unmittelbar an ihn vergibt.

Als Auftraggeber des Hausgewerbtreibenden gilt derjenige, in dessen Auftrag und für dessen Rechnung er hausgewerblich arbeitet.

§ 235

Mitglieder der Landkrankenkassen sind die in der Landwirtschaft und im Wandergewerbe Beschäftigten sowie die Hausgehilfen.

Die in der Gärtnerei, im Friedhofsbetrieb, in Park- und Gartenpflege Beschäftigten sind, vorbehaltlich des § 236 Abs. 1 und des § 237 Abs. 1, Mitglieder der Landkrankenkassen nur, wenn sie in Teilen landwirtschaftlicher Betriebe tätig sind.

§ 250

Eine Innung kann für die ihr angehörigen Betriebe ihrer Mitglieder eine Innungskrankenkasse errichten.

Dieser Kasse gehören, vorbehaltlich der §§ 309, 470, die in den Betrieben beschäftigten Versicherungspflichtigen an, soweit sie nicht nach den §§ 235, 236 landkassenpflichtig sind. Die in den Betrieben beschäftigten Versicherungsberechtigten können ihr beitreten.

Nicht in die Innungskrankenkasse gehören die Beschäftigten eines Betriebs, mit dem ein Arbeitgeber einer Zwangsinnung freiwillig beigetreten ist oder für den nach § 249 eine Betriebskrankenkasse errichtet ist.

Verlegt ein Innungsmitglied seinen Gewerbebetrieb aus dem Kassenbereiche hinaus, so endet die Mitgliedschaft seiner versicherungspflichtig Beschäftigten bei der Innungskrankenkasse.

§ 466

Die Versicherung der Hausgewerbtreibenden wird durch Statut der Gemeinden oder kommunaler Verbände geregelt. Vorher ist den beteiligten Ortskrankenkassen Gelegenheit zur Aeußerung zu geben. Das Statut und seine Aenderung bedürfen unter Ausschluß der Zuständigkeit anderer Behörden der Zustimmung des Oberversicherungsamts. Die Zustimmung darf nur durch die Beschlußkammer versagt werden. Die Gründe der Versagung sind mitzuteilen: gegen die Versagung findet die Beschwerde an die oberste Verwaltungsbehörde statt.

Was als kommunaler Verband gilt, bestimmt die oberste Verwaltungsbehörde.

§ 467

Auf übereinstimmenden Antrag der für den Erlaß des Statuts zuständigen Stelle und der allgemeinen Ortskrankenkasse oder Ortskrankenkassen ihres Bezirkes kann das Oberversicherungsamt genehmigen, daß die Versicherung der Hausgewerbtreibenden für diesen Bezirk durch die Satzung der allgemeinen Ortskrankenkasse oder Ortskrankenkassen geregelt wird. Gegen die Versagung der Genehmigung findet die Beschwerde an die oberste Verwaltungsbehörde statt. Für die Bestimmungen der Satzung über die Versicherung der Hausgewerbtreibenden gilt § 466 Abs. 1 Satz 3 bis 5 entsprechend.

§ 468

Ist für einen Bezirk innerhalb sechs Monaten nach Inkrafttreten dieser Vorschriften die Regelung nach den §§ 466, 467 nicht erfolgt, so erläßt die oberste Verwaltungsbehörde oder die von ihr beauftragte Behörde die erforderliche Bestimmung, es sei denn, daß in dem Bezirk eine hausgewerbliche Beschäftigung nicht stattfindet.

Aenderungen der Bestimmungen erfolgen durch die gleichen Stellen.

§ 469

Was nach den nachstehenden Vorschriften für die Regelung der hausgewerblichen Krankenversicherung durch Statut (§ 466) gilt, gilt auch für die Regelung nach den §§ 467, 468.

Die nach den §§ 466 bis 468 für die Hausgewerbtreibenden eines Bezirkes getroffene Bestimmung gilt auch für die außerhalb des Bezirkes wohnenden Arbeitgeber und Auftraggeber dieser Hausgewerbtreibenden.

§ 470

Die Hausgewerbetreibenden sind, vorbehaltlich des § 309, bei der allgemeinen Ortskrankenkasse ihrer Betriebsstätte versichert.

Wo für einzelne oder mehrere Gewerbszweige eine besondere Ortskrankenkasse besteht und für diese Gewerbszweige die hausgewerbliche Betriebsart in größerem Umfang stattfindet, kann das Statut die Hausgewerbtreibenden dieser Gewerbszweige auch der besonderen Ortskrankenkasse zuweisen. Die allgemeine Ortskrankenkasse oder die allgemeinen Ortskrankenkassen des Bezirkes sind vorher zu hören.

Der Kasse des Hausgewerbtreibenden gehören auch die von ihm in seinem hausgewerblichen Betriebe Beschäftigten an. Für ihre Versicherung gelten die allgemeinen Vorschriften dieses Buches.

§ 471

Die Meldepflicht für seine Beschäftigten liegt dem Hausgewerbtreibenden, diejenige für den letzteren seinem Arbeitgeber (§ 162 Abs. 4) ob.

§ 472

Die Mittel für die Krankenversicherung sind durch Beiträge der Hausgewerbtreibenden und ihre Arbeitgeber aufzubringen.

§ 381 Abs. 1 und die allgemeinen Vorschriften über die Zahlung der Beiträge gelten entsprechend.

Das Statut kann den Auftraggeber für die Beiträge haftbar machen.

Für die Zeit, in der die Hausgewerbtreibenden für eigene Rechnung arbeiten, haben sie die Beiträge für ihre Person selbst zu zahlen.

§ 473

Das Statut kann den Auftraggebern Zuschüsse bis zu 1 vom Hundert des Entgelts für die vom Hausgewerbtreibenden gelieferten Arbeitserzeugnisse auferlegen. Es kann statt des Arbeitgeberbeitrags den Arbeitgebern oder Auftraggebern solche Zuschüsse bis zu 2 vom Hundert des Entgelts auferlegen.

Dabei ist zu bestimmen, ob vom Entgelt der Wert der vom Hausgewerbtreibenden beschafften Roh- und Hilfsstoffe abzuziehen ist.

Die Vorschriften über Beitragsstreitigkeiten (§ 405) gelten entsprechend bei Streit über Zuschüsse.

Wo Zuschüsse erhoben werden, setzt das Versicherungsamt im Falle eines Bedürfnisses den Durchschnittswert der Roh- und Hilfsstoffe fest. Auf Beschwerde entscheidet das Oberversicherungsamt endgültig.

§ 474

Die Auftraggeber stehen für die §§ 137 bis 140 den Arbeitgebern gleich.

§ 475

Für die Leistungen der Krankenkassen an die Hausgewerbtreibenden gelten die allgemeinen Vorschriften dieses Buches.

Für Bezirke, in denen der Grundlohn für die Hausgewerbtreibenden durchschnittlich niedriger ist als der Ortslohn, kann das Statut den letzteren als Grundlohn festsetzen.

Das Statut kann für Hausgewerbtreibende, deren Entgelt geringer ist, als der halbe Grundlohn der niedrigsten Lohnstufe bei ihrer Kasse, die Beiträge entsprechend ermäßigen.

§ 475a.

Statutarische Bestimmungen über die Versicherung der Hausgewerbtreibenden, die am 5. Mai 1922 bereits bestanden, bleiben aufrechterhalten, wenn sie den vorstehenden Vorschriften genügen oder ihnen entsprechend geändert und innerhalb sechs Monaten nach dem 5. Mai 1922 vom Oberversicherungsamte genehmigt worden sind.

Für eine spätere Aenderung des Statuts gilt § 466 Satz 3 bis 5 entsprechend.

§ 532.

Mit Geldstrafe oder mit Haft werden bestraft, wenn nicht nach anderen gesetzlichen Vorschriften härtere Strafe verwirkt ist, Arbeitgeber, die vorsätzlich

1. den Beschäftigten höhere Beitragsteile vom Entgelt abziehen, als dieses Gesetz zuläßt, oder im Falle des § 398 Abzüge machen,
2. den Vorschriften des § 402 zuwiderhandeln.

Die gleiche Strafe trifft Arbeitgeber, die der Vorschrift des § 400 zuwiderhandeln, sowie Hausgewerbtreibende und ihre Arbeitgeber oder Auftraggeber, die den auf Grund der §§ 466 bis 468 erlassenen Strafbestimmungen zuwiderhandeln.

§ 1226.

Für den Fall der Invalidität und des Alters sowie zugunsten der Hinterbliebenen werden versichert

1. Arbeiter, Gesellen, Hausgehilfen,
2. Hausgewerbtreibende,
3. die Schiffsbesatzung deutscher Seefahrzeuge und die Besatzung von Fahrzeugen der Binnenschiffahrt, mit Ausnahme der Schiffsführer, Offiziere des Deck- und Maschinendienstes, Verwalter und Verwaltungsassistenten sowie der in einer ähnlich gehobenen oder höheren Stellung befindlichen Angestellten, soweit sie nach dem Angestelltenversicherungsgesetze versicherungspflichtig oder versicherungsfrei sind,
4. Gehilfen und Lehrlinge, soweit sie nicht nach dem Angestelltenversicherungsgesetze versicherungspflichtig oder versicherungsfrei sind.

Voraussetzung der Versicherung ist für die im Abs. 1 unter Nr. 1, 3 und 4 bezeichneten Personen, daß sie gegen Entgelt (§ 160) beschäftigt werden.

§ 1229

Der Reichsarbeitsminister kann mit Zustimmung des Reichsrats allgemein oder in einzelnen Bezirken die Versicherungspflicht für bestimmte Berufszweige erstrecken auf Gewerbtreibende und andere Betriebsunternehmer, die in ihren Betrieben regelmäßig keine oder höchstens einen Versicherungspflichtigen beschäftigen.

§ 1436

Der Reichsarbeitsminister regelt die Erhebung der Beiträge für die nach den §§ 1228, 1229 Versicherungspflichtigen.

Die Versicherungsanstalt regelt mit Zustimmung des Reichsversicherungsamts die Erhebung der Beiträge für die Hausgewerbtreibenden. Sie kann auch bestimmen, wieweit die Auftraggeber die Pflichten der Arbeitgeber zu erfüllen haben.

Die Regelung einer Versicherungsanstalt für die Hausgewerbtreibenden eines Bezirks gilt auch für die außerhalb dieses Bezirkes wohnenden Arbeitgeber und Auftraggeber dieser Hausgewerbtreibenden.

Für die von den Hausgewerbtreibenden Beschäftigten gelten die allgemeinen gesetzlichen Vorschriften.

---

g. Gesetz,

betreffend das Internationale Uebereinkommen über die Einrichtung von Verfahren zur Festsetzung von Mindestlöhnen v. 10. 5. 29 (R. II 375)

§ 1

Dem Internationalen Uebereinkommen über die Einrichtung von Verfahren zur Festsetzung von Mindestlöhnen vom 16. Juni 1928 wird zugestimmt. Für die Durchführung des Uebereinkommens ist das Hausarbeitgesetz vom 27. Juni 1923 (Reichsgesetzbl. I S. 472 und 730) maßgebend. Das Uebereinkommen wird in deutscher Fassung nachstehend veröffentlicht.

§ 2

Dieses Gesetz tritt mit dem auf die Verkündung folgenden Tage in Kraft.

Der Zeitpunkt, an dem das Uebereinkommen gemäß den darin enthaltenen Vorschriften für das Deutsche Reich in Kraft tritt, ist im Reichsgesetzblatt bekanntzumachen.

Uebereinkommen

über die Einrichtung von Verfahren zur Festsetzung von Mindestlöhnen

Artikel 1

Jedes Mitglied der Internationalen Arbeitsorganisation, das dieses Uebereinkommen ratifiziert, verpflichtet sich, Verfahren einzurichten oder beizubehalten, die es gestatten, Mindestlöhne für die Arbeitnehmer in gewissen Gewerben oder Teilen von Gewerben (insbesondere in der Heimarbeit) festzusetzen, in denen keine wirksamen Einrichtungen zur Festsetzung der Löhne, sei es durch Gesamtarbeitsvertrag oder auf anderem Wege, bestehen, und in denen die Löhne außergewöhnlich niedrig sind.

Im Sinne dieses Uebereinkommens bedeutet das Wort „Gewerbe" die weiterverarbeitenden Gewerbe und den Handel.

Artikel 2

Jedem Mitglied, das dieses Uebereinkommen ratifiziert, steht es frei, nach Anhörung der Berufsverbände der Arbeitgeber und der Arbeitnehmer, falls solche Verbände für das betreffende Gewerbe oder den Teil des Gewerbes bestehen, selbst zu entscheiden, auf welche Gewerbe oder Teile von Gewerben und insbesondere auf welche Zweige der Heimarbeit oder auf welche ihrer Teile die im Artikel 1 vorgesehenen Verfahren zur Festsetzung von Mindestlöhnen angewendet werden sollen.

Artikel 3

Jedem Mitglied, das dieses Uebereinkommen ratifiziert, steht es frei, die Verfahren zur Festsetzung von Mindestlöhnen und deren Anwendungsweise selbst zu bestimmen.

Hierbei ist folgendes zu beachten:

1. Bevor die Verfahren auf ein Gewerbe oder einen Teil eines Gewerbes angewendet werden, sind die Vertreter der beteiligten Arbeitgeber und Arbeitnehmer — darunter sind auch die Vertreter der etwa bestehenden Berufsverbände zu verstehen — wie auch nach Ermessen der zuständigen Behörde andere durch ihren Beruf oder ihren Wirkungskeis dazu besonders geeignete Personen anzuhören.

2. Die beteiligten Arbeitgeber und Arbeitnehmer haben an der Durchführung der Verfahren teilzunehmen, und zwar in der Form und in dem Maße, wie die Gesetzgebung dies vorsieht, jedenfalls aber in gleicher Zahl und auf dem Fuße der Gleichberechtigung.

3. Die festgesetzten Mindestlöhne haben verbindliche Kraft für die beteiligten Arbeitgeber und Arbeitnehmer. Sie dürfen von ihnen nicht durch Einzelabmachungen und, ohne allgemeine oder besondere Ermächtigung durch die zuständige Behörde, auch nicht durch Gesamtarbeitsverträge herabgesetzt werden.

Artikel 4

Jedes Mitglied, das dieses Uebereinkommen ratifiziert, hat die erforderlichen Vorkehrungen zu treffen, um im Wege der Aufsicht und mit Hilfe von Zwangsmaßnahmen sicherzustellen, daß die beteiligten Arbeitgeber und Arbeitnehmer Kenntnis von den geltenden Mindestlöhnen erhalten und daß die wirklich gezahlten Löhne nicht niedriger sind als die Mindestlöhne, wo solche gelten.

Jedem Arbeitnehmer, für den die Mindestlohnsätze gelten, der aber einen geringeren Lohn erhalten hat, ist das Recht zu wahren, auf gerichtlichem oder einem anderen gesetzlichen Wege die Zahlung des ihm gebührenden Lohnrestes innerhalb einer von der Gesetzgebung zu bestimmenden Frist zu erwirken.

Artikel 5

Jedes Mitglied, das dieses Uebereinkommen ratifiziert, verpflichtet sich, dem Internationalen Arbeitsamt alljahrlich eine allgemeine Darstellung zu übermitteln, die ein Verzeichnis der Gewerbe oder Teile von Gewerben enthält, in denen die Verfahren zur Festsetzung von Mindestlöhnen Anwendung gefunden haben, und die über die Formen der Anwendung sowie über die Ergebnisse der Verfahren Auskunft gibt. Diese Darstellung soll zusammenfassende Angaben über die ungefähren Zahlen der von der Regelung erfaßten Arbeitnehmer, über die festgesetzten Mindestlohnsätze und gegebenenfalls über die sonstigen für die Mindestlohnregelung besonders wichtigen Maßnahmen enthalten.

Artikel 6—11

— betreffen Ratifikation u. ä. —

I. Gesetzesregister

a) Gesetze.

Die Zahlen, die hinter den Gesetzen oder den angezogenen Gesetzesparagraphen zahlen stehen, beziehen sich auf die Seitenzahlen.

b) Verordnungen.

c) Internationale Uebereinkommen.

II. Sachregister

Druck: Hans Heenemann, Berlin W.